「元晖学者教育研究丛书」

CARING IN EDUCATION:
INDIVIDUAL FULFILLMENT AND CAREER DEVELOPMENT

教育关怀:
生涯与职业发展

谷 峪 / 著

NORTHEAST NORMAL UNIVERSITY PRESS
WWW.NENUP.COM
东北师范大学出版社
长春

丛书序言

　　在实践领域，教育在全球化、信息化、现代化的背景下，不再呈现为简单有序、线性透明的样态，而是出现了各种各样的复杂样态。因此，这就需要我们更为审慎地思考和更为敏感地把握。在现实生活中，从教育与社会的发展来看，教育越来越多地成为实现国家目的的重要工具，成为实现理想的重要手段；从教育与人的发展来看，教育在满足人的发展需要、培养理想人格方面还有很大提升空间。综观教育的发展，教育的改革不再仅仅是地方性质的了，而是成了世界各国政府为实现国家利益和国际诉求的重要手段。教育在应对人的发展的不确定性、人的发展需要的变化性等方面面临着各种各样的挑战。另外，教育的复杂性吸引着思考者不断地进行探索，试图去发现教育世界的"秘密"，找到变革教育世界的"钥匙"，从而使我们更好地认识和改造这个丰富多彩而又纷繁复杂的领域。

　　东北师范大学教育学部召集十余位教授，整理了近二十年的研究成果，系统诊断教育实践问题，不断追问教育的真理，并创新教育理论。这些研究既有理论模型的构建，又有实践领域的深刻探究；既诊断问题、分析原因，又提出对策、措施；既追本溯源有历史大视野，又关心现实展望未来；既关心国家宏观政策制度，又在微观层面提出具体可操作的方法；既扎根本土研究注重原创，又注重以国际视野进行深度学习。

　　本套丛书是东北师范大学教育学部教育研究的总结，是十余位教授多年教育研究的记录，是他们对中国教育改革的独特认识。我们希望以这套丛书为支点，与读者展开对话，共同探寻教育的真理，在对教育的凝视中不断地思辨、判断、检视。

吕立杰

2019 年 11 月

于东北师范大学田家炳教育书院

目　　录

第三部分　日本职业生涯教育理论与实践研究　/ 223

后　记　/ 311

第一部分

生涯与职业发展相关理论研究

关于素质教育的思考

1999 年 6 月 13 日发布的《中共中央国务院关于深化教育改革全面推进素质教育的决定》，是在世纪之交根据形势发展的需要，针对我国教育存在的弊端，所做出的重大决策，是指导今后我国教育事业发展的纲领性文件，具有长远而重要的意义。就全面推进素质教育这一系统工程来说，才刚刚起步，或者说还处在破题阶段。在认识上和实践中有如下三个方面的问题值得讨论。

一、充分认识全面推行素质教育的现实针对性及其意义

认识它的针对性，首先要从它所针对的对象也就是现行教育制度的缺陷和弊端说起。近些年，由于片面追求升学率，基础教育出现畸形发展现象，高等教育接纳的生源素质偏低，并且出现智育唯一、专业唯一的倾向，忽视思想政治教育，不注意人格素质、精神素质等非智力因素，人们把这种状况通称为以片面追求升学率为主要特征的应试教育。

这种教育的弊端和危害在哪里呢？我想至少有以下几点：

第一，面向少数丢掉多数。众所周知，面向全体学生尽管喊了多年却成效不大，基础教育在师资、经费、生源等方面一直向重点学校倾斜，而重点学校又很少发挥示范、辐射、带动作用。这种把学生分成三六九等，面向少数丢了多数的做法，实不可取。

第二，影响学生全面发展。由于智育唯一，我们的学校教育忽视了学生全面素质的提高。以身体素质来说，有的地方农村小学能正规开体育课的仅占 50% 左右，升入中学时体格优良率仅为 20%，在高中毕业生中选拔飞行员，身体合格率很低。以心理素质来说，1994 年，辽宁省小学生心理辅导工程课题组，在城乡 100 多所学校对 24378 名学生进行了一次心理素质抽样检测，其中优良生仅占 8.2%，不及格者达 29.97%。以文化科学素质来说，一方面是课业负担很重，一方面是知识面很窄。中学阶段的文理分科和报考志愿的过早定向，大学阶段狭隘的只注重专业知识教

育，使理工科学生人文科学知识贫乏、文科学生自然科学知识贫乏。其他如道德素质、人格素质、审美素质等也都存在严重缺陷，这不能不说是我们教育功能失衡的结果。

第三，束缚学生思维，压抑学生的创造精神。目前我们的教材、考试制度和办法、教育方式方法上存在的弊端，产生了一种综合性的导向和约束作用，易使学生养成循规蹈矩收敛型思维。其后果是压抑了学生活泼的个性，限制了求异思维的发展，日积月累，培养出来的只能是思想拘谨、性格呆板的"套子里的人"，培养实践能力、应用能力、解决问题的能力就很难说了。

现在，面对世界知识经济时代的到来，我们把提高全民的创新意识和国家的创新能力看得十分重要，而求异思维和发散性思维是创造精神的基础，我们的教育显然还不适应。综上所述，这种存在某些畸形现象的应试教育是不符合党的教育方针的，人民群众的不满意，教育界要求改革的呼声，有识之士的忧虑是有理由的。我们从对现行教育制度弊端的分析中不难理解，素质教育问题的提出具有转折性的重大意义。

二、全面推行素质教育是一项全社会的系统工程

什么是素质教育？见仁见智。我觉得可以简单地概括为"把所学的知识内化为现代人的全面的内在品质。这种品质又外化为人格、知识与能力。"就是充分发挥教育的促进功能，使受教育者各方面的素质全面发展的教育。而要把它从内容上做定性的界定，从方法上做理性的概括，从评价指标上做量化分析，还需进行系统论证和深入探索。

全面推进素质教育是一项全社会的巨大系统工程。因为它涉及教育结构、教育体制、招生考试制度、课程体系、教育方法、评价标准等全方位的改革。可以说，素质教育的提出触及了教育的深层次矛盾。这还仅是指教育领域内部来说的，而全面推行素质教育还包括家庭教育和社会教育，包括全社会创造有利于素质教育的宏观环境。

与怎样认识素质教育相关的是怎样看应试教育。考试，是检测、考核、选拔人才的一种方法，"在分数面前人人平等"，总比凭门第、凭关系、凭金钱、凭伯乐相马式的个人赏识更公正，更准确。"试"总是要"考"的，问题是要研究考什么、怎么考，或者除了一张卷子之外还辅之以什么其他办法。其实，对现代人来说，应试也是一种素质。

有的学者把教育功能分为促进和选拔两种功能，即促进人的全面发展

和选拔优秀人才。目前存在的弊端说明这两种功能的失衡，应该寻求二者的统一和平衡。从严格的意义上说，素质教育与应试教育并不构成一对矛盾，因此不必把它们对立起来。

与素质教育和应试教育的讨论相关联的一个当前热点话题是减负问题。课业负担过重是基础教育的一大顽症，我们现在课程结构的叠床架屋、脱离实际的教材内容、死记硬背的刻板要求、"题海战术"的教学方法，违背教育规律地人为制造了不合理的负担，必须坚决减掉。李岚清同志指出："在'减负'的同时，要采取多种形式安排丰富多彩的文艺、体育、科技、社会实践等中小学生所喜爱的活动，加强对学生课外活动的指导与管理，不能放任不管，把'减负'简单化。减轻学生过重的课业负担，决不意味着不要勤奋学习，更不意味着可以降低教学质量，相反，我们任何时候都要教育青少年好学上进。""减负"不单是量的概念，也包含质的概念。比如一堂课，好老师用 20 分钟就讲得明明白白，剩余的时间学生可以用来消化理解、做作业，这就不是负担；而有的老师用 45 分钟也讲不白，"讲不会练会，练不会磨会"，贪黑起早也做不完的作业，这就成了负担。

三、全面推行素质教育从何抓起

一是抓教育观念的转变。中国具有深厚的文化传统。然而没有经过扬弃、变革的文化传统不仅不会成为实现现代化的动力，还可能成为某种障碍。素质教育的提出触及了思想文化观念上深层次问题，批判和变革传统的教育观、人才观、质量观是中国现代教育的紧迫课题。从 1905 年废除科举制度算起，中国教育脱离封建主义桎梏还不到一个世纪，这期间尤其是新中国成立以来的后半个世纪，我们的教育取得巨大进步。但是，我们毕竟是有着 1300 多年科举教育传统的国家，陈腐的思想仍有其影响力。江泽民同志指出："封建时代，有'万般皆下品，唯有读书高'，'洞房花烛夜，金榜题名时'，'书中自有黄金屋，书中自有颜如玉'的说法。这里面有着封建主义的思想糟粕和经济社会不发展的局限性。今天不能再这样去考虑问题。"

现代教育与传统教育有很大的区别，简要地说，现代教育是以人为中心，以促进整个国民素质的提高为目的，把培养人的全面发展为具体目标，以教育学生学会做人为核心，使受教育者具备现代社会所需的素质，在时代潮流中能会生存并发挥推动社会前进的作用，以实现教育的价值。

而传统教育是以知识为中心，以培养选拔少数英才为目的。我们要从教育目的这一根本性观念的转变做起，带动系列观念的变革，比如，变面向少数尖子为面向全体学生，变单纯重视智育为促进全面发展，变片面追求升学率为追求全面提高素质的升学率，变传统的师道尊严为平等的师生关系，变灌输式为启发式，变各教育环节单打一为围绕提高素质为目标的和谐教育等。

二是抓加强和改进德育。尽管把德育放在首位已喊了多年，但是德育薄弱的状况并未得到根本改变。"德育是素质教育的灵魂。"因为在人的综合素质中，思想道德素质起价值导向作用，高尚动机产生巨大动力，它决定着人的综合素质的高低。人的知识的积累和运用、能力的形成和发展，不仅取决于认知要素，还受到健康情感的激励，高尚人格的引导，顽强意志的支配，一定的世界观、人生观、价值观的驱动。对这一点必须有明确的认识，这是把德育放在首位的思想基础。

如何从人类共同的美好感情、基本的道德品质入手，直至进行世界观、人生观、价值观的教育，坚定社会主义的理想信念，对"目标递进层次"做内容上的界定和量化，是教育工作者特别是德育工作者需要认真研究的课题。

三是抓教师队伍建设，提高教师素质。建设高质量的教师队伍，是全面推进素质教育的基本保证。这些年，我们着重对教师进行了学历补偿教育，目前看，文凭达标率比较高，而能力达标率不理想。推进素质教育暴露了教师队伍的严重不适应。素质教育首先是提高教师素质。

全面提高教师素质非一日之功。而应急于去做的是转变教师的教育观、人才观、质量观；这其中，我以为最应抓紧的是转变教师的师生观，正确地对待学生。

如果说，教育领域同社会其他领域一样也存在封建专制主义残余思想影响的话，那么教师的特权思想、出口就是命令的绝对权威、只有有错的学生绝无有错的教师、不准学生和教师争论和辩白、在教师面前表现一种绝对服从的"奴性"才是好学生等思想和做法，便是"天地君亲师"这种传统的"师道尊严"影响的反映。

从认识上来说，我们对教师的主导作用、中心作用在理解上有片面性。要明确地认识，学生既是教育的客体，即教育的对象，又是学习的主体，即学习的主人，是活生生的有个性的人，是与教师同样有独立人格的人，教师的主导和中心作用在于调动他们的主观能动性和积极因素，而学生的主动性、积极性、创造性是学习好也就是教师教好的前提。我之所以强调首先从改变改善师生关系做起，是因为我觉得，这是推进素质教育最先遇到的障碍。

参考文献

[1] 李岚清. 加强和改进教育工作，促进青少年健康成长 ［N］. 人民日报，2000－04－07.

[2] 江泽民. 关于教育问题的谈话 ［J］. 人民教育，2000（4）.

［原文刊载于《社会科学战线》2001 年第 3 期（谷峪）］

树立教师服务观

《中共中央国务院关于进一步加强人才工作的决定》指出："人才资源能力建设是人才培养的核心。树立大教育、大培训观念，在提高全民族思想道德素质、科学文化素质和健康素质的基础上，重点培养人的学习能力、实践能力，着力提高人的创新能力。""按照面向现代化、面向世界、面向未来的要求，坚持教育为社会主义现代化建设服务，为人民服务，以社会需求为导向，大力推进教育创新，提高教育质量和管理水平。"这启示我们思考一个问题：传统的教育观与当今时代所强调的教育服务性是否相符？我们怎样从大教育观出发，按"三个代表"的要求更好地为社会主义现代化建设服务，为人民服务。笔者认为，树立教师服务观是当前教育改革的一个重要方面。

一、树立教师服务观是教育规律的内在要求

按照马克思主义剩余价值理论中关于服务的产品属性、服务的使用价值和功能的观点，教育属于第三产业范畴，其属性是服务，教师的劳动属于服务性劳动，只不过教育作为"准公共产品"是一种区别于其他服务的具有特殊性的服务，如不以单纯赚取利润为目标，没有固定的经济回报等。教育是为人的全面发展服务，为提高国民素质服务的。国民素质包括思想道德素质、科学文化素质等，人的全面发展并非指人的各方面的均衡发展，而是指人的和谐发展，对于个体来说是指其独特个性的自由发展。人的个性的自由发展是推动社会前进的动力，也是"以人为本"思想的体现。因此，如果说教育事业要以社会需求为导向，那么教育活动就要以受教育者的需求为导向，提供他们所需要的服务。教育服务的对象是有独立思维能力和主观能动性的"人"，人要成为一个什么样的"人"主要在于主体意识的觉醒和创造才能的发挥。"不愤不启，不悱不发"，学习是学生自己的事情，学生既是教育的对象又是学习的主人，没有学生的主动性和积极性，就很难谈教育的有效和成功。从应试教育向素质教育转变，从以

教师为主体向以学生为主体转变，是现代教育的基本特点，也是对教育规律认识的深化。

长期以来，由于我们对教育事业的服务性仅从为党的中心工作服务，为社会需要服务的角度来理解，而对教师劳动的服务性及学校教育是为学生服务这一带有根本性的问题缺乏与时俱进的充分认识，在实践中仍受传统观念的束缚，视思想道德教育为管束，视文化科学教育为灌输，居高临下地以教育者自居，我教你学，我说你服。这种陈旧的观念与教育的现代性、"人才资源能力建设"的要求相去甚远。可以说，树立教师服务观是教育规律和推行素质教育的内在要求，也是广大学生和家长的迫切愿望。

二、树立教师服务观是建设学习型社会的时代需要

面对知识经济时代和经济全球化的挑战，单纯的学校教育已不能满足变动不拘的多样化的职业要求，不能满足人们提高生活质量的需求，人们只有不断接受继续教育才能适应知识更新和社会变革节奏加快的需要。党的十六大明确将"创建学习型社会"作为一项战略任务——实现现代化的基础工程。创建学习型社会，成为人人皆学之邦，是适应当今世界竞争的必然选择。这种广义的教育，重点在于培养和提高人的实践能力、创新能力。受教育者因人而异地有不同的需求，教师必须按照这种需求提供有效的服务，这就要求教师树立服务的观念。

学习即生活，生活即学习，是现代人所追求的生活方式。教育社会化、社会教育化，是社会发展的趋势。而这绝不意味着降低学校教育的基础性地位，学校教育不仅是创建学习型社会的主力军，而且对社会教育还要发挥指导、支持和整合的作用。但是也要看到，在学会学习、学会生存、学会交往、学会做事、学会创造成为教育改革主旋律的今天，社会教育网络这种以受教育者的需求为导向的有价值的服务，对传统的学校教育具有冲击作用。随着教育事业的发展、素质教育的推行、教育评价体系的变革，市场对教育资源配置的作用会加大，受教育者择校择师的余地增大了，在生源方面会出现竞争，人们对师德师能的度量更着重于为学生服务的水平；同时，推行聘任制后，教师的待遇也会拉开档次，以服务好坏为尺度的优胜劣汰恐怕是不可避免的，这种形势也要求树立教师服务观。

三、树立教师服务观是建立新型师生关系的关键所在

20世纪90年代以来，关于师生关系的讨论和研究一直未间断。这些

讨论见仁见智、莫衷一是，但多数人主张在新的历史时期要建立一种新型的民主、平等的师生关系。笔者认为，明确教师劳动的服务性是讨论师生关系问题的前提，或者说是关键所在，明确了这一点，师生之间的角色定位就明确了，建立民主、平等的新型师生关系也就有了充分的依据。

国际教育发展委员会向联合国教科文组织提交的一份报告《学会生存——教育世界的今天和明天》中指出："我们应该从根本上重新评价师生关系这个传统教育大厦的基石，特别当师生关系变成一种统治者与被统治者的关系的时候。这种统治与被统治的关系，由于一方在年龄、知识和无上权威等方面的有利条件和另一方的低下与顺从的地位而变得根深蒂固了。在我们当代的教育界中，这种陈腐的人类关系，已经遭到了抵抗。"作者不赞成把教师称为"师长（masters）"，认为教师的职责已经越来越少地传递知识，而越来越多地激励思考，他将越来越成为一位顾问，一位交换意见的参与者，一位帮助发现矛盾论点而不是拿出现成真理的人。对教师职责的这种表述说明学生是学习的主人，教师是为学生成长成才服务的，这才是现代的"民主的教育"。

只有教师真正树立起服务的观念，才能启发、培养学生的主动性与积极性、想象力与创造力，把树立民族创新精神的要求落实到教育实践中。这要求教师培养学生带着兴趣学习，在生活中提炼科学、知识与技能；注重指导学生学会获取知识的方法，培养学生良好的学习品质和学习习惯；进行合格公民的基本素质训练，为他们将来走向社会和终身学习奠定基础。因此，必须建立民主、平等、和谐的师生关系。这就要求教师以服务观为基础，树立正确的学生观、人才观，把对学生的尊重、信任、热爱的思想感情转化为自己的教育行为，营造民主、平等、合作的人际关系，在和谐、宽松的教学氛围中激发学生敢想、敢说、敢问的精神，教学互动，教会学生学习。这才是优质服务。

四、树立教师服务观是转变传统的师道观的要求

改革开放以来党和政府做了不懈努力，不仅制定了《中华人民共和国教师法》，还设立了第一个以职业命名的教师节。虽然尊师重教的社会风气初步形成了，但是教育领域出现的诸多现象使人感到封建主义师道观的影响不可小觑，一些教师把自己摆在不适当的位置，事实上成了学生的"统治者"，这与教育的服务属性和教师劳动的服务性大相径庭。

教师对于学生是"绝对权威"，出口就是命令，学生只能服从；片面

强调学习成绩，以学习成绩去衡量和判断学生，忽视他们的全面发展和个人潜能，导致师生关系对立。上述种种现象引起了人们的强烈不满。

如果说"重新评价师生关系这个传统教育大厦的基石"是各国普遍存在的问题，那么对于我们国家就尤为重要，因为我们有长期的封建主义和科举制度的历史，传统的师道尊严的影响根深蒂固。我国传统的师道中有许多应予以继承、发扬的精华，如"诲人不倦""因材施教""教学相长""弟子不必不如师，师不必贤于弟子""为人师表"等，但也带有封建主义的糟粕。在中国几千年的传统文化中，向来是把师道同化民、治国、固权联系在一起的，我国古代最早的教育专著《学记》说："君子知至学之难易，而知其美恶，然后能博喻；能博喻，然后能为师；能为师，然后能为长；能为长，然后能为君。故师也者，所以学为君也。"我国自古以来素有"天地君亲师""师徒如父子"之说，把教师提高到与天、地、君、亲同等的地位。这种传统的师道观与权力观合流，视违师为大逆不道。

如今，在社会上表现为权力至上的"官本位"的封建专制主义思想影响的存在，是不争的事实，而这种影响不能不涉及教育领域，师道观中带有权力观的色彩，这与我们倡导的服务观截然对立。我们曾经下大力气恢复尊师重教的传统美德，现在则应下大力气清除封建主义师道观的影响，否则，树立教师的服务观便无从谈起。

参考文献

[1] 中共中央国务院关于进一步加强人才工作的决定 [N]. 人民日报，2004-01-01.

[2] 联合国教科文组织. 学会生存：教育世界的今天和明天 [M]. 上海：上海译文出版社，1996.

[原文刊载于《教育研究》2004 年第 6 期（谷峪）]

试论教育福祉化

"祉，福也。"（《说文》）福祉即幸福。福祉，"表示接受神德享受幸福的状态"[1]。自从有了人类社会，就产生了对福祉社会的向往，追求福祉成为社会前进的无形动力。教育，既关乎全社会的福祉又关乎每个社会成员的生活质量，因而是建设福祉社会的一项重要内容。教育与人类社会活动相伴而生，与人类社会发展相随而进。进入信息化的知识经济时代，教育走向福祉化，这促使我们对教育的使命、内涵不能不做与时俱进的进一步思考。

一、福祉社会与教育福祉

随着物质生活需要得到基本满足，人们追求幸福的愿望日益强烈。世界上大多数国家，不论是发达国家还是发展中国家都把建设福祉社会作为治国理政的目标。在资本主义国家，各政党尽管代表不同的利益集团，但为取得政权在竞选时无不把创造更多的社会福祉列入竞选纲领，并向选民做出承诺，一旦执政就要为建设福祉社会而努力，并将其视为社会民主化的标志之一。中国坚持走特色社会主义道路，一切权力属于人民，中国共产党的宗旨就是为人民服务、以人为本，"权为民所用，情为民所系，利为民所谋"，为人民谋福祉、建设福祉社会是中国共产党的执政理念。尤其是党的十七大以来，为使人民群众共享改革开放的成果，把关注民生提到了重要日程。各国在食、住、行、医等方面为国民创造更多福祉的同时，随着世界"全民教育"呼声的不断高涨，教育也成为社会福祉和社会保障的一项重要内容。这表明，教育正在走向福祉化。

笔者理解的教育福祉具有两层含义：其一，通过对人的教育，提高国民素质，培养社会所需要的各类人才，促进经济、科技发展和社会进步，为福祉社会的到来提供可能，因而教育是实现福祉社会的重要手段；其二，进入现代社会，不分种族、阶层、年龄、性别，人人都有受教育的权

---

[1]　長澤規矩也. 新汉和中辞典［M］. 東京：三省堂，1981：765.

利，接受需要和可能的教育关系到个人的全面发展、人生价值的实现，是幸福感的一项量化指标，是社会人人共享的一种幸福生活方式，因而教育成为社会福祉的一部分。

社会发展、进步，教育是基础。由于 20 世纪下半叶以来的"知识爆炸"，人类创造了空前的、划时代的科技成果，从而改变了人的生存方式并享受到前人无法想象的福祉，这使人们越来越深刻地认识到教育是实现福祉社会的重要手段。第二次世界大战后，日本在经济崩溃、民生凋敝的情况下能够迅猛崛起，有赖于"勒紧裤带振兴教育"；德国能够较快地恢复经济，得益于发展曾被称作"秘密武器"的职业教育；美国能够领跑世界经济，其中一个重要原因就是收罗知识分子、发展教育、实行人才战略。与此同时，人们越来越深刻地认识到，接受教育的内容和程度不仅影响到个人的利益和幸福，而且决定了人们的社会存在状态和生活样式。人们对教育福祉的追求也日益自觉和强烈。世界各国综合国力的竞争、创造社会福祉的比拼，归根结底是国民素质和人才的竞争和比拼，其关键在于教育。

正因为如此，尽管各国经济发展水平不同，社会制度各异，但都非常重视发展教育。明显的例证是，自 20 世纪 60 年代起，世界教育投资迅速增长。从 20 世纪 60 年代到 80 年代初期，全世界教育投入占 GDP 的比例从 3.6％上升到 5.7％，其中发达国家上升到 6.1％，发展中国家由 2.3％上升为 4.0％。在整个 20 世纪 60 年代，发达国家和发展中国家教育投资的增长幅度分别为 40％和 42％，20 世纪七八十年代因经济萧条略有降低，90 年代以后，包括欠发达国家在内的教育投资又出现快速增长的势头。以美国为例，1982—1994 年，教育经费由占其国民生产总值的 6.8％上升到 7.9％，达到历史最高纪录。[①] 这充分说明，近几十年来世界各国教育事业在飞速发展。中国自改革开放以来一直把教育放在优先发展的基础地位，实行科教兴国战略。连续多年教育投入的增长幅度超过国民经济增长的幅度，教育事业全面、大踏步前进，顺利走过了改革开放初期"穷国办大教育"的历程。在全国城乡普及九年制义务教育；大力发展职业教育，实现了高中阶段教育的分流；高等教育逐渐走向大众化，培养技能型人才的各种培训教育遍地开花。毫无疑问，教育大发展为经济和社会发展提供了智力支持，为创造更多的社会福祉做出了巨大贡献。

在创造社会福祉的过程中，教育自身也发生了深刻变革，打破了选拔

---

① 岳昌君，丁小浩. 教育投资比例的国际比较 [J]. 教育研究，2003 (5).

教育、精英教育等传统观念的束缚，转变为全民教育、终身教育，满足所有社会成员基本的学习需求，成为建设福祉社会一项不可或缺的内容——教育福祉。

教育是传授知识、培养人的活动，其目的是为社会发展提供人才保证和智力支持，其终极目的是增加社会整体的福祉。而一个人能否获得良好的教育又与其幸福息息相关，于是追求教育福祉也成了目的。建设福祉社会与满足人的教育福祉紧密相连，并行不悖。教育福祉是建设福祉社会的题中应有之义，二者密不可分，互为条件，相辅相成。

二、教育福祉化是社会发展的必然结果

在原始社会，人们无论是互相传习应对环境和生产劳动的知识，还是磨炼性格，都只是通过氏族共同生活的过程来达到目的。到了生产力发展、私有财产出现的阶级社会，宗教、政治、科学、艺术、教育才开始从旨在获取物质生活资料的生产劳动中分离出来，出现了脑力劳动和体力劳动的分化，使社会上的少数人获得了接受教育的机会。在奴隶社会和封建社会时期，尽管人们逐渐对教育产生了乐趣，如中国的孔夫子所说的"学而时习之，不亦说乎"，如古雅典人将音乐教育看作精神享受，但根本没有所谓的"教育福祉"。

考察教育走向福祉化的发展历程，可以分为教育被排除在社会福利之外和包含在社会福利之内的不同阶段。在近代资本主义社会，社会财富急剧增加的同时，出现了贫富分化，并由此带来诸多社会问题，不得不对残、老、病、贫等弱势群体提供一些物质救济，于是有了"社会福利"的概念。社会福祉与社会福利二者既有联系又有区别。社会福利是一种物质援助，它的提供者与受益者之间是一种施舍或恩赐的关系，通过社会道德和公共政策得以实现；而社会福祉是让所有人不仅在物质上受惠，还包含在精神上感受到获得参与社会生活的权利，是权利分配的关系，通过公共权力和法律制度得以实现。[①] 社会福祉包含社会福利，社会福利伴随着社会福祉的发展而发展。20 世纪 30 年代资本主义的经济危机曾导致深刻的政治和社会动荡，为了缓和阶级矛盾保持社会稳定，一些国家进一步采取了若干社会福利措施。但是，直到第二次世界大战结束以前，各国政府所实施的社会福利，项目不多，范围较狭，并且主要是一些救济性措施，尚

---

① 陈立行，柳中权. 向社会福祉跨越：中国老年福祉研究的新视角 ［M］. 北京：社会科学文献出版社，2007：6－7.

未形成一套体系，当然，教育也还未提到社会福利的日程上来，处于社会福利范围之外，更谈不上"教育福祉"了。

第二次世界大战后，在科技与经济快速发展的同时，社会基本矛盾突显，公民社会日趋成熟，人们认识到失业、贫困以及贫富两极分化并不能完全归因于个人的无能或懒惰，而与社会制度和社会结构的缺陷有直接关系，国家有义务为国民提供应有的福利，以维护社会公平，社会福利不再是施舍和恩赐，享受社会福利是国民的权利。于是在西方社会流行"福利国家"的思想，社会保障发展成为一个庞大的体系，所实施的社会福利项目日益增多，范围已涉及生老病死、伤残孤寡、失业救济、灾荒救助以及教育等各个方面。教育被纳入社会福利之中，逐渐成为人人共享的一种权利。国家和社会尽可能地为有接受教育意愿的人创造受到相应教育的机会，而且由于发展教育具有巨大的经济和社会效益，社会福利开支中公共教育所占的比重越来越大。

教育福祉化，是在教育福利的基础之上，伴随建设"福利国家"转变为建设"福祉社会"的形势逐渐发展而形成的。20世纪末期以来，由于科学技术和生产力飞跃式的发展，世界的现代化程度有了惊人的提高，人们的生活方式发生了根本性转变，人类开始进入"长寿时代"，各国的福利体系不断扩展，福利制度不断完善，向着福祉社会迈进，教育福祉化随之成为教育发展和改革的目标。

1948年，联合国大会通过并颁布《世界人权宣言》，明确指出，"人人都有接受教育的权利，教育应当免费，至少在初级和基本阶段应如此。初级教育应属义务性质，技术和职业教育应普遍设立，高等教育应根据成绩而对一切人平等开放"，"教育的目的在于充分发展人的个性并加强对人权和基本自由的尊重"。虽然当时许多国家还不具备实现宣言要求的条件，却是世界各国的共识，这可以看作教育福祉化的发端。此后，联合国等国际组织采取各种举措来推动宣言中这一要求的实现。如1960年，联合国教科文组织召开的第11届会议上通过了《取缔教育歧视公约》和《反对教育歧视建议》两个国际规范性文件，提出在尊重各国不同教育制度的同时，各国政府不但有义务禁止任何形式的教育歧视，而且有义务促进人人教育机会平等和待遇平等。[1] 1966年，联合国教科文组织决定把每年的9月8日定为国际扫盲日，动员世界各国和有关国际机构同文盲现象做斗争，推动扫除文盲工作的开展，使适龄儿童都能上学、在校学生不过早辍

---

[1] 邓剑光. 关于教育平等权的法律思考 [J]. 河南师范大学学报（哲学社会科学版），2008 (6).

学、成年文盲有受教育机会等。1975 年，国际教育发展委员会向联合国教科文组织提交了关于世界教育的调查研究报告，提出：一个人享有实现潜力和创造未来的权利，教育不仅是人人都可享受的，而且它的目的和方法应重新考虑；教育的目的应是"学会生存"；唯有全面的终身教育才能够培养出完善的人；要建立一个满足广大人民群众需要的教育体系，建设学习化的社会。① 在国际社会的倡导下，随着战后世界经济的恢复和振兴、一些国家进入发达国家行列、发展中国家经济与社会有了长足进步以及殖民地半殖民地纷纷获得民族解放和独立，各国政府都为实现上述目标而奋斗，扩大教育对象，促进教育机会均等，大力扫除文盲，推行义务教育，延长义务教育年限，政企联合兴办职业教育，开展幼儿教育、女子（特别是女童）教育、特殊教育和老年教育，增加教育的免费或补助项目和金额，减轻家庭和个人的教育负担，并制定许多相应的法律和政策予以保证，极大地推动了教育的改革及多元化发展。教育走向福祉化经过了漫长的历程。

1990 年 3 月，在泰国召开了世界全民教育大会，来自 150 多个国家和地区以及联合国各机构、政府间国际组织、非政府组织等共 1500 多名代表、专家出席了会议。大会最后形成并经会议讨论，通过了《世界全民教育宣言》和《满足基本学习需要的行动纲领》。"全民教育"是国际社会在全球范围内提出的新概念，大会在"满足全体儿童、青年和成人的基本学习需要"的思想指导下，全面具体地规划了创造教育福祉的内容、目标和实施步骤。大会闭幕时又通过了关于后续活动的声明，对会后需要进行的主要活动达成了一致共识，这对实现教育福祉化具有重要意义。②

教育福祉化是社会发展的必然结果，主要表现为教育的使命不再只是一劳永逸地获取知识，而是满足人民群众基本学习需要的全民教育、终身教育，促进人自由、全面地成长，培养完善的人；人民群众要求分享知识成果的学习意识空前觉醒，受教育权利是保障人权的基本内容，是公民社会人人应得的福祉，受教育权利的平等关乎社会的公平、正义；促进教育机会均等，发展各级各类教育是政府和社会组织义不容辞的责任，在多大程度上满足国民基本学习需要是衡量社会福祉水平的标准之一。

① 联合国教科文组织国际教育发展委员会.学会生存：世界教育的今天和明天 [M].北京：教育科学出版社，1996：2.
② 赵中建.教育的使命：面向二十一世纪的教育宣言和行动纲领 [M].北京：教育科学出版社，1996：47—48.

三、教育福祉化给我们的启示

教育福祉化时期的到来，对教育的改革、发展、创新提出了更高的要求，教育面临新的挑战。2010 年 7 月，中共中央、国务院发布了《国家中长期教育改革和发展规划纲要（2010—2020 年）》（以下简称《纲要》），指出要坚持教育的公益性和普惠性，保障公民依法享有接受良好教育的权利，形成惠及全民的公平教育，办人民满意的教育。并在发布《纲要》的通知中指出，教育"是提高国民素质、促进人的全面发展的根本途径，寄托着亿万家庭对美好生活的期盼"。《纲要》是指导全国教育改革和发展的纲领性文件，也是推进教育福祉化的行动纲领。只要认真贯彻《纲要》的指导思想，落实《纲要》提出的各项任务，就一定能为人民群众创造更美好的教育福祉。结合学习、领会《纲要》精神来思考我们与世界教育福祉化发展趋势的差距，克服教育福祉化的障碍，可以得出以下几点启示：

其一，尽快缩小城乡差距，推进义务教育均衡发展是当前最紧迫的任务。教育福祉化以保障教育机会均等为前提。教育机会均等问题极其复杂，人们对其理解也不尽相同，但是有一点是简明而一致的，即义务教育属于国家公共教育资源分配的范围，是平等共享的教育机会，不同于非公共性或平等竞争性的教育机会。正因为如此，城乡、区域、校际之间义务教育的巨大差距造成"上学难，上好学更难"成为普遍关注的问题，人民群众对此反映强烈。一些人花高额择校费往名校里挤，而有些学校则生源流失，备受冷落；"贵族学校"条件十分优越，而有的边远山区学校存在危房危厕，寄宿的孩子还在打地铺。这些现象与教育福祉化的要求相去甚远，也影响社会和谐。

目前，有些地方采取名校与差校对口支援、优秀教师去农村或差校轮岗、名校办分校、远程教育等措施，以放大优质教育资源规模效应的办法来缩小差距，这固然应予以提倡和推广，但作用有限。关键还在于在财政拨款、学校建设、教师配置等方面向农村、老少边穷地区和差校倾斜，加大扶贫力度，鼓励和推动发达地区支援欠发达地区，给予相应的政策扶持，使其能吸引和留住办学人才和优秀教师，增强自我提高的功能，把《纲要》中关于加快缩小差别的要求真正落到实处。同时，要坚持教育的公益性和普惠性，把缩小城乡、校际之间差距列为地区和教育行政部门政绩的考核指标，对基础教育引入市场机制加以适当限制和规范，建立基础教育的科学考评体系，防止因利益驱动和片面追求升学率而使学校行为失范；认真落实教育部《关于贯彻〈义务教育法〉进一步规范义务教育办学行为的若干意见》中"不能利用公共教育资源集中建设或支持少数窗口学校、示范学校"的要求，逐步限制优质资源学校盲目扩大规模，防止其继续扩大差距，改变家长盲目追求所谓"好学校"的现象，从根本上解决"择校热"这一顽症。

其二，只有转变陈旧的教育观念，才能使教育走上科学发展的轨道。人们往往认为，教育是传授知识、培养人的活动，因而必然为人创造福祉，这是从应然的角度说的，而从或然、实然的角度来看，也可能与教育福祉南辕北辙。

在充分肯定我们的教育取得巨大成绩的同时，要正视在陈旧的选拔教育观念支配下，近些年来应试教育大行其道对青少年身心健康成长造成的损害。学前教育小学化，压抑了儿童自由、天真、活泼、爱动、好奇、遐想的天性；到了小学和初中就告别了游戏和运动，少年时代正在形成的个性、爱好和兴趣被抹杀，沉重的课业负担导致生活单调、睡眠不足、近视率日增；进入高中则成了"考试奴"，痛苦而艰难地为高考拼搏，一旦落第，发觉被灌输的知识多无实用价值，为缺乏就业技能而苦恼；成为大学生，尚未养成、完善自强、自立和求真、向善、尚美的独立人格，自主学习能力差，仍习惯于"被灌输"，缺乏研究、创新、合作精神和动手能力，脱离社会实践，多是"啃书本"为文凭而奋斗。于是，基础教育埋怨受"高考指挥棒"的驱使，高校埋怨基础教育提供的生源素质差，形成扭曲的应试教育怪圈。

教育福祉要求教育不仅是培养人的一种社会活动，更应该是人的幸福生活的重要组成部分。教育福祉化呼唤教育的人性化，呼唤尊重人的个性、调动人的潜能。曾任联合国教科文组织副总干事的科林 N. 鲍尔说："我们全球社会所不能浪费的一种资源，就是人类的智力、创造力和想象力。"而一切为了分数的应试教育恰恰与此背道而驰，对受教育者来说，限制了主观能动性和想象力、创造性、兴趣爱好等潜能的发挥，不利于全面、健康地成长，没有欢乐和幸福感；对学校和教师来说，背负分数、考试、排名次的压力，劳碌于灌输知识，享受不到以才智完整育人的职业生活的快乐；对国家来说，没有充分发挥教育的效益，培养出更多更好的合格人才，是教育资源的浪费。

自20世纪末以来，教育行政部门和学校为改变这种状况做出很大努力，但综合配套改革进展缓慢，并未走出应试教育的怪圈，关键在于教育观念没有转变过来，改革的紧迫感与合力不足。《纲要》指出："教育观念相对落后，内容方法比较陈旧，中小学生课业负担过重，素质教育推进困难。"这是切中要害的论断，只有把传统的、陈旧的选拔教育观念彻底转变为全面育人的素质教育观念，才能推动教育事业在新的历史起点上科学发展。

其三，教育福祉化要求建立平等、友爱、和谐的师生关系。教师担负育人的任务，是令人尊敬的职业，尊师是传统美德，提高教师地位、保障教师权益、维护教师尊严是理所当然的。但是，也应重新审视传统的"师道尊严"，不能把教师的权威绝对化。教师让人尊敬的原因是"以人格魅力和学识魅力教育感染学生"，是为人师表，而不是与学生处于不平等的至高无上的地位。"教育观念相对落后，内容方法陈旧"也表现在师生关系方面。一些教师往往以"塑造者"自居而把学生看成"被塑造者"，教书，不注重启迪学生的智慧，培养举一反三的独立思考能力，而是单纯把知识当作教条来灌输；育人，不注重学生个性的自由发展和自律精神的培养，而是"我说服你，你服从我"。甚至态度粗暴，出口就是命令，不准提出异议更不准辩驳，训斥讽刺，随意伤害学生的自尊心而教师的"面子"碰不得，以为让学生"怕"教师才算有威严。这使学生成了唯师命是从的驯顺羔羊，不敢怀疑，更不敢标新立异，抑制了学生创造性思维的发展，不利于独立人格的养成。

师生关系问题不独于中国存在，而是世界各国普遍存在。随着教育理念的更新和教育向福祉化方向发展，这一问题在20世纪80年代就引起了教育界的重视，国际教育发展委员会在报告中指出："我们应该从根本上重新评价师生关系这个传统教育大厦的基石，特别当师生关系变成了一种统治者与被统治者的关系的时候。这种统治与被统治的关系，由于一方在年龄、知识和无上权威等方面的有利条件和另一方的低下与顺从的地位而变得根深蒂固了。在我们当代的教育界中，这种陈腐的人际关系，已经遭到了抵抗。"报告不赞成把教师称为"师长（masters）"，认为教师的职责不仅是传递知识，而是"越来越多地激励思考……越来越成为一位顾问，一位交换意见的参与者，一位帮助发现矛盾论点而不是拿出现成真理的人"[①]。这恰如《纲要》所指出的教师要"做学生健康成长的指导者和引路人"。

学生既是教育的对象又是学习的主人，教师要尊重学生的人格，平等

---

① 联合国教科文组织国际教育发展委员会. 学会生存：世界教育的今天和明天 [M]. 上海师范大学外国教育研究室，译. 上海：上海译文出版社，1979：118.

地对待学生，关爱学生，激发学生的学习主动性、积极性，否则很难谈教育的有效和成功。教育福祉化呼唤建立新型的平等、友爱、和谐的师生关系。

其四，加强舆论引导，使家长们跳出"望子成龙"的误区。作为家长，无不希望子女成才，过上幸福生活，然而家长为子女设计的通往幸福人生的路径，往往与子女的人生福祉大相径庭。传统的"望子成龙""望女成凤"思想，不顾子女的天赋、体质、个性、兴趣、志向以及家庭、环境等主客观条件，好高骛远，急功近利，揠苗助长，一味按照自己心中的"模式"把孩子打造成理想"模块"。于是，孩子们上各种"特长班"，却一门心思地盼望停电；家长花高额择校费让孩子挤进重点校，却弄得孩子或是神经衰弱或是成绩落后，失去学习信心。类似现象比比皆是，成为一种社会风气。基础教育的不公平、重学历轻能力的用人导向助长了这种风气；反过来，这种风气又迫使学校片面追求升学率，给推行素质教育带来阻力。

结果，孩子接受教育不是愉悦的事情，而成为被逼迫的痛苦，产生了逆反心理和抵触情绪。由于家长的主观愿望不符合子女的客观实际，"不要让孩子输在起跑线上"的努力有可能把孩子"毁"在起跑线上。孩子长大后，"成龙"未果而陷入高不成低不就的困惑，甚或失望、气馁、抱怨，以致因人格品德、实用技能方面的缺陷而影响自己一生幸福的事例，并不鲜见。

什么是人才？具有一定的知识或技能，能够进行创造性劳动为社会做贡献的人，就是人才。什么是成功？根据自己的条件和能力获得预期的结果就是成功。社会有分工，大多数只是"普通人"。科学家是人才是成功者，技术能手也是；身家亿万的企业家是人才是成功者，农民因技艺发家过上小康生活也是，国家需要各种各样的人才。古人云："人才各有所宜，用得其宜，则才著；用非其宜，则才晦。"[①] 幸福是一种个人感受，并不由学历、财富、地位来决定。日本在迈入教育福祉化的进程中，自新世纪以来开展了职业生涯教育，其要义是，在各个教育阶段都注重培养学生的劳动观、职业观和了解自己主动选择人生道路的能力，从实际出发树立职业理想，家长和教师帮助参考予以指导。这样，在校时个性自由发展，愉悦学习，步入社会在不同职业、不同岗位创造业绩，从而使人人都有成功感、幸福感。这值得我们借鉴。还应提及的是舆论宣传的误导。媒体关于

---

① 申居郧. 西岩赘语 [M]. 北京：中华书局，1985.

成才成功的宣传多是注视名声显赫、出人头地的当"长"、成"家"、称"星"的人物，较少宣传"普通人"的光彩人生，还不惮其烦地炒作重点校、升学率和"高考状元"，为望子成龙的社会风气和分数挂帅的应试教育推波助澜。教育福祉化不只是教育部门和学校的事，我们要加强正确的舆论引导，促使广大家长改变改换门庭、望子成龙的陈旧观念，促使全社会移风易俗，破除陈旧的人才观、成功观、幸福观。

其五，我们的教育投入仍与世界有较大差距。继 1990 年世界全民教育大会之后，1993 年在新德里召开了包括中国、印度在内的九个人口大国的全民教育首脑会议，这些国家的人口总和占世界总人口的一半以上，与会各国对实现全民教育的目标做出郑重承诺，这是发展中国家努力缩小与发达国家的教育差距，推进教育福祉化的又一重大行动。会议一致通过的《德里宣言》表示，要把人的发展置于最优先的地位，确保不断增加教育投入。同年，中国宣布教育经费投入占国内生产总值的比例到 2000 年达到 4％。《纲要》提出，到 2012 年达到 4％，比预计延迟了 12 年，而印度在 2005 年即实现了 5％ 的投入目标。目前，世界平均教育投入水平约占 GDP 的 7％，其中发达国家约占 9％，欠发达国家约占 4.1％，而印度已高达 7.1％。[①] 教育投入是教育事业发展的物质基础，其经济效益、社会效益以及对人的福祉的效益，人所共知。然而，教育投入至今仍不尽如人意，如《纲要》所指出的："教育投入不足，教育优先发展的战略地位尚未得到完全落实。"

实施全民教育，满足人民群众基本学习需要，推进教育福祉化，是建设社会主义和谐社会的必然要求，也是对社会现实满意程度的一个评价尺度，我们要认真贯彻落实《纲要》，加快教育福祉化的步伐，逐步实现"人人为教育，教育为人人"的美好愿望。

参考文献

[1] 岳昌君，丁小浩. 教育投资比例的国际比较 [J]. 教育研究，2003 (5).

[2] 陈立行，刘中权. 向社会福祉跨越：中国老年福祉研究的新视角 [J]. 北京：社会科学文献出版社，2007.

[3] 邓剑光. 关于教育平等权的法律思考 [J]. 河南师范大学学报（哲学社会科学版），2008 (6).

① 臧兴兵，沈红. 公共教育投入与人力资源强国建设 [J]. 清华大学教育研究，2010 (4).

［4］联合国教科文组织国际教育发展委员会编. 学会生存：世界教育的今天和明天［M］. 北京：教育科学出版社，1996.

［5］赵中建. 教育的使命：面向二十一世纪的教育宣言和行动纲领［M］. 北京：教育科学出版社，1996.

［6］教育部叫停义教阶段重点校、重点班［EB/OL］.（2006－8－27）. http：//news. xinhuanet. com/edu/2006－08/27/content_5013620. htm.

［7］科林 N. 鲍尔，赵中建. 教育的使命［J］. 青年教师，2012（10）.

［8］联合国教科文组织国际教育发展委员会编. 学会生存：世界教育的今天和明天［M］. 上海师范大学外国教育研究室，译. 上海：上海译文出版社，1979.

［9］申居郧. 西岩赘语［M］. 北京：中华书局，1985.

［10］臧兴兵，沈红. 公共教育投入与人力资源强国建设［J］. 清华大学教育研究，2010（4）.

［原文刊载于《社会科学战线》2012 年第 3 期（谷峪）］

职业教育的功能分析与目标实现

作为与经济社会联系非常密切的一种教育类型，职业教育有着区别于普通教育的特点与规律，有着自身的功能和目标。这里，"功能"表述着"实然"效用，即职业教育在一定时期及社会条件下，能够做什么和实际做了什么；"目标"则指向"应然"状态，即职业教育预期达成的愿景。从"实然"到"应然"，需要在发展过程中有效协调社会需求与个体需求之间的矛盾，形成基于整合利益的职业教育发展动力机制。

一、职业教育的功能

职业教育的功能指其作为一种教育类型的功用与效能[①]，可以笼统归纳为社会发展功能与个体发展功能。

基于不同的经济、政治、文化等因素，职业教育的功能内涵在不同时期、不同国家和地区，形成了不同理解。同时，受到社会基础、价值取向、受众认知等条件的影响，呈现出多重性、多元化的特征。

（一）经济功能

职业教育与经济发展互为条件，相互制约。一方面，经济发展依赖于生产者素质。培养技术技能人才和高素质劳动者，有效提升人力资源整体水平，进而推动经济发展，既是职业教育自身的责任所在，也是其基础功能。另一方面，一定的经济基础是职业教育实现又好又快发展的必要前提。从宏观而言，生产力发展水平、科学技术基础、产业结构状况、市场发育程度，是职业教育发生、发展的决定性因素，制约其规模、质量、结构和效益。就个体而言，接受职业教育是一种投资行为，需要支付一定的经济成本、时间成本，并承担一定风险。

职业教育与经济发展的关系历来为各国政府所高度重视。西蒙·马金

[①]　高奇. 职业教育功能 [J]. 中国职业技术教育，2005 (5)：17—20.

森在其《澳大利亚教育与公共政策》一书中指出："支配政府教育政策的还是教育和经济之间的关系。"劳动力再生产是社会再生产的必要条件，职业教育是实现劳动力再生产、提高生产率的必要手段。"复杂的社会分工构成了现代文明社会的复杂结构，职业成为现代社会组织的基本构架。"① 职业的载体是作为社会个体的人，职业教育为社会个体解决生计问题提供了保障。没有职业教育对各行各业、不同岗位人才的培养，就谈不上经济的正常运行和社会的正常运转。以人才培养为基本途径，职业教育成为国家系统化、规范化开发人力资源的重要手段，成为构建合理的社会人才结构的重要基础。职业教育通过开发人力资源潜质，提高劳动者整体素质，进而改进生产方式、推动技术创新、调整和缓解结构性失业、提高个人和社会收益等，以此推动产业结构调整、科学技术进步、带动整体经济水平提升。

（二）政治功能

所谓政治，是国家上层建筑领域各种权力主体为维护自身利益，而选择实施的特定行为和由此结成的特定关系。西方政治学认为，政治是一种社会利益关系，是对社会价值的权威性分配，是人们在安排公共事务中表达个人意志和利益的一种活动。

按照这一理解，所有教育都有其政治目的，即为国家的、民族的、宗教的、社会的某些特定利益集团服务。帮助其在与其他集团竞争时获得优势。这个动机决定了教育机构应选择什么样的内容与科目，采用何种行之有效的教学方式，也决定了学习者应该养成怎样的思想习惯。② 从社会发展的角度，职业教育在维系社会稳定、推动社会变革、加快民主化进程、促进社会公平等方面发挥了重要作用。

教育是国家维护社会统治、维系政治稳定的重要手段。职业教育受众量大而广，主要是社会中下层劳动者。职业教育阶段是受教育者人生观、价值观形成的重要时期，有助于培养其形成一定的政治素质，具备国家所期望的政治理想与信念。更重要的是，它向受教育者传授赖以生存的职业技能，培养社会需要的合格技能人才，引导其积极参与国家经济社会建设，从而形成稳定的社会政治结构。

---

① 吴燕霞. 职业教育的社会功能及其变革 [J]. 中共福建省委党校学报，2005 (10)：40—43.
② 任钟印. 世界教育名著通览 [M]. 武汉：湖北教育出版社，1994.

现代职业教育一定程度上推动着社会政治的平等与开放，是促进社会变革与进步的重要力量。它通过弘扬职业道德、传播职业理想，引导社会形成正确的舆论导向。它弘扬政治、思想、道德领域中的积极因素，抵制腐朽、落后的消极因素，为推进社会政治进步服务。

教育同时是养成民主意识、观念的重要途径。国家教育事业发展、国民文化水平不断提高，是实现社会民主化的重要前提与保证，这一目标的实现有赖于职业教育和普通教育的共同努力。

教育公平是社会政治文明程度的一个重要标准。教育机会、教育过程与教育结果公平与否，社会能否公平公正地为每个公民提供合适的教育，是社会学家评判社会公平的重要尺度。职业教育是平民教育，具有基础性、全民性、全纳性、终身性等特征，其功能的合理发挥有益于体现教育公平和社会公平。

（三）文化功能

法国社会学家涂尔干认为，教育主要有两大功能，为工业经济输送技术工人，通过文化传递的方式成为社会整合的工具。教育是文化传承的重要手段，职业教育过程本身即是知识、技能与信息的传播过程，通过教育教学活动的实施，向受教育者传播积极、先进的产业知识与产业文明，相关的职业技术文化，帮助其认同和接纳先进文化。

职业教育的文化传播功能包括：传播现代科学技术知识，弘扬科学精神、求实与创新精神；传播职业道德与行业规范，提倡尊重技能、尊重人才的社会风尚；传播以现代工业文明为主要标志的产业文明，鼓励以技术技能实现个人价值，为社会创造财富；传播职业文化理念，形成爱岗敬业、务实重行的思想与作风。

在更广泛的意义上，职业教育通过教育教学活动，对那些蕴含在技术知识、职业技能、岗位规范、职业精神与职业观念中的，人类已创造出的文化进行积累、整合与传递，吸收、融合域内域外先进文化，进行文化创新。通过对受教育者进行有关政治、道德、心理、生态文明等方面的教育，为精神文明建设服务。

从历史发展角度看，我国现代意义的职业教育百余年来起伏跌宕，不断发展、创新，传统观念与现代思潮交流、激荡、吐故纳新，中西方不同的文化理念相互碰撞、渗透。在借鉴发达国家经验的过程中，一方面期望借鉴先进职业教育模式甚至将其移植到本土，另一方面不可避免地遭遇传统力量的拒斥。这与不同教育模式深植的文化土壤与历史背景密切相关。学习域外经验的前提，是认识、消化、有选择地接纳其背后的文化理念和生成背景。

综上，职业教育的诸项功能是互为因果、相互促进的。这些功能的有效发挥，保证了职业教育在中国特色现代教育体系中的重要地位，成为经济发展的重要基础，成为满足现代文明复杂结构与社会进步的先决条件。

二、职业教育的目标

目标是个人、部门或整个组织想要达到的境界、期望的结果、指向的终点。教育的目标有广义、狭义之分。广义上，它是人们从事教育活动之先，在头脑中预先存在的对结果的期望；狭义上，它是一个国家或地区对教育提出的总的要求和标准，表明办教育为什么，培养人才要达到什么样的规格。职业教育目标是国家教育目标在职业教育领域的具体化，是对职业教育人才培养的质量和规格的总体要求。

从价值取向和已有功能出发，可以将职业教育的目标归纳为功利性目标、人本性目标和文化性目标（见图1-1）。

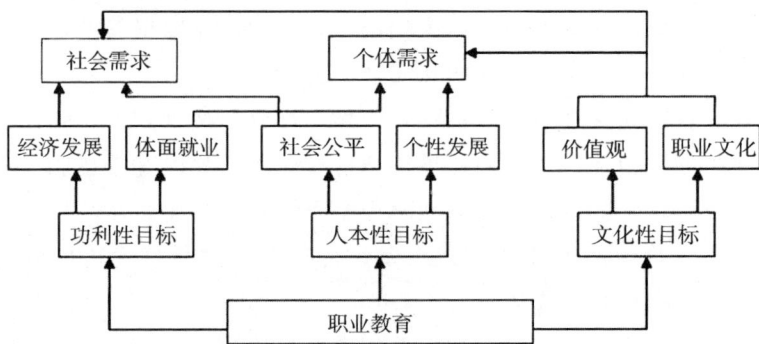

图1-1 职业教育目标的实现

（一）功利性目标

从国家整体发展角度，职业教育通过开发人力资源潜力、培养技术技能人才和高素质劳动者，完善教育结构、人才结构，满足经济社会发展进步的需要，进而带动国家综合实力提升。这是职业教育的根本目标，也是国家、政府坚持主导、支持职业教育发展的关键所在。

从个体发展角度，职业是个体谋生的载体。就业，是个体能够立足并生存于社会的最大安全需要。职业教育虽不能直接创造就业机会，但可以帮助受教育个体掌握改善就业机会所需的职业技能，为其生存、发展提供基本保障，并获得在社会阶层上升流动的可能性。这是社会个体认可投入一定成本而选择接受职业教育的原因所在。

（二）人本性目标

职业教育作为一种教育类型，应当体现教育公平。职业教育是面向人人的教育，对于占人口大多数的、来自农村和城市低收入家庭等社会中下层群体意义尤为重大。

作为社会问题而出现的弱势群体，首先产生于社会结构的不合理和不公平。公平是评价社会制度的重要价值标准。在当前我国生产力尚未足够发达的现实环境面前，促进公平的意义，首先在于保证每个公民都能够接受教育，让每个社会个体通过接受教育成为自食其力的、平等的社会成员。提升弱势群体的技能水平从而提高其生活能力、生活质量，既是政府的重要职责，也是职业教育的目标所在。

从个体发展而言，职业教育又不能限于传授技术技能。人的发展是教育的永恒主题，"全面发展人的智力和体力，是教育追求的理想"[①]。不同的社会个体存在智力与体力方面的差异，不同职业、岗位之间也千差万别，个体的才能与优势只有在适合的职业岗位上才能得以发挥，即社会个体与岗位之间存在一定的匹配度。职业教育通过特有的教育手段，充分挖掘学生针对某一职业、岗位的特殊潜能，尽可能发挥其特长；通过有目的、有计划的职业训练与岗位实践，帮助学生强化岗位适应能力，了解岗位与岗位群、职业与职业群之间的关系，形成生涯规划意识，为实现合理的职业流动和转换提供基础。同时，通过职业道德教育、心理教育、创新创业教育、职业生涯教育等多种手段，培养社会个体形成主动适应社会、自我设计、自我规划的能力，以促进个性得以充分发展。

（三）文化性目标

美国学者路易斯·拉斯在《价值与教学》中谈道："每个人都有自己的价值观，每个人都按他个人的价值观行事。"学校教育的一项根本任务

---

① 高奇. 职业教育功能［J］. 中国职业技术教育，2005（5）：17—20.

在于紧紧抓住价值观教育，发展学生的道德意识、判断和选择能力。

联合国教科文组织认为，职业教育"要为年轻人提供全面素质教育和能力准备，帮助他们尽可能获得更好的就业条件、更高的生产率，从而不断提高其生活质量。""职业教育必须重新定位，才能适应和推动经济全球化和信息社会发展，职业教育的价值观、态度、政策及实践的基础应该建立在新的发展模式上。"[①] 他们强调，为了全球化下更加有效地共同学习工作，价值观教育是人的全面发展的保障，价值和伦理应占据职业教育全部课程的中心，价值观教育应当成为职业教育的特征之一。[②]

职业教育的一个重要文化性目标或使命，是传承和发展职业文化。所谓职业文化，是在长期的职业活动中人们逐步形成并广泛认同的价值观念、思维方式、行为规范及气质、礼仪和风气，其"核心内容是对职业使命、职业荣誉感、职业规范及职业礼仪的自觉体认和自愿遵从"[③]。它是以现代社会的职业结构为基础的普适文化，体现与职业社会、职业机构相关的制度、习俗与道德规范。

长期以来，农业文明在我国占据主导地位，"重学轻术"的传统思想影响巨大。在我国，现代意义的职业教育起步较晚，而近现代工业发展历史短暂，相应的职业文化发育迟滞，文化传承薄弱。这种职业文化本身的不完善与非系统化，导致在形成现代职业教育体系学习借鉴国外先进经验过程中遇到了很多障碍。

对职业教育而言，如何发展和创新有中国特色的职业文化体系，不仅是研究课题，也是现实责任，更是发展目标。它需要包括政府、院校、受教育者、行业企业、社会组织等所有利益群体的共同努力，在观念、制度和行为等不同层面，发挥主动性、积极性，提升职业教育自身的文化自觉与文化自信，积极发挥文化领导力和文化创新力，构建开放、动态的职业文化环境和职业教育生态。

---

① 李士伟，万象. 价值观教育：职业教育新理念——"十一五"重点课题《职业教育价值观教育的比较研究与实验》在京开题 [J]. 教育与职业，2007（4）：26—27.

② 余祖光. 学会做事：全球化中职业教育的价值观教育 [J]. 中国职业技术教育，2006（4）：5—9.

③ 王文兵，王维国. 论中国现代职业文化建设 [J]. 中共长春市委党校学报，2004（4）：71—73.

三、从功能到目标——矛盾调和与机制构建

研究职业教育的功能与目标，是从根本上解决职业教育发展问题的理论与实践需要。从既有功能发挥到目标实现需要两个条件。

(一) 有效调和社会需求与个体需求的矛盾

从本质上讲，职业教育面临社会需求与个体需求两大需求。前者以经济社会发展需要为出发点，关注经济增长、产业发展、岗位适切，是基于社会学普适意义的价值观、利益观的考量；后者则以个体职业生涯发展为出发点，关注成本效益、就业质量、薪酬待遇与发展预期，是从个人价值观、利益观视角来审视的。受多种因素影响，这两种需求在目标和价值取向上不完全一致，甚至产生冲突。

职业教育的功能在于尽可能满足两大需求。当前它以首先满足社会需求为前提，兼顾个体需求。职业教育的终极目标则是有效调节个人教育机会需求和社会教育产品需求之间的矛盾，实现两种需求的统一、平衡、和谐。它强调以人为本，最终指向个体需求。个体需求与社会需求之间的矛盾，主要表现在社会对职业教育产品的需求旺盛，而个体对职业教育机会需求较弱，两者不能同步。调节矛盾的根本思路在于以旺盛的社会需求刺激低迷的个人需求。

实现两种需求的统一，是促进职业教育充分发挥各项功能的前提；是促进职业教育自身和谐发展从而推动社会和谐发展的前提；是扭转当前职业教育发展困境，提高社会和公众对职业教育认可度的关键所在。要实现这一目标，需要切实转换观念，从满足个体需要为出发点最终满足社会需要，实现职业教育的可持续发展。同时，需要优化技能人才成长环境，保障其经济收益，提高其社会地位，提高职业教育服务质量，增强其吸引力与持续发展能力，才能从根本上实现职业教育科学发展，推动经济社会和谐进步。

(二) 构建利益整合的发展动力机制

从功能发挥到目标实现，需要完善职业教育发展的动力机制。当前职业教育发展现实与理想（或公众期望）之间差距较大，究其原因，与我国职业教育基础相对薄弱、发展内外部环境复杂、参与主体多元且利益诉求相互冲突有关，更重要的问题在于缺乏发展动力。例如，中等职业教育在

规模数量快速增长的同时存在"四软一险"，即靠行政手段而非市场选择，靠资助拉动而非质量取胜，靠升学吸引而非就业导向，靠成人人群而非适龄人群①，导致发展根基不稳。为此，有必要积极借鉴发达国家经验，深入探讨职业教育与经济、社会、文化发展的关系，职业教育发展基础和动力因素，研究政府、院校、行业企业、社会组织与受教育者等利益相关者在职业教育发展中的地位、作用，从教育公平的理念出发，构建符合利益相关者整体利益的动力机制，促成职业教育理想目标的实现。

[原文刊载于《河北师范大学学报》2014年第1期（姚树伟　谷峪）]

参考文献

[1] 高奇. 职业教育功能 [J]. 中国职业技术教育，2005（5）.

[2] 西蒙·马金森. 澳大利亚教育与公共政策 [M]. 严慧仙，洪森，译. 杭州：浙江大学出版社，2007.

[3] 吴燕霞. 职业教育的社会功能及其变革 [J]. 中共福建省委党校学报，2005（10）.

[4] 陈明昆. 中国经济转型期职业教育可持续发展研究 [D]. 天津：天津大学，2010.

[5] 任钟印. 世界教育名著通览 [M]. 武汉：湖北教育出版社，1994.

[6] 安迪·格林. 教育与国家形成：英、法、美教育体系起源之比较 [M]. 王春华，译. 北京：教育科学出版社，2004.

[7] 高奇. 职业教育功能 [J]. 中国职业技术教育，2005（5）.

[8] 李士伟，万象. 价值观教育：职业教育新理念——"十一五"重点课题《职业教育价值观教育的比较研究与实验》在京开题 [J]. 教育与职业，2007（4）.

[9] 余祖光. 学会做事：全球化中职业教育的价值观教育 [J]. 中国职业技术教育，2006（4）.

[10] 王文兵，王维国. 论中国现代职业文化建设 [J]. 中共长春市委党校学报，2004（4）.

① 于志晶. 形势、问题、方向：吉林省职业教育发展报告 [Z]. 吉林省职业技术教育学会2010学术年会，2010.

职业教育视角下核心技能的本质特征及其培育

20 世纪 70 年代以来，在世界科技革命、激烈的经济竞争和就业危机背景下，一场"技能革命"悄然发生。德、英、美、澳等国为增强劳动者的职业适应性以及职业发展能力，认识到个体的技能需要进一步拓展，相继提出发展具有普遍性、迁移性和基础性的核心技能的重要理念。此后，核心技能成为各国技能战略的重点关注领域。核心技能的培育从一种理想、一个概念，逐渐形成一种教育发展战略，成为职业教育领域关注的热点。

核心技能是西方国家先后提出的关键能力、通用技能、必要技能、核心能力、基本技能等概念的通称。它是基于经济社会转型及劳动组织形式的变化等对劳动者素质的要求而提出的，在传统技能意义的基础上，被赋予了现代意义，增加了技能的科学性、艺术性和人文社会性。虽然对核心技能这一概念的理解因国家背景和研究者的立场和视角而略有不同，但其内涵有着相同的本质特征。核心技能是一种"整合的能力"，一种"广泛适应的能力"，一种"社会相关的能力"，一种"跨专业的能力"。

一、核心技能生成的基本原则

核心技能生成的基本原则，包括技能条件选择、技能选择程序、技能生成路径和技能理论框架的检验与调整等方面的指导性原则，这是揭示其运行过程的调控机制的探索，是核心技能功能实现的保障。

1. 技能条件选择的通用性和可迁移性

核心技能的条件选择存在两个指导性原则，即通用性和可迁移性。通用性是指核心技能存在于并被应用于广泛的行业中，它不局限于具体的工作岗位和工作任务，而是强调所有职业共有的、一般性的素质和能力。可迁移性是指个体在一个情境下习得的技能可以被应用于其他情境中，当职业或劳动组织发生变化时，具备这种技能可以使个体从容应对变化的环境，重新学习、获取适应未来的职业知识和技能，确保自我的可持续发展。因此，核心技能的确立要秉持其内容的多功能属性，使之能够适用于不同的领域。同时，核心技能涉及复杂的高阶思维，具有多维度特征，它们由知识，分析的、文化的和沟通的技能，以及常识组成。[①]

2. 技能选择程序的民主性和价值认同

核心技能的发展目标是提升个体的核心技能，以此形成集体的核心能力，进而形成团队的核心竞争力。因此，核心技能框架的制定，一方面要基于主要利益相关者的持续意见和建议，如个体、雇主、工会组织、政策制定者、政策分析师、国家和国家机构等；另一方面要考虑来自多学科专家诸如社会学家、评估专家、哲学家、人类学家、心理学家、经济学家、历史学家、统计学家和教育学家等的观点。同时吸收来自不同国家的视野、国际研讨会的观点等。以此为基础，制定一个一致的、被广泛共享的、现代世界所需的核心技能框架。在某种程度上，人们较为注重核心技能框架中的共同价值观。共同的价值暗含着个体应当能够发挥他们的潜力并且应当互相尊重，共同构筑一个公平的社会。

3. 技能生成路径的情境性和多渠道性

核心技能是注重在工作情境中综合运用知识和技能的能力，是个体有效参与新兴工作形式和组织的基础。核心技能具有情境性，个体运作的每一个情境均有其所需学习的核心技能要求、期望和规则。因而，学生首先应当在一个特定的情境中发展技能，并确定该技能所适用的其他情境，然后在实践中将先前学习的相关方面应用到一个新的情境中，确定其他可能活动，这些活动可能有助于这一方面的学习取得成功。[②] 核心技能的获得方式可以通过普通学校、职业技术与继续教育学校、成人教育、社区教育、高等教育和工作场所的培训，也可以从整个生活和职业生涯中获得。重要的是要形成由个体学习者、家长、雇主、教育和培训机构之间互相合作的伙伴关系，以营造培养的有利环境。

4. 技能理论框架动态变化的检验与调整

核心技能是按照一定的规则运行的，它必须适应经济和社会的需求和现代技能生存和发展的条件，必须符合客观规律，同时引入现代科技、经

① GIBB J E. Generic Skills in Vocational Education and Training：Research Readings [J]. National Centre for Vocational Education Research，2004：188.
② TRIBE J. Core Skills：A Critical Examination [J]. Educational Review，1996，48（1）：13—27.

济学、社会学、艺术和美学等理论知识和技能技巧，确保科学性、艺术性和人文社会性并适应核心技能的创新发展要求。因此，核心技能要在不断接受实践检验的过程中进行多次调整，以保持其先进性。主要体现为核心技能框架的内容随着时代的发展不断更新，同时需要根据实践应用、不同部门以及用户的反馈意见进行修订。

二、核心技能培育的结构特征

核心技能并不呈现某种单一因素的特性，而是具有复杂结构的多种技能类型、多层级的各种类型能力的有机组合。从国际视野看，发达国家核心技能培育的结构特征大致分为知识框架结构、资格框架结构、国家标准体系结构和项目概念结构。

1.核心技能培育的知识框架结构

核心技能的知识框架结构具有整体性和有序性，对于核心技能培育具有指导作用。其结构一般是基于已获得认可的相关课程文件（教学大纲、教学目标和教材）、相关理论基础和方法建立的。以澳大利亚为例，其框架的形成主要参考了苏格兰的《获得工作场所核心能力指南》和《成人识字和算术课程框架》，澳大利亚的《资格框架》和《国家课程》，新西兰的《信息素养框架》和《成人读写能力等级》以及欧洲理事会的相关学习、教学和评估的参考框架。其构建的理论基础和方法主要是基于社会语言学和社会建构主义观，成人学习理论，学习、阅读、写作、口语、听力和算术等意义建构理论；个体在学习中的四个角色（译码者、文本参与者、使用者和分析师）以及不同目标群体参与核心技能培训和课程项目的经济和社会意义等。合理的知识框架结构是核心技能的能力结构优化的基础，决定了知识和技能的宽度和深度组合。[①]

2.核心技能培育的资格框架结构

核心技能的资格框架结构成分划分为硬性和软性的技能结构群。英国工业联盟、教育与就业部等规定的六项核心技能中，沟通交流、数字运用和信息技术是强制性培养的核心技能内容，属于主要的硬性技能，所有国家职业资格证书和课程均须包括这三项技能。与人合作、自我学习和绩效以及问题解决属于更广泛的软性技能，培养的灵活性较大，主要通过现代学徒制和国家培训计划进行。从国际经验看，目前核心技能已被普遍纳入国家资格框架体系中，资格框架等级描述维度的分类中均涵盖了核心技能

---

① 于桂兰，王弘钰. 工人人力资本的测量维度与经济价值研究 [J]. 社会科学战线，2008 (8).

的要素。英国运行的资格学分框架（QCF）分为九个等级，每一等级均包含知识与理解、应用与行动、自主性与问责机制等若干维度，不同等级的维度给出了不同层级的核心技能要求，并详细规定了须掌握的学习单元。在澳大利亚，每个资格框架的资格明确规定的必修能力单元中均包括通用技能等必要技能。通用技能是所有培训规定的必检内容，也是必需的培训内容。

3. 核心技能培育的国家标准体系结构

核心技能的国家标准体系结构是由核心技能群组和具体技能构成。英国人力服务委员会出版的《核心技能手册》把核心技能划分为 4 个核心技能群、14 个核心技能组和 103 个具体技能。核心技能国家标准体系由 6 项技能要素组成，每项技能分为 5 个等级，每个等级具有共同的结构要素，即由要素名称、操作规范、范围说明、证据说明、具体说明和指南组成。不同等级的核心技能均设定了相应的一套标准。澳大利亚的国家核心技能框架设定了 5 项核心技能要素，每项要素均设置了 1—5 级的核心技能表现水平，每种核心技能的层级均使用指标、重点环节、表现特点和案例活动来描述，以便及时为个体的表现做出一致的判定。确定水平等级时，设置"重点环节"和"表现特点"，结合表现变量来解释相关指标。其中，影响个体在任何时期的四个表现变量是：可获取的支持形式、性质和程度、对背景的熟悉度、情境的复杂度和任务的复杂度。

4. 核心技能培育的项目概念框架结构

核心技能是由几部分技能或能力结构群构成并产生的综合效应。在经济合作与发展组织题为《能力的界定与遴选：理论框架与概念基础》（DESECO）的项目中，将关键能力概念框架分为三大模块：一是利用物质、社会文化工具与环境进行有效交互并实现其目的的能力，二是在不同群体中进行交流的能力，三是管理自己、自主展开行动的能力。三组模块互相关联，共同形成确定和绘制关键能力的基础。文化合作委员会"民主的公民教育"项目规定的第一种核心技能的能力分类由认知能力、情感能力和那些与价值选择、行动相关的能力构成。第二种分类基于社会生活的分析，列出了公民四个方面的能力，即政治的、法律的、社会的、文化的和经济的能力。OECD 能力框架中核心能力由三大集群组成，集群一是指传送能力，包括聚焦成就、逻辑思维、公文写作、变通思维、管理资源、团队工作和领导；集群二是指人际能力，包括专注客户的能力、外交敏感性、感化力、谈判力和组织力；集群三是指策略能力，包括战略思维、开发和使用人才、相互合作与协调各种复杂关系的能力。[①] 这三大集群表现为各种能力类型的组合方式和功能结构，其目的是追求能力伸展和最大化。

三、核心技能培育的实现路径

1. 课程整合路径

依据新职业主义的整体性教育改革理念，核心技能的培育需要进行学术课程与职业课程的整合，即将不同类型的课程内容进行重构、协调及融合，形成一种新的综合型、立体化的课程形式。美国国家职业教育研究中心在充分调研不同层次类型的职业院校基础上，提出了学术与职业课程整合的中等职业教育八模式和高等职业教育八模式，主要体现为融合职业内容学术型、融合学术内容职业型、综合型和模块型四个维度的十二种基本课程模式。[②] 课程整合的特点是以产业部门、职业群和具体工作岗位为基础，通过重组课程，将多个科目领域的相关知识进行融合，为学生提供跨越学术和职业学科的学习背景和基础知识。整合学术和职业教育的内容，要求学术科目教师与职业科目教师联合工作，共同开发适合这种教育模式的教材和一系列配套资料等。

2. 独立培训认证路径

该路径是指核心技能的培养和开发由专门的教育机构进行。典型国家是英国。核心技能开发是英国国家通用资格证的必要基础。英国在17000个证书机构中确定了21个核心技能的考核和认证机构，并逐渐形成了由政府部门、立法机构、培训机构、考证机构、雇主和工会组成的核心技能开发与实施机构。该路径注重能力分析，强调在研究"需求的能力"的基础上，确定"教育可以培养的能力"。依据受教育者的身心发展特点及其所处的发展阶段，将工作领域所需的核心技能内容转化为学习领域课程内容，同时辅以一套独立的、操作性强的教育标准体系和认证制度作为支撑。

3. 教学渗透路径

该路径提倡职业教育各科目的教师在教学中应树立培养学生核心技能的意识，灵活运用多种教学方法把核心技能贯串于教学、培训的全过程。要求教师改变传统角色，改变以往职业教学与理论教学分离的做法，充分

---

① OECD. OECD Core Competency [EB/OL]. (2014-01-12). http：//www. Oecd. org/careers/Competency%20framework _ booklet. pdf.

② 陈鹏. 美国职业教育学术与职业课程的整合研治 [J]. 外国教育研究，2013 (3).

发挥教师的引导作用，基于学生原有的知识基础打造其个体的学习经历，鼓励学生逾越技术和特定的职业技能要求，考虑社会、劳工、环境影响以及金融问题等。鼓励学生整合文学、历史、政治、社会学和经济学的知识去发展研究的、分析的和沟通的技能。同时，强调学生接受教育的自主性，在探究式和开放式的学习环境中学生成为积极的学习者、思考者以及意义的建构者。

4. 行动导向的项目路径

该路径要求打破学科教学和课堂教学的局限性，建立以项目、案例、课题研究为载体的课堂教学模式。项目内容来源于真实或实际的经验情境或行动情境，以完整的工作结构和过程为参照系，学生在参与项目的过程中思考和学习，完成从明确任务、制订计划、实施到评价反馈的过程，形成对具体工作的整体性感悟和反思，实现知识与技能、过程与方法、情感态度与价值观学习的统一。

[原文刊载于《社会科学战线》2015年第10期（岑艺璇　谷峪）]

解读"五大解放"理论，反思我国基础教育

我国著名教育家陶行知先生在《创造的儿童教育》一书中提出了"五大解放"理论。这"五大解放"理论是针对当时教育对儿童的"禁锢"提出来的，时至今日，我们的基础教育的现实是怎样的呢？实现这"五大解放"理论了吗？事实胜于雄辩，下面我们对"五大解放"理论与我国的基础教育现实做一简单比较，对此就会一清二楚。笔者认为这对我们正在进行的基础教育改革无疑是有着重要意义的。

一、"解放儿童的头脑"

陶行知先生指出："儿童的创造力被固有的迷信、成见、曲解、幻想层层裹布包缠了起来。我们要发展儿童的创造力，先要把儿童从迷信、成见、曲解、幻想中解放出来。"虽然随着科技的发展，"迷信"已不再是禁锢儿童思想的"裹布"，但这并不意味着儿童的头脑就被解放了。看看我们的教育现实吧！记得有这样一道试题，让小学生把"百灵鸟正在唱着优美的歌"缩写为最简单的句子。有一名学生写的是"百灵鸟唱歌"，却错了，因为标准答案是"鸟唱歌"，这就是束缚儿童头脑的"裹布"之一。除此之外，老师的权威言词，教学方式的"灌输"，还有不许这样不许那样的"死"规定，整个把儿童的头脑里一层外一层地裹了个严实，简直就没留一点儿余地。因此，从某种意义上说，我们儿童的头脑只是被从一个"裹布"中移到了另一个"裹布"里。现在很多文章都大喊培养儿童的创造性、创新性，但"裹布"里的头脑，还能有创造性吗？陶行知先生曾说过"学贵知疑，大疑则大进，小疑则小进，不疑则不进"。试问，"裹布"里的头脑能有疑问吗？这样的话，进步又从何谈起呢？

解放儿童的头脑吧！让他们按照他们的思维去思想、去创造，从而发挥他们头脑的真正作用。

二、"解放儿童的双手"

陶行知先生认为："中国对于小孩子一直是不许动手，动手则要打手

心，往往因此摧残了儿童的创造力"。现在《中华人民共和国未成年人保护法》《中华人民共和国义务教育法》《中华人民共和国教师法》等都明文规定"禁止体罚学生"。因此，"动手则要打手心"的事情发生得少了许多，而我国基础教育中的"变相"惩罚却多了许多，如加倍留作业、让孩子当众出丑、罚钱等。同时，有些不许动手的"传统"保留了下来，如上课要求坐得笔直，双手放于背后或平放于桌上，俨然一副"军人"模样。老师们怎么就没想想他们还是孩子呢，而孩子最大的特性就是"动"啊，孩子也正是在"动"的过程中学习了知识，发展了智力。虽然我们不提倡杜威所提出的凡事都要"从做中学"，但我们也不提倡"从静中学"。"静"中只会使孩子学到"死"知识，而学不到实际应用、表达与操作的能力。

解放儿童的双手吧！让他们去做他们应该和愿意做的事，从而发挥他们双手的真正作用。

三、"解放儿童的嘴"

陶行知先生指出："中国一般是习惯不许说话，小孩子得到议论的自由，特别是问的自由，才能充分发挥他的创造力。"因此，他认为，"小孩子有问题要准许他们问。从问题的解答里，可以增进他们的知识"。但我们的基础教育现实违背了这一常规，很多学校和老师规定，上课不许乱说话，不许随意打断老师的讲授。为什么不能有疑就问呢？有时候灵感就像昙花一样一闪即过，而正是这一闪即过的灵感不知启发了多少发明家。由此推理，也不知这许多的不许问"扼杀"了多少有灵感的儿童，从而使其成了平庸者。

在收音机里听到的一则广播更使我体会到"解放儿童的嘴"的重要性：一位大学生去外企应聘。招聘者在众多的应聘者中选中了这位托福成绩很高、计算机学得很好的学生，于是通知他来公司参加面试。当招聘者让他用英语做自我介绍时，他一时语塞。招聘者只好又给他翻译成汉语，对他说："请你用英语做自我介绍。"在停滞了两三分钟后，他才断断续续地说了几句，有时还附带汉语。结果当然是落聘了。招聘者最后发出的感慨是："他的托福成绩很高，计算机学得也不错，我们很想聘他，但他的口语和应变能力太差，而我们需要的是能与外国人直接对话的人，很遗憾。"通过这件事，我们应该好好思考一下，这究竟是如何造成的呢？这不能说与我们基础教育中的"不许动嘴"没有关系吧？

再来看一下美国的课堂情况，也许从中我们会得到一些启发。美国学生上课时可以随时打断老师的讲课而对自己不明白的问题提出疑问，而老师也会很耐心地讲解。在遇到自己不懂的问题时，教师会很坦然地告诉学生"对这个问题，我也不明白，让我们共同来探讨一下……"，而不像我国有些教师那样"死要面子"，即使不懂也非要给学生讲解一番，不但没有启发学生，反而有时会误导学生；还有一些老师干脆以"你哪来这么多奇怪的想法"等理由将学生闪现的"火花""扼杀"在了"摇篮"之中。暂且不论美国基础教育水平的高低，笔者认为美国的这种民主教学方式还是值得我们学习与借鉴的。下面让我们以陶行知先生的一首诗来共勉吧："发明千千万，起点是一问。禽兽不如人，过去不会问。智者问得巧，愚者问得笨。人力胜天公，只在每事问。"

解放儿童的嘴吧！让他们问他们喜欢问的事，说他们喜欢说的话，从而发挥他们嘴的真正作用。

四、"解放儿童的空间"

陶行知先生指出："要解放小孩子的空间，让他们去接触大自然中花草、树木、青山、绿水、日月、星辰以及大社会中之士、农、工、商，三教九流，自由地对宇宙发问，与万物为友，并且向中外古今三百六十行学习。"因为"创造需要广博的基础。解放了空间，才能搜集丰富的资料，扩大认识的眼界，以发挥其内在的创造力"。现在让我们看看孩子们的生活空间。上学前，在家是"小皇帝""小公主""小太阳"……处处有祖父母、外祖父母、父母的呵护与"包办"，事事不用操心，衣来伸手，饭来张口，可谓"舒服至极"。为了安全起见，家人整个把孩子"围困"在家的小范围内。记得有很多新闻报道说，大一新生不会洗衣服，不会叠被子等。一开始还不太相信，但细想一下，在这种环境下长大的孩子要是会做这些事那才是怪事呢！上学后，来回有人接送，上课、下课有老师"关照"。看看我们孩子生活的空间吧，简直是一根"线段"。在这样的环境下，孩子的创造力从哪里来？除非我们是唯心主义者，相信"天赋智慧与能力"，否则，我真不知道孩子的创造力会从何而来。有人说"中国的基础教育加美国的高等教育是最完美的教育形式"。从这句话的含义来说，似乎我国的基础教育比美国要好得多。但请问衡量的标准是什么？"死记硬背"的知识量吗？如果以此为标准的话我们无话可说，但这样的比较有意义吗？现在社会需要的不是知识的"容器"，而是有应变能力、实际操作能力和创造知识的人才。如果以此为标准来比较的话，结果是什么？不言而喻。也有人批评美国的基础教育如何低，中国学习差的孩子到美国后都会是"佼佼者"。这也许是一个事实，但这只是就学习成绩来说的，为什么我们不比较一下综合能力呢？又有谁敢说我们比人家强呢？美国的小学生就可以独立到图书馆查资料，到大自然中去做观察……我们的孩子能吗？拿自己的优点与别人的缺点相比，赢的当然是自己，但这样的比较公平吗？退一步说，就算美国的基础教育水平低，但人家培养出了大批的高科技人才和多个诺贝尔奖获得者，怎么解释？我们的基础教育水平再高，一句"中国的孩子动手能力差"，还有日本人公开的预言"你们这代的孩子不是我们的对手！"……我们又如何解释呢？难道这只是一个高等教育的问题吗？教育本身是一个连续的过程，而基础教育正是这个过程的"奠基工程"，"基础"打不好，建起来的高楼再好也只能是"空中楼阁"，又有什么意义呢？对此我们是应该好好反思一下了。否则，在这个"优胜劣汰"的世界中，我们如何立足？

解放儿童的空间吧！让他们亲身去体验自然与生活，从而发挥他们真正的创造力。

五、"解放儿童的时间"

陶行知先生认为："一般学校把儿童的全部时间占据，使儿童失去学习人生的机会，养成无意创造的倾向，到成人时，即使有时间，也不知道怎样下手去发挥他的创造了。"对这一点，我们现实的基础教育做到了吗？看一看我们学生的学习时间，听一听孩子们的呼声，我们就可以略知一二了。

据统计，我国小学生平均每天要上 7 节课，另外还有 1.5 小时用来做作业。再除去正常的吃、喝、拉、撒、睡等时间，孩子还有自己的时间吗？周末应该是孩子休息的时间，但现在的孩子根本没有周末，如果硬要区分的话，也就是周末比平时更忙。我们的孩子就是这样不停地运转着，没有一点时间是属于自己的。记得有一句话是这样说的，"兴趣是最好的老师"，但在连续运转的情况下，我们的孩子还有兴趣吗？笔者曾看到过一项调查，问"孩子的兴趣是什么？"竟有很多孩子回答说"没有兴趣"。对此答案我们可能会很奇怪，但如果细想一下，我们何时给过孩子时间去发现和培养他们的兴趣？家长要求孩子这样做，老师下令学生那样做，为了考试时间被挤得满满的，孩子哪有时间去发现、发展他们的兴趣？即使有，笔者认为在家长与老师的"高压"之下也早就被"湮灭"或"扼杀"

掉了。因此，在这项调查中，学生回答"没有兴趣"也就不足为怪了。

解放儿童的时间吧！给孩子一些属于自己的时间，让他们有时间学习他们渴望学习的东西，从而发挥出有限生命的真正价值。

笔者在本文中提出了基础教育存在的许多问题，但这并不意味着我国的基础教育就只存在问题而没有成绩可言。我国在基础教育方面取得的成绩是有目共睹的，而笔者之所以在文中只提出了现存的问题，主要是为了引起有关人士对这些问题的关注，从而采取有效措施改变这些不该存在的"存在"，以使基础教育朝着更健康的方向发展。

参考文献

[1] 王子元. 借鉴陶行知创造教育思想实施素质教育 [J]. 基础教育研究，2000 (9).

[2] 杨东平. 教育：我们有话要说 [M]. 北京：中国社会科学出版社，1999.

［原文刊载于《教学与管理》2002 年第 14 期（张文华　谷峪）］

比较历史分析：比较教育研究的一个重要途径

　　着眼于科学化发展和深化对教育问题的理解，研究方法一直是比较教育学界热衷讨论的经典议题。长期以来，实证主义和人文主义的交替及与多元主义方法论的融合都引领比较教育研究走向新的图景之中。然而，几乎未曾间歇的批判、论争与焦虑等表达了人们对比较教育研究不满的同时似乎印证了研究方法存在的不足，一是方法本身的缺陷导致其无法满足研究者通过比较教育研究产生客观、可靠的认识进而获得教育科学洞察力的期望；二是单一方法的乏力与比较教育的功能转换及教育领域不断生发的新问题、新诉求之间的错位造就了对复杂教育问题的浅表认识。凡此种种，也就推动着比较教育需要以开放、包容的姿态借鉴其他一切可以深化研究的方法（论）。毕竟，具有"实质性启迪"（substantive enlightenment）的社会科学才是有意义的。

　　作为社会科学的研究传统，比较历史分析（comparative history analysis）特别是现代比较历史分析对社会现象的精彩解析使其被认为是"解释长期存在的、实质性的重要结果的最好选择"①。鉴于对科学化的探求，比较教育应当将比较历史分析作为理解教育的路径，特别是对宏观问题的探究，诸如教育与民族国家发展、教育制度变革等大问题（big question）、大结构（big structure）和大过程（large process）的因果关系、过程等更应如此。正如里特（Ritter）所言："如果研究目标是发现解释宏观层面现象的因果机制，那么几乎没有什么方法能像比较历史分析一样适合。"② 基于此，本文通过比较历史分析引入比较教育研究的缘起、比较历史分析何以可能及引入的原则和意义等来探讨比较历史分析引入比较教育研究的必要性和可行性。

① DONATELLA DELLA PORTA. Methodological Practices，in Social Movement Research［M］. Oxford：Oxford University Press，2014：113.

② DONATELLA DELLA PORTA. Methodological Practices，in Social Movement Research［M］. Oxford：Oxford University Press，2014：113.

一、比较历史分析及其引入比较教育研究的缘起

(一) 何为比较历史分析

社会科学研究中，比较历史分析拥有光辉灿烂的历史。早在中世纪，"近代社会科学和文化史学始祖"伊本·卡尔顿 (Ibn Khaldun) 就曾基于比较历史分析探讨 14 世纪的世界史。启蒙运动以来，孟德斯鸠、亚当·斯密等众多研究者用比较历史分析的方法来考察复杂的社会现象，在他们的影响下，诸多社会学家将比较历史分析作为研究的中心模式。恩格斯的《家庭、私有制与国家的起源》用比较历史的方法探究了资本主义对家庭结构和女性从属的影响。马克斯·韦伯的《经济与社会》《新教伦理和资本主义精神》更是被视为代表作。几乎所有早期的比较历史研究者都是社会学家，因而比较历史分析也曾被称为"比较历史社会学"。

自 20 世纪 50 年代起，行为主义在社会科学研究中的勃兴使得比较历史分析陷入沉寂。比较历史分析的现代复兴肇始于 20 世纪 60 年代社会科学家对"战后社会科学研究的非时序性和过度抽象性"[①] 的反思。他们发现，脱离历史背景与历史脉络，用某种简约的理论来认识复杂的客观世界存在诸多缺陷，无法形成认识的完整性，更遑论获得社会科学的洞察力。而强调因果关系，重视历史顺序和时间过程的比较历史分析对现代社会科学所热衷的大问题、大过程的深刻剖析使其重新受到重视，并广泛应用于社会科学研究中。相继出现了一大批产生了广泛影响力的学者，如伊曼纽尔·沃勒斯坦 (Immanuel Wallerstein)、西达·斯考切波 (Theda Skocpol)、詹姆斯·马洪尼 (James Mahoney)、迪特里希·鲁施迈耶 (Dietrich Rueschemeyer) 等。《社会科学中的比较历史分析》的出版更是被视为比较历史分析自我身份确立的标志和方法论自觉的转折点。现代比较历史分析依然聚焦于宏观问题并将中观问题纳入研究视野，更加积极地借鉴、融合多学科的研究方法使其对社会现象的分析更加深刻。

比较历史分析"虽有长远的过去，却只有短暂的历史"[②]，这一点在对其内涵的探讨上尤为明显，至今，学界也没有形成明确的共识。拉金

[①] 花勇. 比较历史分析的学术演进和经典议题：因果关系的过程分析 [J]. 国外社会科学，2017 (4)：136-144.

[②] PHILIP E. Jones. Comparative Education：Purpose and Method [M]. St lucia：University of Queensland Press，1971：48.

(Charles C. Ragin) 认为比较历史分析类似于案例导向（case-oriented）的比较方法，斯泰因莫（Steinmo）将比较历史研究法和"历史制度主义"（historical institutionalism）联系在一起。斯考切波认为"比较历史分析方法的首要目的在于形成、检验和完善民族国家一类的宏观事件和整体结构的因果解释的假设"①。马洪尼和鲁施迈耶反对从过于宽泛的角度来定义比较历史分析，他们认为对比较历史分析的澄清可以通过其构成的三个词来理解，即比较、历史和分析。这些构成部分提供了一种在比较框架内的、以历史背景中的因果关系为中心的研究方法的基础。

加拿大学者马修·郎格（Matthew Lange）从方法论、认识论和分析单位几个方面来理解比较历史分析。在他看来，比较历史研究致力于追求社会科学的洞察力就意味着接受了通过比较历史法和其他方法可以获得洞察力的逻辑预设。比较历史分析主要的研究方法包括比较法和案例内分析法（within-case methods）。比较法通过对案例的相同点和差异性的比较来凸显因果关系，案例内分析法致力于获得特定现象的洞察力。最常见的案例内分析法有因果叙述（causal narrative）、过程追踪（process tracing）和模式匹配（mode matching）。案例内分析法构成了比较历史分析中的"历史"，它们是时间性的，分析的过程随着时间的推移而展开。马修·郎格认为，"某种程度上，不分析历史和时间过程的案例内部分析法不应该被视为比较历史分析的传统"②。从认识论的角度来认识比较历史分析则指向于对因果关系、因果过程及其决定性因素的洞察力。从分析单位看，传统中，所有比较历史分析都采用结构性的观点探索宏观、中观层面的过程。

综上，本文认为，比较历史分析是一种以比较法和案例内分析法为主，并结合多种方法，聚焦于宏观、中观问题的因果关系、过程及其连接机制，强调历时性过程并进行背景制约式比较，进而获得社会科学因果解释洞察力的研究方法。

（二）比较历史分析引入比较教育研究的缘起

1. 比较历史分析引入比较教育研究的必要性

比较教育研究以"他者视域"解读和理解他者教育及认识自我，并在

---

① THEDA SKOCPOL. States and Social Revolutions：A Comparative Analysis of France，Russia，and China [M]. New York：Cambridge University Press. 1979：36.

② MATHEW LANGE. Comparative Historical Method [M]. Sage，2013：4.

"阅读全球"中实现"尊重他者",最终实现"视域融合"。"比较教育研究并不是寻找共同点和不同点的描述性工作,它是对关系和关系方式而不是对事实进行的比较,是更高水平的抽象研究,……感兴趣的是比反映普遍规律的科学资料所能表现的还要深、还要广的事实"①,"它的真正对象就是从两个或更多的教育领域中发现的、抽象的关系类型。作为一个力争获得科学地位的学科,它的真正目的就在于从更高的抽象水平上建立和阐述这些类型之间的新关系"②,"不仅研究各国教育的客观现象和解决各种教育问题的经验,还要更进一步分析各国教育的本质,研究各国教育的形成条件,判明各国教育的政治、经济、文化、社会对教育的制约关系和教育对各国政治、经济、文化、社会发展的能动作用,揭示各国教育的特点和共同规律,探索教育的发展趋势"③。

　　然而,长久以来,比较教育研究中存在的"蜻蜓点水式的分析、牵强附会的启示等表层的类比、形式化的比较"④ 等现象至今仍没有明显的改观,跨时空拼凑现象和点状思维的碎片化知识仍大量存在,生搬硬套、矫揉造作的结论过多,有实践指导意义的较少。事实上,对比较教育的批评、质疑,包括比较教育的危机论等在很大程度上皆源于此,诸如"外国教育翻译机""文献综述式外国教育报道"等便是明证。有人指出"我国比较教育学界的研究工作整体上处于亚健康的状态"⑤。还有学者质疑,"在当今的信息社会,如果比较教育仅仅停留于翻译一些关于外国教育的知识、资料、情报和信息,仅仅停留于简述不同国家教育的异同点,人们要它何用"⑥。

　　"要想使比较教育摆脱今天的危机,不能指望它更为实用,更接近决策,而是要恰恰相反,必须有智力上的投入、思想上的深化和理论上的创

① 奥利韦拉. 比较教育:什么样的知识?[M] // 赵中建,等编. 比较教育的理论与方法:国外比较教育文选. 北京:人民教育出版社,1994:309.
② 奥利韦拉. 比较教育:什么样的知识?[M] // 赵中建,等编. 比较教育的理论与方法:国外比较教育文选. 北京:人民教育出版社,1994:327.
③ 吴文侃,杨汉清. 比较教育学[M]. 北京:人民教育出版社,1999:6.
④ 饶从满,付轶男. 中国比较教育的问题与出路[J]. 外国教育研究,2005 (2):10—15.
⑤ 孙进. 学科自信心和学科满意度:中国比较教育学科成员的看法[J]. 比较教育研究,2015 (11):10—15.
⑥ PHILIP G ALTBAEH. Trends in Comparative Education [J]. Comparative Review,1991 (3):491—507.

新。"① 这就需要比较教育研究者形成突破创新的研究意识和方法论自觉。具体研究中，需要从浅表的形式化比较走向基于比较视野的跨文化、跨学科的内在透视和汇通，从"借鉴—模仿"走向"批判—融合"，从"跟着感觉走"到注重研究的科学化，从"外部游离"的翻译介绍到体察"精神内核"的研究，实现"研究对象及学术知识在主体知识结构内部进行对话、阐释、互动、重组的过程"。② 比较历史分析聚焦于社会现象的因果关系及其连接机制，既明晰是其所是，还着重探究是其所以是，既能形成一般性规律，又能对特定现象进行深度分析，在一般与特殊之间达成平衡，有助于强化比较教育研究的深度与广度，提升科学化水平。

2. 比较历史分析引入比较教育研究的可能性

对异文化教育的理解与诠释进而观照本土教育的发展并以此获得教育科学的洞察力是比较教育的根本旨趣。这种理解、借鉴、诊治与改良的假设以及跨文化、跨学科的特征使得比较教育经常借用其他学科的理论和方法来审视教育问题。"比较教育研究的跨学科性必然会带来研究方法的多元性……比较教育把整个世界作为其研究基础，实际上容纳了任何方法论。"③ 埃德蒙·金（Edmund Jin）认为比较教育本身就是一种了解真相的方法，而非独立的研究领域，贝雷迪则认为比较教育的特殊任务就是基于地理的视角将人文学科和社会科学共同的关注点结合起来应用于教育领域，安德森（C. Amold Anderson）和福斯特（Forster）甚至认为比较教育本质上就是社会学的一个分支，也因此，法雷尔（Farrell）将比较教育理解为融合了多学科理论的"大杂烩"，将比较教育学者称为社会科学的"借贷者"。事实上，这种开放性的思维是"比较教育保持时代敏感性、问题针对性和系统创新性的根本"④，同时，这种开放性、包容性为比较历史分析的引入提供了可行性论证，特别是在融合与交叉日益突出的今天，研究方法的开放性和多元化成为共识。"没有一种单独的比较教育研究方法可以回答关于别国教育如何运行的所有问题，成果最丰富的研究往往是结合了多种方法论的研究，一个采用了不同研究方法的多重分析结构能增强

① 安东尼奥·诺瓦. 比较教育研究中的分析模式：领域与分布 [J]. 比较教育研究，1997（4）：25—28.

② 付轶男，饶从满. 比较教育学科本体论的前提性建构 [J]. 比较教育研究，2005（10）：1—6.

③ 朱旭东. 论比较教育研究的跨学科性：比较教育亚学科群建构 [J]. 教育学报. 2011（4）：46—53.

④ 刘奕涛. 比较教育学科的开放性及其发展路径 [N]. 中国社会科学报，2018—1—4（5）.

研究的全面分析的力量。"① "如果比较教育学仅仅是比较方法的运用，毫无疑问会使比较教育学成为一门只以形式比较为特色的学科，失去了比较教育学学科的本体。"②

二、比较历史分析何以可能

（一）注重多元方法的结合使得普遍与表意之间的张力得以生成

不同于自然科学世界中所具有的一般性的因果解释，社会现象的复杂性阻滞了一般性规律的生成，因此，社会科学被分为一般的普遍性的解释（nomothetic explanations）和特殊的表意性解释（ideographic explanations）。比较历史分析包含多种类型的比较法和案例内分析法。比较法包括叙述比较、密尔比较等。案例内分析法又分为主要案例内部分析法（primary within-case methods）和第二案例内部分析法（secondary within-case methods）；每一种方法下又包含多种子类型。它既追求表意性的解释，也探索普遍性的解释，案例内分析法提供表意性解释，比较法提供普遍性解释，在表意性和普遍性解释之间实现了平衡，形成了张力。普遍性解释追求广泛适用于多种案例的一般性规律，表意的解释通常探索某个特定的案例发生了什么，深度分析该特定案例有何特征，使得比较历史分析跨越了普遍与特殊间的鸿沟。

有学者指出，比较历史分析采用了"大杂烩"的方法，并且与几乎所有的方法论传统有密切关系。事实上，也正是多种方法的结合才使得比较历史分析能够在普遍性和表意性解释之间实现平衡并形成张力，因而从这一角度讲，结合多种方法是比较历史分析的一大优势。比较历史分析研究者和推崇者都通过不同方式表达了多元主义方法（methodological pluralism）的立场，认为理论的单一性和刻板的方法对学术研究是危险的，多元方法可以使研究者基于不同的分析视野参与到各种文献和研究中，避免对不同研究传统和观点的忽视，研究者能对其研究假设和研究结果进行考证，通过同一性检测（congruence test）来查验结果的效度和信度，实现优劣互补和优势最大化。"比较教育研究既是人文主义的，也是

---

① COLETTE CHABBOTT, EMERSON J ELLIOTT. Understanding Others, Educating Ourselves: Getting More from International Comparative Studies in Education［M］. Washington: National Academics Press, 2003: 44. 104.

② 陈时见，袁利平. 比较教育学的范式与学科生长点［J］. 比较教育研究，2007（3）：17—21.

科学主义的，同时是定性和定量的"①，理应通过多元方法的结合实现二者的平衡。

（二）强调研究的系统性和结构化使得获得因果关系的洞察力成为可能

现代比较历史分析的复兴和成熟很大程度上源于自省基础上的革新。传统时期，比较历史分析以静态描述为主，人们获得有关社会变化的洞察力并对其进行控制的期望无法得到满足，比较历史研究者逐渐认识到，对宏观社会问题因果关系的揭示无法脱离时间过程和广阔的社会背景，点状思维的浅尝辄止无法形成完整的认识，问题导向的历史重建和背景制约式比较（systematic contextualized comparison）基础上的规律揭示应当成为比较历史分析的要旨，因而，诸如因果关系、因果规律及其连接机制等成为焦点。研究过程中，从形成假设、选择案例、数据收集与综合分析，再到形成结论和验证结论的整个过程始终强调研究的系统性和结构化，使得其对社会现象的理解更加深入、系统。通过历时性过程追溯和比较分析将因果证据串联起来，形成完整的因果关系链（causal chains），进而获得因果解释的洞察力。

斯考切波的《国家与社会革命——对法国、俄国和中国的比较分析》一书对法国革命原因的分析即是范例。她将论据聚焦于国家崩塌和动员农民起义的能力，指出导致法国革命的三种原因：农业落后、国际压力和国家自治。② 这三种原因中的每一种都至少由六种因素导致，通过历史分析，她构建了法国爆发革命的因果关系链（见图 1 - 2）：①产权关系阻滞了新的农业技术的引进、②税收系统和③持续的经济增长阻止了农业创新→④法国农业的落后→⑤国内工业产品的虚弱需求→⑧没能实现产业的突破及⑥国内落后的交通运输系统以及⑦人口的增长→⑨没能保持经济的持续增长以及⑩与英国竞争时的失败以及国际方面⑪路易十四军事上的初步成功及⑫扩张的野心→⑭持续的战争及⑬法国的地理位置→⑮将资源奉献给军方→⑯屡战屡败→⑲国家面临生成贷款的障碍→㉕导致国家经济的主要问题→㉖国家尝试进行脱收和经济改革、⑰专制独裁主义的产生→⑱对统治阶级豁免税收→⑳以私有财产为基础的具有社会凝聚力的统治阶级→㉑

---

① 朱旭东. 论比较教育研究的跨学科性：比较教育亚学科群建构 [J]. 教育学报. 2011 (4)：46—53.

② THEDA SKOCPOL. States and Social Revolutions：A Comparative Analysis of France, Russia, and China [M]. New York：Cambridge University Press，1979：48.

统治阶级有权推迟立法→㉓统治阶级有能力组织国家变革→㉔统治阶级组织经济改革→㉗经济改革失败→㉜经济危机加剧以及㉘军方在特权阶层选拔军方官员→㉚军方官员的身份受到统治阶级的否认→㉙军方抱怨国王→㉛军方官员不愿意抑制统治阶级的抵抗→㉝重压之下法国议会的成立→㉞国王召唤议会→㉟民众的抗议扩散→㊱议会中统治阶层成员间的冲突以及旧的政体的瘫痪→㊲自治改革，国家坍塌。

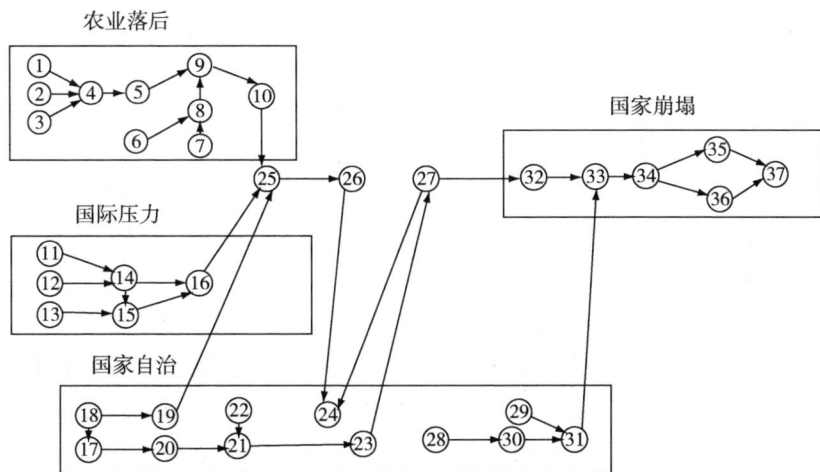

图 1-2　法国国家崩塌的因果关系链条

来源：MATHEW LANGE. Comparative Historical Method［M］. Sage，2013：47.

（三）强调整体性的学术视野使得全景敞视成为可能

比较历史分析研究者认为，对宏观现象的洞察力的追索必须关注时间因素和因果机制，将研究问题置于历史原像和现实境遇的大背景中进行系统考察和比较分析是形成整体性认识的必然选择。对因果关系洞察力的探求使其既可以通过案例内分析法对特定案例进行深入分析，也可以通过比较法形成一般的规律性解释，这种整体性的学术视野所带来的是对研究问题的全景透视。

鲁施迈耶（Rueschemeyer）、史蒂芬（John. D. Stephens）等所著的《资本主义发展与民主》即是基于整体性的视野来探究资本主义发展与民主之间的因果机制的典型范例。他们采用一种批判的过程追踪（critical process tracing）和叙述分析来探析资本主义发展如何塑造民主化，通过拉丁美洲、欧洲和加勒比地区 30 多个国家的案例来考察因果机制，他们发现民主取决于强大的工人阶级。一方面，他们能维护自己的权益，另一方面能向政府施压允许工人阶级参与政治。他们发现资本家和中产阶级总是力图阻止工人阶级获得投票权，进而限制民主化。然而，他们发现资本主义的发展依然能促进民主的发展，资本主义的发展强化了工人阶级的力量，如工业化促进了城镇化，使得工人阶级聚居在一起，城镇生活和工厂工作推动了集体的同一性，使得他们能更便捷地沟通。基于这些条件，工人阶级能组织工会和工人组织，强大的组织共同向政府施压，推动了基层社会团结起来。此外，资本主义的发展削弱了地主阶级的力量，地主阶级以财富和特权来维持他们的地位，他们反对任何形式的民主，但在资本主义的扩张下，他们的力量日益衰弱，推动了民主化进程。由此，史蒂芬、鲁施迈耶得出了这样的结论：资本主义通过重新调整各个阶层的权力的方式来推动民主，如强化工人阶级的民主，限制资产阶级和中产阶级的民主，同时削弱了最强大的反对力量（地主阶级），因而，最终连接资本主义发展和民主的是权力（power）。[①]

比较教育研究自一开始就将对教育问题的深刻透析视为根本，朱利安（Mark Antoinc Jullign）倡导的"普遍主义比较教育学"对洞悉教育发展的"一般规律"的追求、诺亚（H. J. Noah）和埃克斯坦（MA Eckstein）对"科学"的强调、波斯尔斯惠特（Postlethwaite）对"教育发展的一般法则"的追索等都指向于获得教育发展的洞察力。问题导向的比较历史分析以一种整体性的学术视野、系统性的过程和多元方法交叉结合的路径层层剥开研究对象的外壳，直指"精神内核"，探明因果过程、厘清因果关系链和因果机制，构建清晰的认知地图，满足了人们对比较教育应当提供国际宏观教育问题解释力、深度剖析教育现象、提供前沿教育服务并获得教育科学洞察力的期望。比较教育可以也应当借鉴比较历史分析方法从更高的抽象水平获取教育问题的洞察力，丰富认识与理解教育的路径，推动比较教育研究更加系统、深入，毕竟，"比较教育不是简单的外国教育研究"[②]。

三、比较历史分析引入比较教育研究的原则

（一）将因果关系作为中心

相对于寻找变量之间的相关性，比较历史分析更强调理解和诠释，更

---

① MATHEW LANGE. Comparative Historical Method [M]. Sage，2013：4.

② 付轶男. 比较教育学科本体论的前提建构 [J]. 比较教育研究，2005（10）：1—6.

注重挖掘将假设的原因和结果连接在一起的连接机制，试图据此阐明因果关系。对因果关系的强调和对大问题的关注相结合，意味着研究者在使用比较历史分析法时倾向于将注意力集中在宏观现象的成因上，如革命、国家形成等大场景，比较历史分析通常探索引发革命的原因，而非描述革命运动的日常策略，这种微观描述可能是历史叙述中的一部分，但它们很少构成比较历史分析的理论焦点。

比较历史分析并非历史和比较的简单叠加，并不是所有的历史梳理加比较分析都属于比较历史分析，若依此逻辑，"所有的研究都可以是比较的和历史的，它们是历史的，是因为他们必须参考过去发生的事件和过程，它们是比较的，是因为他们不可避免地将两个或更多的观察并置在一起进行比较"[①]。基于时间顺序和系统的背景制约式比较进而获得因果关系的洞察力才是比较历史分析的根本旨趣，而这也是其可以促进比较教育研究超越形式化比较浅层认识，深化研究视野的根本。韦伯的《新教伦理和资本主义精神》对加尔文教如何影响资本主义发展的考察即是如此。

（二）必须关注历史顺序和时间过程

吸引比较历史研究者的宏观现象，如社会革命、国家形成等，并非某一个单一的、固定的点所发生的一成不变的事件，而是随着时间（over time），在时间中（in time）展开的过程。因而，比较历史分析研究者将事件的时间结构纳入其解释当中，他们坚信事件的影响很大程度上受到事件的持续时间的形塑。此外，因为事件本身即是处在事件中的，比较历史分析必须考虑相对另一事件的发生其时间的影响，"比较历史分析关注时间主要包括：（1）事件持续时间的长短如何影响事件；（2）事件出现的时机如何影响事件"[②]。对历史顺序和时间过程的重视使其形成了多种分析时间影响的方法：建立因果顺序（causal ordering）、分析随着时间出现的斜变（covariation over time）、非线性的过程（non-liner temporal process）和不对称的过程（asymmetric process）、关注期间效应（period effect）及考察路径依赖过程（path dependence）等，提供探究时间对因果影响的洞察力。

---

① MAHONEY J，RUESCHEMEYER D. Comparative Historical Analysis in the Social Sciences [M]. Cambridge：Cambridge University Press，2003：10.

② 花勇. 比较历史分析的学术演进和经典议题：因果关系的过程分析 [J]. 国外社会科学，2017（4）：136－144.

应当指出，无论是横向的比较研究还是纵向的发展研究都无法脱离历史顺序和时间过程而获得全景敞视的洞察力。首先，时间过程给研究者提供了因果关系的洞察力，一些因果论断在这一过程中被证伪，即随后的一系列证据表明先前假设的"果"超出了先前假设的"因"。其次，时间序列的证据指明了有关因果关系的方向。[①] 斯考切波的《国家与社会的革命》正是通过一系列随着时间展开的因果叙述和比较分析的方式论证了 17 世纪农业落后导致法国崩塌的原因。此外，在很多案例中，"因"和"果"之间并不总是线性的，二者之间存在滞后性。如果研究者只是关注短期过程，很有可能错过因果变量的重要性。

（三）明确基于小样本的分析

历史传承和方法论特性使得大多数比较历史分析都聚焦于民族国家等大问题上，他们相信宏观现象往往发生在社会的宏观层面上。但随着研究视野的开阔和社会科学对扩充社会现象的认识的诉求，诸如超国家实体（supra-stateentities）、文化共同体（culture community）等可以且已经被视作比较历史分析的单位。

比较历史分析只能处理几个有限的案例，在一些社会科学领域，这是一个主要的限制，因为在小样本的基础上不能概括出普遍适用的具有一般性的结论，大规模的定量分析被认为是最可靠的路径。然而，比较历史分析的操作逻辑并非如此，由于被调查的宏观现象的观察次数较少，因而，统计分析不适合成为一个可行的替代方案。而且可能根本就没有足够的诸如革命或国家形成的样本来创建一个变量足够多的数据库进行分析。更重要的是，对因果关系的强调使得定量方法并不是用来回答比较研究者提出的问题类型的完美方法，因为研究目标是建立因果链而不是变量之间的相关性，定量分析并不适合这种研究类型。

（四）进行系统的背景制约式比较

比较历史分析假定要确定的相关的因果因素在某种程度上扎根于并受到历史轨迹的影响，因而，通过对长期过程的密切关注可以进行因果解释。它并不满足在某一个给定的历史时间点比较其分析单元，强调以历史语境的叙事方式来呈现解释，明确地追溯既有现象的出现。如通过过程追

---

① Mathew Lange. Comparative Historical Method [M]. Sage，2013：47.

踪和路径依赖来揭示演变中的因果关系，即重建因果剧本（reconstruct causal scenarios）。不同于定量研究，比较历史分析并不寻求对社会现象的一般性表述，因为认识到历史语境的重要性和变动性，比较历史分析研究者认为得出普遍性的结论不太可能，因而，与其开展具有普遍性的研究，不如比较历史研究者在主题上、时间上、地理上来划定研究范围，只选择可以合理分组在一起的案例，研究人员通常建构一个在理论上合理的特定现象的子集，然后寻求对属于该范畴内的少数案例进行理论化。如在《国家与社会的革命》中，斯克切波将研究聚焦在农业领域中发生的社会革命，从而限定了革命的类型及其发生的政治环境。

四、比较历史分析引入比较教育研究的意义

（一）促进比较教育研究的科学化

自诞生以来两百余年的时间里，比较教育从未放弃过对"规律""科学"的探索，然而大量没能实现逻辑自洽的知识生产使其广遭诟病，对这一现象的批评虽早已有之且鞭辟入里，但由于种种原因，当前比较教育研究中依然存在诸多问题，特别是一些学者"闭门造车"式的"猜度"和"以己度人"式的"揣套"[①] 招致人们发出"比较教育存在的意义是什么"等质疑，"甚至一些比较教育学者离开了比较教育，自觉地与比较教育划清了界限"。[②]"特别是今天，比较教育的贡献方式正越来越多被其他学科所分解，比较教育的现实需求也越来越多地被其他学科所满足"。[③]

对因果关系的探索使得比较历史分析超越"描述"走向"解释"，强调通过严密的程序实现研究的系统化和整体性，如丹尼尔·利特（Daniel Litter）提出的"五步法"将研究过程分为连续的步骤：（1）选择主题；（2）确定和收集数据（identified and gathered）；（3）挖掘数据，形成证据来支持研究者的论点以及对所探讨的问题的反证（counter-evidence）；（4）分析数据并做好写作的准备；（5）完成比较历史叙述。[④] 总之，比较历史分析以科学的过程形成对社会现象的科学理解，避免"文学创作式"

---

① 周世厚. 批判学视角下中国比较教育的危机与出路 [J]. 比较教育研究，2012（6）：8—13.
② 王英杰. 再谈比较教育学的危机 [J]. 比较教育研究，2007（3）：14—16.
③ 陈时见. 论比较教育的学科属性与学科体系 [J]. 比较教育研究，2008（6）：1—7.
④ DONATELLA DELLA PORTA. Methodological Practices in Social Movement Research [M]. Oxford：Oxford University Press，2014：104.

的自我独白和"静坐书斋式"的想象，有助于提升比较教育研究的科学化水平，推动科学化发展。

（二）推动比较教育研究方法的多元化发展

长期以来，对"科学的比较教育学"和"普遍主义的比较教育学"的追求使得比较教育研究者将研究方法的探讨和反思作为中心任务，引发一系列的反思与追问，"什么是科学"？比较教育应该发展自己的特有的方法论还是应该借用其他学科中的方法论？比较教育应该将哪一种科学作为原型？是归纳还是演绎？是严格的经验主义还是更多的理论或定性研究？对历史应该保持什么样的态度？对这些问题的探讨推动了比较教育学者从哲学、经济学和自然科学等学科借用了诸多理论形成了"比较四步法""问题研究法"等多种理论和方法，使得比较教育的分析框架渐趋科学、多元。与此同时，比较教育研究者在反思中认识到保持方法论自觉与树立革新意识不仅能深化对教育的认识，更能丰富理解教育的路径，"比较教育研究的方法论是一种一元论基础上的多元论，它首先是比较法，然后在比较方法基础上利用其他多种方法"①，对比较历史分析注重多元方法的交叉结合来拓展和深化对研究对象的认识，在一般与特殊之间生成张力，能促进比较教育研究方法的多元化。

（三）助力宏观教育问题的深入把握

当前，比较教育学界对"宏观研究虽有所增加，但微观研究依然是比较教育研究的主体，宏观研究是体现比较教育学科特性的研究，它对教育制度、教育改革等重大问题进行整体把握是其他学科所无法做到的，因此，无论从其功能上还是其对学科建设的意义上，比较教育都需要重视宏观研究"②。比较教育学科发展的反思或学科存在的合法性与独特性的辩护中，众多学者指出比较教育的根本就在于以"国际视野，本土行动"的路径促进视域融合。研究实践中，运用跨学科的多元方法对宏观教育问题，如教育制度、政策等进行国际比较形成对教育发展多样化的理解和参照系统，而比较历史分析对大问题、大结构和大过程的洞见及其对科学化、系统性的强调，迎合了比较教育研究对宏观教育问题形成系统性洞察力的

① 朱旭东. 比较教育学：内涵重构 [J]. 比较教育研究，2012（6）：4—10.
② 王雪. 比较教育研究主题的新进展及其发展特征 [J]. 比较教育研究，2014（4）：12—17.

诉求。

(四)强化研究结果的迁移

类似于侦察工作，比较历史分析不仅追踪"犯罪分子"的犯罪线索和过程，找出谁干的，还通过主要案例内分析法来搜集数据（证据），用第二案例内分析法分析因果关系和因果过程，进而形成因果关系链，然后用过程追踪、模式匹配和同一性检测等来验证理论与结果之间的因果关系，最后形成结论。首先，它要求研究者在基于对研究对象的基本认识的基础上形成研究假设并明晰研究问题。其次，基于研究目的选择适当的案例并进行分期（periodization），然后根据研究假设、研究对象的特殊性以及研究目的选择适用的研究程序和具体方法来收集数据，在此基础上进行综合分析，然后通过严密的程序和科学的方法来验证理论与假设是否一致、因与果之间是否存在逻辑关系，最后形成结论。这种科学、系统的研究设计和研究过程，并经过证实或证伪的研究结论显然能促进研究结果的比较和迁移。

参考文献

[1] DONATELLA DELLA PORTA. Methodological Practices in Social Movement Research [M]. Oxford：Oxford University Press，2014.

[2] 花勇. 比较历史分析的学术演进和经典议题：因果关系的过程分析 [J]. 国外社会科学，2017（4）.

[3] PHILIP E JONES. Comparative education：Purpose and Method [M]. St lucia：University of Queensland Press. 1971.

[4] THEDA SKOCPOL. States and Social Revolutions：A Comparative Analysis of France，Russia，and China [M]. New York：Cambridge University Press. 1979.

[5] MATHEW LANGE. Comparative Historical Method [M]. Sage，2013.

[6] 奥利韦拉. 比较教育：什么样的知识？[A] // 赵中建，等编. 比较教育的理论与方法：国外比较教育文选. 北京：人民教育出版社，1994.

[7] 吴文侃，杨汉清. 比较教育学 [M]. 北京：人民教育出版社，1999.

[8] 饶从满，付轶男. 中国比较教育的问题与出路 [J]. 外国教育研究，2005（2）.

[9] 孙进. 学科自信心和学科满意度：中国比较教育学科成员的看法 [J]. 比较教育研究，2015（11）.

[10] PHILIP G. Altbach. Trends in Comparative Education [J]. Comparative Review，1991（3）.

［11］安东尼奥·诺瓦. 比较教育研究中的分析模式：领域与分布［J］. 比较教育研究，1997（4）.

［12］付轶男，饶从满. 比较教育学科本体论的前提性建构［J］. 比较教育研究，2005（10）.

［13］朱旭东. 论比较教育研究的跨学科性：比较教育亚学科群建构［J］. 教育学报，2011（4）.

［14］刘奕涛. 比较教育学科的开放性及其发展路径［N］. 中国社会科学报，2018—1—4（5）.

［15］COLLETTE CHABBOTT，EMERSON J ELLIOTT. Understanding Others，Educating Ourselves：Getting More from International Comparative Studies in Education［M］. Washington：National Academics Press，2003.

［16］陈时见，袁利平. 比较教育学的范式与学科生长点［J］. 比较教育研究，2007（3）.

［17］付轶男. 比较教育学科本体论的前提建构［J］. 比较教育研究，2005（10）.

［18］周世厚. 批判学视角下中国比较教育的危机与出路［J］. 比较教育研究，2012（6）.

［19］王英杰. 再谈比较教育学的危机［J］. 比较教育研究，2007（3）.

［20］陈时见. 论比较教育的学科属性与学科体系［J］. 比较教育研究，2008（6）.

［21］朱旭东. 比较教育学：内涵重构［J］. 比较教育研究，2012（6）.

［22］王雪. 比较教育研究主题的新进展及其发展特征［J］. 比较教育研究，2014（4）.

［原文刊载于《比较教育研究》2018 年第 12 期（管辉　谷峪）］

第二部分

国际技能战略理论及实践问题研究

现代化视域下高中阶段教育普及发展：国际特征与我国策略
——基于现代化框架下我国与发达国家的多维度比较

十八届五中全会审议通过的《中共中央关于制定国民经济和社会发展第十三个五年规划的建议》提出，提高教育质量，推动义务教育均衡发展，普及高中阶段教育。根据这一目标，2020 年之前，我国高中阶段教育毛入学率要达到 90％，达到发达国家水平。那么，当前发达国家的高中阶段教育发展状况怎样？呈现哪些特点？我国高中阶段教育发展水平与发达国家有哪些差距？未来应采取什么样的发展策略？这些问题亟待深入研究。本文依据经合组织（OECD）教育研究与创新中心以及我国教育和劳动部门发布的相关统计数据，在对以 OECD 成员国为代表的发达国家高中阶段教育发展现状和特点进行分析的基础上，根据我国经济社会发展的总体目标——进入世界中等发达国家行列，基于中国现代化战略研究课题组对世界各国发展水平的评估框架，对我国与发达国家、中等发达国家及教育先行国家高中阶段教育发展情况进行比较分析，明确我国高中阶段教育发展的主要差距，并试图在此基础上总结我国高中阶段教育未来发展策略。

一、发达国家高中阶段教育发展的现状与特点

（一）促进受教育者成为合格公民、进入高等教育机构继续学习和参加劳动力市场竞争是普及阶段高中教育的基本功能和直接目标

在大多数 OECD 国家，高中阶段教育是义务教育的最后阶段，是国家培养合格公民的重要教育阶段，是为学生进入高等教育机构和劳动力市场做准备的必要时期，其主要目的是通过学术或职业的教育路径给予学生基本知识和技能。2013 年，OECD 成员国中至少 90％的人口平均接受过

13 年的正规教育[①]。各国的教育政策鼓励青年人至少完成高中阶段教育，获得高中学历通常被认为是成功进入劳动力市场的最低要求，如根据美国发布的相关报告，目前劳动力市场上 3/4 迅速增长的与科学、技术、工程和数学相关的职业需要高中以上文凭[②]。近年来，各国积极通过各种政策提高高中阶段教育的参与数量和完成水平，这由高中阶段教育毛入学率和毕业率可以看出。

毛入学率是指适龄学生入学的比例，是衡量一个国家教育发展水平的重要指标。根据 OECD 的统计数据，2005—2013 年 OECD 国家 15—19 岁高中阶段学龄人口毛入学率平均从 82％ 增长到 84％。2013 年，在 29 个有数据的 OECD 成员国中，24 个国家 15—19 岁高中阶段教育适龄人口毛入学率在 80％ 及以上。在爱尔兰、斯洛文尼亚、比利时、荷兰、波兰和捷克五国，高中阶段教育毛入学率超过了 90％，包括德国、葡萄牙、美国等在内的 17 个国家高中阶段教育毛入学率在 80％—90％ 之间，智利、意大利、卢森堡、加拿大四国的高中阶段教育毛入学率在 80％ 以下。

毕业率是衡量政府在增加高中毕业生人数方面所做努力的重要标志。1995—2013 年，OECD 国家高中阶段教育毕业率从 76％ 增长到 85％，增长了 9 个百分点，年均增长约 1.1％。这在一些欧洲国家增长特别快，如波兰从 41％ 增长到 86％，葡萄牙从 5％ 提高到 100％。2013 年，在有数据的 21 个 OECD 成员国中，平均 85％ 的学生从高中阶段教育毕业。其中，新西兰、葡萄牙两国的高中阶段教育毕业率最高，达到了 100％；爱尔兰、芬兰、瑞士、丹麦、以色列五国的高中阶段教育毕业率都在 90％ 以上；奥地利、波兰、加拿大、智利、斯洛文尼亚、斯洛伐克、匈牙利、挪威、美国九国的高中阶段教育毕业率在 80％—90％ 之间；瑞典、意大利、捷克、卢森堡、西班牙五国的高中阶段教育毕业率在 70％—80％ 之间。

（二）高中阶段教育是终身教育体系的重要环节

作为绝大部分青年人向高等教育机构和职场过渡的关键一环，高中阶段教育普及程度直接影响到人口的总体受教育水平以及高等教育完成情

---

① OECD. Education at a Glance 2015：OECD Indicators ［R/OL］. http：//dx. doi. org/ 10. 1787/ea g－2015－en.

② Global Inventory of Regional and National Qualifications Frameworks ［R］. UNESCO Institute for Lifelong Learning，European Training Foundation，European Centre for the Development of Vocational Training，2015：8－3.

况。在终身教育大潮的推动下，各国不仅重视对适龄人口普及高中阶段教育，还把高中阶段教育作为终身教育的重要环节，努力通过各种形式向成人提供接受高中阶段教育的机会。例如，在荷兰的高中阶段教育中，20岁以上学生所占比例达到了 42%。教育政策以及其他社会相关因素，如受教育年限延长、复读率增大、向劳动力市场过渡较晚、希望边受教育边工作或职场需要及其他需要等原因，使一些成年人不得不进入高中阶段教育机构中学习①。数据显示，在 OECD 成员国中，平均约 1/5 到 1/3 的20 岁以上人口仍然在高中阶段教育学习，在丹麦、德国、卢森堡、荷兰、瑞士等国的比例更高，分别为 33%、23%、25%、27%、25%。面向所有人口普及高中阶段教育在提高各国人口素质和满足人们不断提高的教育需求方面起到了重要作用。2013 年，OECD 成员国中平均 84% 的 25—34岁人口达到了至少高中阶段教育学历水平，25—64 岁所有劳动年龄人口的这一比例也达到了近 80%。② 因此，高中阶段教育自然而然地成为这些国家公民终身学习体系的一个重要环节。

（三）工学结合的职业教育是高中阶段教育普及发展的重要形式

高中阶段教育作为学生向高等教育及职场过渡的关键阶段，具有多种不同的实施形式，包括普通高中教育、中等职业教育和非正规高中教育。其中前两种为主要实施形式。近年来，在经济危机的影响下，为应对人们日益增长的对高中阶段教育的需求，很多国家进一步增强了对于职业教育的兴趣，职业教育被认为在提高公民技能、促进青年人向劳动力市场的顺利过渡方面是非常有效的。③ 总体来看，在大部分 OECD 国家，职业教育与培训（VET）已成为高中阶段教育的重要组成部分。很多国家努力在高中教育阶段建立有效的职业教育与培训体系，降低青年人失业率。平均来说，2013 年，OECD 国家中 46% 的青年人从高中阶段职业教育中毕业，欧盟成员国的这一指标平均达到了 50%。在奥地利、斯洛伐克、荷兰、瑞士、斯洛文尼亚、比利时、卢森堡、意大利、挪威、澳大利亚这十个国

---

① OECD. Education at a Glance 2013：OECD Indicators［R/OL］. http：//dx. doi. org/10. 1787/eag－2013－en.

② What are the Advantages Today of Having an Upper Secondary Qualification?［EB/OL］. http：//www. oecd. org/edu/eag. htm.

③ OECD. Education at a Glance 2014：OECD Indicators［R/OL］. http：//dx. doi. org/10. 1787/eag－ 2013－ en.

家中，学生在高中阶段职业教育中占比超过了 50％，这一比例在奥地利、芬兰、捷克甚至达到了 70％。OECD 其他 16 个国家中，超过 50％ 的学生进入普通教育中学习。近年来，各国日益重视在高中教育阶段提供工学结合的职业教育项目，这些项目包括学校本位学习和工作本位培训交替进行的双元制或学徒制项目，这种双元制教育形式在奥地利、捷克、丹麦、德国、匈牙利、荷兰、斯洛伐克和瑞士比较普遍采用，如瑞士 60％ 的高中阶段教育学生在工学结合的职业教育中学习。

此外，在 OECD 成员国中，无论是普通高中教育还是职业教育，都非常重视为学生提供进入高等教育及劳动力市场所需的基本技能和知识，并为学生打通接受职业教育和普通教育的壁垒，满足学生的多样化发展需求。如 OECD 在政策发展中提出，应当为高中阶段的青年人提供一种综合培训，这种综合培训不仅要满足学生的个人偏好和用人单位的需求，还要培养学生终身学习和职业发展所必需的计算能力、读写能力和通用技能。[①]

总体来看，根据发达国家的经验，在现代化的经济社会背景下，发展结构和功能完善的高中阶段教育既是教育发展的重要趋势，也是教育发展的重要目标；同时，完成高中阶段教育日益成为个体成功进入劳动力市场、就业和继续接受高等教育的最低要求。2013 年 OECD 国家高中阶段学生在普通教育和职业教育中的分布如图 2 - 1 所示。

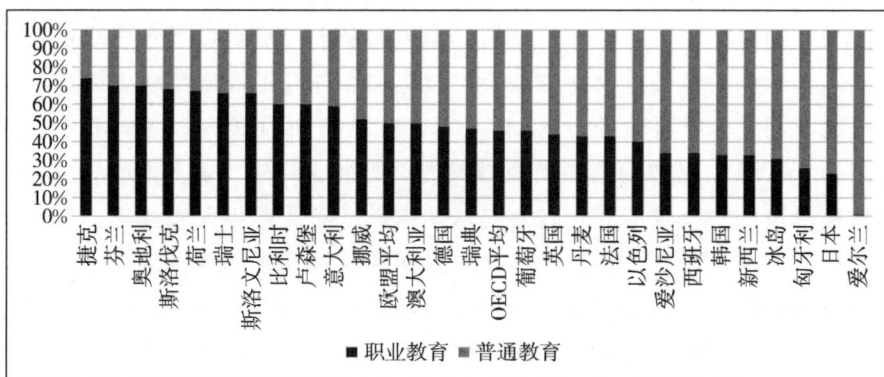

图 2 - 1　2013 年 OECD 国家高中阶段学生在普通教育和职业教育中的分布

---

① OECD. Education at a Glance 2015：OECD Indicators ［R/OL］. http：//dx. doi. org/10. 1787/ea g—2015—en.

二、现代化框架中我国高中阶段教育发展现状

中国现代化战略研究课题组用世界现代化指数对世界上 131 个国家的发展水平进行了评估。现代化指数反映各国在经济、社会、知识和环境等领域的综合成就和相对水平，其包括第一次现代化指数、第二次现代化指数和综合现代化指数。根据课题组发布的《中国现代化报告 2014—2015》，2012 年，在世界上 131 个国家中，瑞典、美国等 21 个国家为发达国家，俄罗斯等 20 个国家为中等发达国家，另外还有 43 个初等发达国家和 47 个欠发达国家。其中，中国属于初等发达国家，处于发展中国家的中间水平。本文选择高中阶段教育毛入学率、90% 以上人口受教育年限、5—39 岁人口预期受教育年限、职业教育在高中阶段教育中占比、25—64 岁人口中高中及以上教育学历所占比例等 5 个与高中阶段教育普及水平相关的指标，将我国与发达国家和中等发达国家的教育水平进行比较。

（一）我国高中阶段教育毛入学率接近发达国家平均水平，人口受教育年限比发达国家少 3.2 年，成年人接受过高中及以上教育占比比发达国家低 59%

2012 年，发达国家的第一次现代化指数均为 100，已经全部完成第一次现代化进程，第二次现代化指数在 106—80 之间，综合现代化指数在 99—79 之间。这些国家除了新加坡和日本的数据难以获得外，其他国家都能获得。中国的第一次现代化指数为 96，还没有彻底完成第一次现代化进程，第二次现代化指数为 42，综合现代化指数为 44，都与发达国家相差很远[①]。图 2-2 是根据 2012 年第二次现代化指数排名对除了日本和新加坡外 19 个发达国家高中阶段教育发展相关指标与我国的比较情况。从图 2-2 可以看出，2012 年，发达国家在高中阶段教育毛入学率和 25—64 岁人口中接受高中及以上教育的比例这两个指标上都较为均衡，这两个指标的平均值分别为 85.2% 和 81%，除了以色列的高中阶段教育毛入学率低于 80% 外，发达国家的这两个指标都分布在 80%—90% 的区间。值得注意的是，这两个指标发展水平虽然较为均衡，但并不完全重合，甚

---

① 何传启. 中国现代化报告 2014—2015：工业现代化研究 [M]. 北京：北京大学出版社，2015：5.

至在某些国家呈现相反的趋势，如芬兰、荷兰、比利时、爱尔兰四国的高中阶段教育毛入学率都较高，而其25—64岁人口中接受高中及以上教育的比例相对较低，这表明，这些国家正积极通过为适龄人口提供更多的高中阶段教育机会来提高人口的总体受教育水平。相比而言，在瑞典、美国、德国等国家，这两个指标趋向于交汇在一点上，都处于接近发达国家的平均水平，这在一定程度上表明，这些国家的高中阶段教育及人口的总体受教育水平已相对成熟和稳定。从90％以上人口受教育年限和5—39岁人口预期受教育年限来看，发达国家两个指标都在10和15年以上，平均数为13.7年和17.8年，分布也相对较为均衡。相比来看，作为高中阶段教育发展重要形式的职业教育在整个高中教育中所占比例虽然在发达国家平均达到了46％的水平，但在各国间差异较大，如最高的奥地利达到了75％，而加拿大只有6％。

从比较的视角来看，虽然我国与发达国家的现代化发展指数差距较大，但我国的高中阶段教育毛入学率已经达到85％，接近发达国家85.2％的平均水平，并超过OECD国家2013年84％的平均水平。但是，在90％以上人口受教育年限及25—64岁人口中高中及以上教育学历比例这两个指标上，我国与发达国家平均水平分别差了3.2年和59％，差距还非常大。

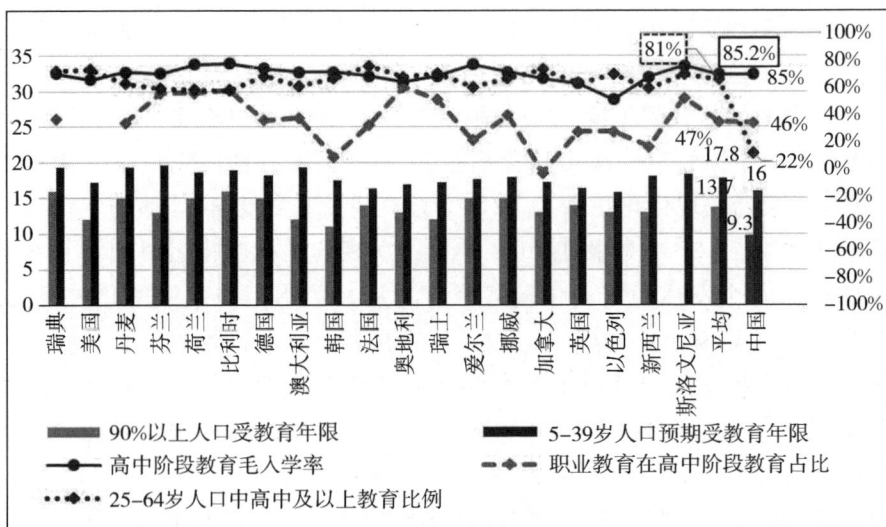

图2-2 2012年我国与19个最发达国家高中阶段教育发展相关指标比较

（二）我国高中阶段教育毛入学率达到中等发达国家平均水平，人口受教育年限比中等发达国家少 3.1 年，成人人口中高中及以上学历人口比例比中等发达国家低 48％

2012 年，西班牙等 20 个国家的第二次现代化指数在 77—52 之间，综合现代化指数在 49—77 之间，属于中等发达国家。这些国家中，科威特、立陶宛、克罗地亚、黎巴嫩、乌拉圭、白俄罗斯、沙特阿拉伯七国缺乏相关数据，其他十三个国家的高中阶段教育发展相关指标及数据如图2‐3 所示。

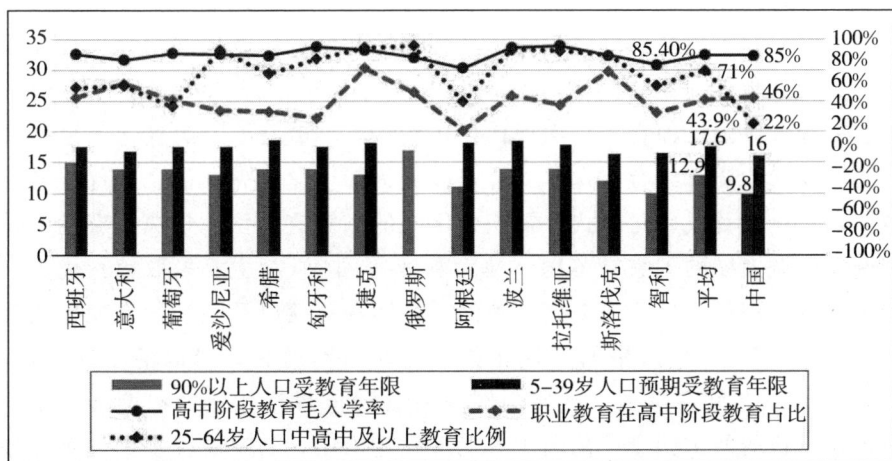

图 2‐3　2012 年我国与 13 个中等发达国家高中阶段教育发展相关指标比较

从图 2‐3 可以看出，13 个中等发达国家高中阶段教育毛入学率都比较稳定，达到了 85％的平均水平，但 25—64 岁人口中接受高中阶段及以上教育的比例平均值只有 71％，比最发达国家低 10 个百分点。在 90％以上人口受教育年限和 5—39 岁人口预期受教育年限上，这些国家也比较均衡，但平均数都比发达国家低 0.8 年和 0.2 年。职业教育在整个高中阶段教育中占比达到 46％，与发达国家相同。这表明，发达国家达到现代化水平之后，其整体的教育发展水平已经日趋稳定和成熟，而逐渐把提高质量、增强教育体系的灵活性作为追求目标；中等发达国家在追求经济发展的过程中，更注重通过提高教育的普及程度及发展水平来促进国家整体教育水平的进一步提升。

从比较的视角来看，我国目前的高中阶段教育毛入学率已经与中等发达国家相同，差距最大的仍然是 25—64 岁人口中接受高中阶段及以上教育比例这一指标，差距为 48 个百分点，其次为 90％以上人口受教育年限，差距为 3.1 年。

（三）教育优先发展是国家现代化的重要路径，我国与教育优先发达国家的差距在于人口的整体受教育水平重心较低，高中阶段教育灵活性不足

根据中国现代化战略课题组的研究，国家现代化包括许多要素，如政治、经济、教育、制度等，国家现代化的模式就是这些基本要素的组合。在第一次现代化进程中，"经济＋教育"是一种非常重要的现代化要素组合，这一组合可以分为经济优先、教育优先和两者协调发展三种现代化模式。其中，教育优先的国家有德国、瑞典和美国，经济优先的国家有英国、葡萄牙等国。而在第二次现代化进程中，"知识化＋信息化"是一种重要的现代化要素组合，这一组合可以分为知识化优先、信息化优先和两者协调发展三种现代化模式。知识化优先的国家有美国、瑞典、芬兰，强调两者协调发展的国家有英国、澳大利亚等国。① 对主要采取教育优先和知识化优先现代化模式的瑞典、美国、德国和芬兰以及经济优先现代化模式的英国自 1960 年以来的现代化指数排名进行分析，可以清晰地看出，1960—2012 年间，美国、瑞典两国一直处于世界现代化的前两名，是世界上最发达的两个国家；德国作为老牌发达国家，其发展程度也一直呈稳定上升趋势，从 1960 年的 13 位提升到 2012 年的第 9 位；自 1970 年以来，芬兰的现代化程度更是一路提升，从中等发达国家的第 17 位提升到 2012 年发达国家的第 4 位。相比来说，以经济至上为发展宗旨的英国，其现代化指数却一直呈现下降趋势，从 1960 年的第 8 位下降到 2012 年的第 18 位。这表明，在国家的现代化进程中，以教育优先和知识优先为发展战略的瑞典、美国、德国、芬兰等国的现代化水平一直持续上升或保持相对稳定；相反，坚持经济与教育协调发展战略的老牌发达国家英国，其现代化水平排名则明显下降。基于此，本文认为，奉行教育优先和知识化优先发展战略的国家普遍采取了一种更为重视教育的现代化模式，这与我国现行的国家发展战略是一致的。多年来，我国一直坚持教育优先的战略思路，美国《时代周刊》对我国发展道路的评价为"投资教育，注重人才

---

① 中国现代化战略研究课题组，中国科学院中国现代化研究中心. 中国现代化报告 2010—世界现代化概览 [M]. 北京：北京大学出版社：2011：162.

的战略性培养"。基于这一点，本文选择瑞典、美国、德国、芬兰这四个重视教育在国家现代化中先导作用的国家，对其 1995 年以来的高中阶段教育毛入学率及 25—64 岁人口中达到高中阶段及以上教育人口比例这两个指标与我国的情况进行比较，具体见表 2 - 1、表 2 - 2。

表 2 - 1　1995—2013 年中国与教育优先发达国家高中阶段教育毛入学率比较

国家	1995 年	2000 年	2005 年	2010 年	2013 年	年均增长率
中国	33.6%	42.8%	52.7%	82.5%	86%	2.91%
瑞典	82%	86.4%	87%	86%	86%	0.22%
美国	72%	73.9%	79%	82%	81%	0.50%
德国	88%	88.3%	89%	89%	89%	0.06%
芬兰	81%	84.8%	87%	87%	86%	0.28%
OECD 平均	73%	77.3%	81%	83%	84%	0.61%

从表 2 - 1 可以看出，近年来我国高中阶段教育毛入学率增长迅速，从 1995 年的 33.6% 增长到 2013 年的 86%，增长了 50 多个百分点，已经超过 OECD 国家平均水平以及美国 81% 的水平。相比来看，这一期间，芬兰的高中阶段教育毛入学率增幅最大，增长了 15%，其次是美国，增长了 9%，瑞典和德国 1995 年的高中阶段教育毛入学率都已经超过 80%，基数较大，因此增幅相对较小，瑞典增长了 4%，德国仅增长了 1 个百分点，OECD 国家平均增长了 11 个百分点。我国与发达国家高中阶段教育毛入学率发展趋势表明，一方面，我国在为适龄人口提供高中阶段教育机会方面已经达到发达国家的水平，近年来我国的教育优先发展战略取得了重大成就；另一方面，从高中阶段教育年均增长率来看，瑞典、美国、德国、芬兰等国家高中阶段教育毛入学率年均增长率非常低，都在 50% 之下。这表明，高中阶段教育毛入学率达到 80% 以上后，进一步发展将会比较缓慢，很难达到 90% 的水平。因此，要实现我国十八届五中全会提出的高中阶段教育毛入学率达到 90% 的全面普及目标，任务非常艰巨。

表 2 - 2　1996—2014 年我国与教育优先发达国家 25—64 岁
人口中达到高中阶段及以上教育人口的比较

国家	1996 年	2001 年	2006 年	2010 年	2014 年	年均增长率	中国差距	中国追赶（年）
中国	—	—	—	18%	24%	1.5%	—	—

续　表

国家	1996 年	2001 年	2006 年	2010 年	2014 年	年均增长率	中国差距	中国追赶（年）
瑞典	74％	80.5％	84％	87％	82％	0.44％	58％	39
美国	86％	87.5％	88％	89％	90％	0.22％	66％	44
德国	81％	82.5％	83％	86％	87％	0.33％	63％	42
芬兰	67％	74％	80％	83％	87％	1.11％	63％	
OECD 平均	60％	64％	68％	74％	76％	0.89％	52％	35

25—64 岁人口中达到高中阶段及以上教育人口比例是国际上用来衡量一国劳动力整体受教育程度的重要指标。从表 2-2 可以看出，我国与发达国家在这一指标上差距非常大，仍然远远没有达到发达国家 1996 年的平均水平。从个别国家发展来看，美国作为世界上的超级大国，其25—64 岁人口中达到高中阶段及以上教育人口的比例 1996 年就达到了86％，2014 年达到了 90％，领先于其他发达国家。作为世界上教育质量最好的国家之一，芬兰的这一指标发展迅速，从 1996 年的 67％增长到2014 年的 87％，增长了 20 个百分点；德国从 81％增长到 87％，增长了 6个百分点；瑞典从 74％增长到 82％，增长了 8 个百分点；OECD 国家平均从 60％增长到 76％，增长了 16 个百分点。以我国 2010—2014 年的年均增长率为基础计算，要赶上 OECD 国家的平均水平，大约需要 35 年的时间，而要赶上美国的水平，大约需要 44 年。

进一步以美国为例比较发现，2014 年，美国的 24—64 岁人口中，51％人口的最高学历水平为高中阶段教育，44％的成人达到了短期高等及以上高等教育学历水平[①]。而根据《中国统计年鉴 2014》发布的数据，2011 年，我国主要劳动人口的受教育情况为：未上过学的占 2％，小学文化程度的占 19.6％，初中毕业的占 48.7％，高中毕业的占 16.7％，大学专科及以上的占 12.99％。[②] 从这一数据对比可以看出，我国大部分劳动力的受教育程度集中在初中水平，而美国劳动人口中的主要受教育程度为

---

① Country Note：Education at A Glance 2015［EB/OL］. http：//www. keepeek. com/Digital— Asset— Man agement/oecd/education/education — at — a — glance — 2015/united—states _ eag—2015—86—en♯page1.

② 《中国劳动力动态调查：2015 年报告》发布［EB/OL］. http：//www. humanrights—china. org/html/2015/3 _ 1207/12563. html.

高中及以上。在此基础上，美国政府进一步提出了普及高等教育的目标，2009 年，美国总统奥巴马上台后，确定了教育改革的两个目标：一是使美国成为世界上高等教育完成率最高的国家，二是使每个学生都能在高中毕业后获得至少 1 年的大学教育或专业化培训。[①]

三、我国高中阶段教育未来发展策略

上述研究表明，发展更高水平、功能完善的普及教育是国家现代化和教育现代化的基本趋势。基于我国的国情，借鉴发达国家高中阶段教育的发展经验，对我国高中阶段教育未来普及发展提出如下策略建议。

（一）把全面普及高中阶段教育作为教育现代化的战略目标

根据现代化相关理论，现代化是落后国家赶上世界先进水平的过程，其政策含义是落后国家在各个领域学习和追赶世界先进水平。[②] 教育发展、人力资本积累、经济结构变迁和社会发展阶段的推进之间有一种互动关系。在经济追赶之前人力资本追赶已经开始，而当经济追赶开始启动时，人力资本追赶已经达到较高水平。美国、瑞典、芬兰等发达国家正是通过教育优先的发展模式逐渐成为世界上最发达的国家。高中阶段教育在整个教育体系中处于承上启下的关键环节，是人的全面发展的重要阶段。只有普及高中阶段教育，才能从根本上提升公民的受教育程度和水平。教育现代化是整个国家现代化的关键一环，未来一段时期，通过实现更高水平的普及教育建设人力资源强国，提高全体国民的受教育程度和水平，是我国教育发展的重要任务。[③] 为此，我国要从实现国家复兴和建设人力资源强国的角度出发，把全面普及高中阶段教育作为未来教育发展的重要战略目标，纳入各级教育政策规划中，并积极增加相关教育投入和政策倾斜，推动全国各地区尤其是偏远地区高中阶段教育的普及发展。

（二）完善高中阶段教育功能，实现多样化、高效率的高中阶段教育

根据国际发展的经验，从普及教育的角度来说，高中阶段教育要实现三方面功能：促进学习者升学、就业和成为合格公民。义务教育普及中的

---

① 李玉静，刘海. 社区学院：实现美国梦的基石 [J]. 职业技术教育，2013 (18)：18—28.
② 胡鞍钢，王洪川，鄢一龙. 中国现代化：人力资源与教育 (1949—2030) [J]. 教育发展研究，2015 (1)：9—14.
③ 李玉静. 人力资源强国建设要求普及高中阶段教育 [J]. 职业技术教育，2015 (6)：1.

增加投入和政策强迫模式以及高等教育大众化中的引进私立教育机构模式都不适应高中阶段教育的普及发展。从高中阶段教育的特点来说，普及高中教育在于使更多的学生获得更大发展，为学习者提供更多的选择、参与和发展的机会。[①] 因此，要从现代教育为个体发展提供教育机会、教育选择和个别化教育的视角出发，调整高中阶段教育的实施方式，在课程类型、教育服务、教育对象等多方面增加高中阶段教育多样性，加强对于高中阶段学生的个性化生涯指导，从根本上提高高中阶段教育质量。要全面把握普通高中多样化发展的内涵，促进区域内普通高中优质化、特色化发展，满足不同教育群体的需求。[②] 此外，基于我国成人人口中教育水平较低的现实，我国还应重视开展多种形式的成人高中教育，以从整体上提升所有人口的教育层次和水平。

（三）建立普职融通、多元衔接的高中阶段教育

目前，我国高中阶段教育的实施形式有普通高中、中等职业学校和成人中专，但各种不同类型教育间互相分离、培养目标单一、衔接沟通不畅。这表现在如下方面：普通高中的应试教育取向，没有发挥促进学生成为合格公民及向劳动力市场过渡的职能；中等职业学校与相应的高等教育机构、就业市场衔接不畅，大部分中等职业学校毕业生不能顺利进入相应的职场或高等教育机构，削弱了高中阶段教育的功能；中等职业学校与普通高中仍然处于相互游离的状态，不利于学生的个性全面发展和学校教育的多样化构成。这些都是我国在普及高中阶段教育过程中应该注意到的问题和必须克服的障碍。建议我国对目前以应试为导向的普通高中教育发展模式以及普通高中和中等职业教育完全分离的办学现状进行改革，在进一步明确国家教育标准的前提下推进中等职业教育与普通高中的融通，规定普通高中的学生适当选修职业课程，并为中等职业学校毕业生建立便捷的入职和升学通道，切实发挥高中阶段教育作为教育体系枢纽的作用。

参考文献

[1] OECD. Education at a Glance 2015：OECD Indicators [R/OL]. http：//dx.

---

① 霍益萍，朱益明. 中国高中阶段教育发展报告 2014 [M]. 上海：华东师范大学出版社，2015：8.

② 陈志利，张新平. 普通高中多样化发展的本质 [J]. 现代教育管理，2014 (11)：52—53.

doi. org/10. 1787/ea g—2015—en.

［2］Global Inventory of Regional and National Qualifications Frameworks［R］. UNESCO Institute for Lifelong Learning，European Training Foundation，European Centre for the Development of Vocational Training，2015.

［3］OECD. Education at a Glance 2013：OECD Indicator［R/OL］. http：//dx. doi. org/10. 1787/eag—2013—en.

［4］What are the Advantages Today of Having an Upper Secondary Qualification? ［EB/OL］. http：//www. oecd. org/edu/eag. htm.

［5］OECD. Education at a Glance 2014：OECD Indicators［R/OL］. http：//dx. doi. org/10. 1787/eag— 2013— en.

［6］何传启. 中国现代化报告 2014—2015：工业现代化研究［M］. 北京：北京大学出版社，2015.

［7］中国现代化战略研究课题组，中国科学院中国现代化研究中心. 中国现代化报告 2010：世界现代化概览［M］. 北京：北京大学出版社，2011.

［8］Country Note：Education at A Glance 2015［EB/OL］. http：//www. keepeek. com/Digital— Asset— Man agement/oecd/education/education— at— a— glance— 2015/united—states_eag—2015—86—en♯page1.

［9］《中国劳动力动态调查：2015 年报告》发布［EB/OL］. http：//www. humanrights— china. org/html/2015/3_1207/12563. html.

［10］李玉静，刘海. 社区学院：实现美国梦的基石［J］. 职业技术教育，2013（18）.

［11］胡鞍钢，王洪川，鄢一龙. 中国现代化：人力资源与教育（1949—2030）［J］. 教育发展研究，2015（1）.

［12］李玉静. 人力资源强国建设要求普及高中阶段教育［J］. 职业技术教育，2015（6）.

［13］霍益萍，朱益明. 中国高中阶段教育发展报告 2014［M］. 上海：华东师范大学出版社，2015.

［14］陈志利，张新平. 普通高中多样化发展的本质［J］. 现代教育管理，2014（11）.

［原文刊载于《现代教育管理》2017 年第 5 期（谷峪　李玉静）］

建立三方共赢的质量保障机制
——关于高校毕业生"召回"制度的浅思考

自从 2005 年长春师范学院提出了毕业生"召回"承诺之后，社会反响强烈，一时间沸沸扬扬。所谓召回制度，即试用期再培训，也就是毕业生在试用期内若用人单位感到不满意或毕业生自己感到不适应，可以回到学校进行再培训。那么，提出这个制度的初衷何在、作用几何？作为这个制度的发起者，在制度运行半年后，我们进行了再思考。

第一，"召回"制度是在顺境中提出的一个逆向命题。

制度提出的当时，有媒体报道说"提出教育建立召回制度，似乎有点哗众取宠"。其实当时的背景是，随着基础教育改革的不断深化，高师院校进入 21 世纪以来有了长足的发展。2002 年到 2004 年长春师范学院毕业生的就业率分别为 97%、98%、98.4%，居吉林省高校毕业生就业率之首，为长春师范学院赢得了巨大的社会效益。毕业生以"专业扎实、基本功过硬、诚实、守信、踏实、肯干、素质高、能力强"而受到用人单位的普遍欢迎。然而，在稳步上升的大好形势下，学校仍旧保持冷静。受教育产业化的影响，为了增加收入、提高效益，一些学校盲目增设所谓的"热门"专业，招收的学生相对过剩，结果造成市场供大于求，导致很多毕业生找不到工作。还由于有些高校的大学生就业指导工作不到位，学生缺少社会实践、实习课，致使大学生因缺少社会经验而在求职时频频受挫。在这样的大环境下，我们把就业工作的主旋律确立为：全心全意为学生、全心全意为社会服务。

因此，借用"召回"一词，长师设立了一种首先是为应届毕业生服务的"再培训"制度。设立这种制度的初衷是从高等教育的诚信精神出发，针对用人单位和本人都认为在某些方面需要进一步加强和提高的试用期的应届毕业生，由学校提供合格人才免费再培训，即有针对性地进行全方位的集中强化，甚至"一对一"的培训，并与学校各部门相协调建立起一整套毕业生试用期培训服务机制。我们认为，这是高等教育社会责任感和市场竞争中居安思危的一种顺境中的回馈性抉择。既能让毕业生切实感受到母校的关怀，又让用人单位享受到学校的信誉。

第二，"试用期再培训制度"是高等教育毕业生质量保障体系的重要一环。

目前，我国的高等教育合格人才的培养机制仍旧是选拔入学—课程学习—课程考试（合格）—毕业论文（合格），这种纯粹的职前培养式教育教学，基本上可以说从上大学开始只要课程考试和毕业论文没有问题就成了合格的大学毕业生。那么，这种制度从人才培养的整体过程来看，它一方面带来了职前教育和职后教育脱节的严重恶果，造成教育资源的无端浪费，另一方面成为在知识经济社会中，高等教育课程不能适应科技、生产力发展而及时进行调整的原因之一，从而导致大学与社会不能形成良好反馈的恶性循环的产生。

再从社会发展和新的人才观上来看，《中共中央国务院关于进一步加强人才工作的决定》强调了对社会主义建设事业有所贡献的劳动者才是真正的人才。我们主张把"试用期培训制度"作为高等学校教育、教学质量保障和检验体系的一环，这虽说对学生个人成长、对学校管理以及对用人单位是一种压力，但的确是十分必要的。它有助于我们从科学的人才观出发，更有效地利用有限的教育资源，从教育和人的发展的规律出发，充分尊重学生的独立人格、个性发展，发挥其主观能动性，而不是仅仅把他们当成教育机器加工的对象，去忽视和扼杀人的主体性和创新精神。只有建立这样一个良性的循环机制，才能培养出适应性强、全面发展、具有良好素质的人才。

第三，建立良好的毕业生质量保障体系，是教育改革大潮的必然要求，是教育理念更新、实现终身教育目标的重要组成部分。

终身教育是 20 世纪 60 年代提出的一种新的教育观念、思想和理论，主张教育不仅是工作的准备，应该贯串于每个人的一生。其教育理念主要包括两层含义：一是指人从生到死的一生的教育，二是指个人及社会整体教育的统一总和。相比之下，传统的教育可以称为"阶段教育"，因为它指向人一生的特定阶段，是根据人在这一特定阶段的身心特点和发展需要而实施的教育。这种教育有两个潜在的逻辑预设：一是人应该也只能在这一阶段接受教育；二是在这一阶段之后，即学成毕业以后，人就应主要致力于工作，不需要或很少需要进行再学习、接受再教育。显然，这种预设存在极大的缺陷，并且与当今日新月异的时代不相符合。终身教育正是为了矫治传统教育的缺陷，并着眼于社会的飞速发展而提出来的。它力图整合各种资源，为人的一生提供全程的教育关照，并且把个人发展和社会发展结合起来。其现实意义在于突破了传统观念的束缚，并且丰富了教育的内涵和外延。其目标指向则在于为社会发展提供合格人才。

当前世界发达国家的大学教育理念也都伴随着高等教育大众化、普及化大潮的到来，迅速地转变为与其适应的高等教育职业化的思想，并且采取了一系列的措施，更好地发挥高校的社会作用，使学校和社会人之间的联系更加紧密。我国的高等教育大众化不仅是高等教育改革的重要目标，更是推行素质教育的必要保证，也是时代对中国提出的挑战。大众化程度的提高不可避免地使受过高等教育的失业者日益增多。目前我国的大学生就业难并非完全由高等教育大众化所导致，所以我们不能因为目前一定范围内高校毕业生的就业困难而盲目质疑国家高等教育大众化政策的正确性。但是这种就业难成为阻碍我国高等教育大众化的一个现实问题。因此，除了在政策上进一步深化大学生就业制度的改革外，还必须建立和完善大学毕业生的质量保障体系，通过这个机制的作用的发挥，进一步加强对毕业生的思想教育和就业指导，在实践中探索学生、学校、用人单位三方共赢的就业教育、创业教育的新路子，这样才能真正缓解和解决毕业生与社会需求之间的问题。"试用期返校再培训"的"召回"制度的设立，就是在我国高等教育大众化的道路上，使我国高等教育的人力资源得到更为有效的开发与利用的一个大胆尝试。应该把这种制度作为大学教育的一个环节，纳入高等教育质量检验与评价体系。

[原文刊载于《光明日报》2006年10月25日第7版（谷峪　高文辉）]

公平视野下职业教育发展的
环境建设与关系考量

《国家中长期教育改革和发展规划纲要（2010－2020年）》提出，未来十年我国职业教育发展要以公益性、普惠性为导向，形成面向人人、面向社会、惠及全民的公平职业教育。基于公平视角审视职业教育发展问题，有助于我们确定目标和方向，推动职业教育健康、科学和可持续发展。

一、职业教育公平理念的确立

公平，反映的是人们从道义、愿望上追求利益关系特别是分配关系合理性的价值理念与标准。在现代社会，它体现为权利公平、机会公平、规则公平、效益公平、分配公平、社会保障公平等。

教育公平不仅是影响社会公平的重要方面，也是在教育领域体现的社会公平。在实际教育活动中，教育公平还体现为对"不平等"的矫正。即社会发展中客观存在不平等现象时，公共教育资源配置向社会弱势群体倾斜；对"平等"的维护，即反对和遏制那些旨在破坏教育权利平等和机会均等的教育特权。[①] 职业教育公平体现为，公民平等地享有接受职业教育的权利、平等地享有选择职业教育内容的权利、平等地享有使用职业教育资源的权利。公民不因个体的正常差异性而在接受职业教育的权利上存在不公。他们有权根据自身的性格、认知、兴趣爱好等，自主选择专业、课程、学习形式、学习内容等，能够充分平等地享受师资、教学设施、教学内容等教育资源。

在促进教育公平和社会公平方面，职业教育要体现民生意义上的普遍性公平。它的受众量大、受众面广且来源复杂，是"面向人人的教育"；受教育者多数来自社会弱势群体，体现了"平民教育"的意义；它帮助人们享有接受教育的权利和乐趣，切合实际地获得谋生手段，"使无业者有

---

① 石中英. 教育公平的主要内涵与社会意义 [J]. 中国教育学刊，2008（3）：1－6.

业，有业者乐业"，改善生存状况与生活质量，实现社会流动。这种公平既体现为生存的公平，也体现为发展的公平。在这一意义上，职业教育具有体现公平的群体优势、基础优势与价值优势。

公平的职业教育，是社会和谐进步、经济稳定增长的恒久动力，也是人实现全面发展和谋求共同福祉的根本途径。当然，绝对意义上的公平是不存在的。实现职业教育公平需要如下条件。一是社会应当拥有足够的、品质相等或相近的职业教育资源；二是接受职业教育者和从事职业教育者不因所在地域、组织的不同，而在经济、社会收益上产生较大差距；三是社会职业岗位具有相对稳定性，不会造成人力资源的大量短缺和闲置；四是用人机构没有用人观念上的偏见与歧视，具备保护职业教育公平权的意识和态度。受主客观多种因素的限制，这些条件显然在当前乃至较长一段时期内难以满足。因此，寻求职业教育公平的过程，可以看作推动职业教育于有序发展中无限接近这些目标，并不断发展公平内涵的过程。

二、公平视野下职业教育发展的环境建设

职业教育公平目标的实现，既有赖于人们思想觉悟、道德修养的逐步提高，更需要各种机制以及公平的法律环境、行政环境、市场环境提供保障。

（一）法律环境

法律本身即兼有公平、正义的含义。就本质而言，它是以国家强制力为后盾，以公平为准则，调节社会主体之间关系，维护正常社会秩序的规则与规范。在现代社会，其公平内涵更为突出，它进一步体现为一种人人平等的权利与机会的保障，以及一种对义务、责任的强制性。

职业教育的法律环境，是以相关法律法规为手段，积极保障利益相关者平等接受、参与、消费职业教育的权利与机会，促使利益各方履行责任与义务，在公平原则下寻求整体利益最大化，进而达到共同原则和目的的制度、机制及运行氛围。它强调法律的权威性，执行的强制性和公平性。职业教育发展过程中涉及众多利益相关者，涉及资源调配与利益分割，单纯市场机制及其环境下难以充分体现公平原则，通过单独行政机制也无法对各方进行约束。营造法律环境的意义在于，形成所有社会个体、组织都必须遵守的强制性和公平性原则，这是促进职业教育科学发展的重要基础。

有两个问题影响着公平的职业教育法律环境的形成。一是现有法律法规中公平理念体现不足。无论是作为上位法的教育法、劳动法，作为单行法的职业教育法、就业促进法、教师法，还是地方法规与部门规章，对有关职业教育相关法律主体责、权、利规定过于笼统，对其利益关照不足，相关标准、资格方面缺少规范性。突出了管理性职能，而忽视了服务性功能。二是对法律规定的职业教育公平问题监督不够。全社会共同监督职业教育活动、监督职业教育利益主体行为合法性、公平性的理念与机制尚未健全。从公平理念出发，需要进一步健全完善职业教育法律体系，强化服务型立法理念，在职教法修订以及配套法、单项法建设中尽可能地关照各利益相关主体的合理利益诉求，协调好其相互关系。同时，要构建全社会共同监督职业教育公平的机制。形成立法、行政、司法等国家机关监督，与民主党派、社会团体、媒体和群众等社会监督相结合的监督体系，使所有利益相关者及所有活动都处于有利于公平的法律监督范围内. 保障法律法规的贯彻实施，保障职业教育公平的实现。

（二）行政环境

行政环境是指在实现特定社会目标中形成的一系列行政结构、行政功能、行政运行程序及规则，通过彼此相互依存、作用和制约而构成的有机系统①。职业教育行政环境是指职业教育政策制定及执行过程中所依靠的。以政府为主体、以行政关系为纽带的组织、人员、规则和方式及其相互关系的有机系统。

职业教育的公平问题在很大程度上体现为政策问题。现实中职业教育的不公平地位、发展中的不公平现象，往往源于不合理的社会利益调节机制，常常是政策和制度安排造成的。职业教育公平与否，取决于政府的干预方式和干预程度。作为公共政策的重要组成部分。职业教育政策本身即是社会利益的平衡器。法律、制度和政策是政府用以规范职业教育发展的必要手段，用以保障投入，提供倾斜，确保那些在获取教育资源方面处于弱势地位的人群有平等接受职业教育的权利和机会。在政策形成方面，应当吸引众多利益相关组织代表参与决策程序，保障决策制定的公平性、公正性。执行政策的过程，是政府代表国家供给公共物品、管理公共事物的

---

① 　马振清，赵运鹏. 中国行政机制的环境影响因素及对策分析［J］. 哈尔滨工业大学学报（社会科学版），2005（2）：49—53.

过程，体现公共管理、公共服务、公共事务的职能和原则。各级教育行政组织依据其行政权力、规则，贯彻执行好国家政策。有效协调中央与地方、整体与局部、组织与个人的利益关系，保证政策执行的有效性。

行政环境的营造，体现了基于行政力量的各种关系的调节。职业教育行政过程涉及机构较多，除教育行政部门外，还包括人力资源和社会保障、经济管理、财务税收、计划等诸多机构及行业部门，是一个广泛、复杂的系统，需要各部门基于公平理念联手、配合、协作，共同营造良好的行政环境。

（三）市场环境

市场环境是市场各要素依据价值规律相互联系、相互影响、相互制约，以达到资源合理调配、利益均衡的要素整合。在市场环境中，供给方以利润最大化为宗旨，需求方则以效用最大化为原则。价格、竞争、供求关系，这些要素决定着社会生产、个人劳动的动力，体现供需双方对资源的协商调配。

职业教育发展与生源市场、劳动力市场密切相关。为保证教育服务质量和人才培养规格符合市场需求，必须引入市场机制，如公平竞争机制、人才流动机制、校企合作机制等。作为市场主体，不同性质、类别的院校、企业及社会机构等不以权力为纽带，而以价格、价值为原则，进行平等竞争，形成以契约为基础的组织网络。对利益相关者关系的调控，从以往的以行政权力为主逐渐转变为以法律权利为主，通过主体之间互相合作来推进政策执行，即市场机制下，职业教育发展不再主要体现政府强制行政调节，而是体现多方参与理念。它主要不依靠政府权威，而是合作网络的权威，权力向度是多元、相互的，而不是单一、自上而下的。[①] 在公平理念指导下，构建有益于职业教育发展的市场环境，需要政府理顺管理体制，完善法律法规保障体系，培育规范市场体系，包括培育资金、招生、就业、信息、服务等市场，使职业院校聘用教师、吸引资金、招生就业、后勤服务等活动都处于法律监督、社会监督之下，公开、公正、公平地进行。这样既有利于防止职业教育办学的功利化，又可避免学校之间的无序竞争；既有利于有效制约政府权力，又可提高资源配置效率，调动利益相关各方的积极性。

---

① 俞可平. 治理与善治 [M]. 北京：社会科学文献出版社，2000：6.

三、职业教育发展中的若干重要关系考量

在以公平理念为基础的法律环境、行政环境、市场环境下发展职业教育，需要处理好政府与市场、公平与效率、社会进步与人的发展之间的辩证关系。

（一）政府与市场：责任主体的辩证关系

正确处理政府制度化管理与市场自主化运行之间的关系，是职业教育发展中的一个核心问题。"政府为主体，市场为基础"，强调了行政机制与市场机制的有效结合。

在培养技能人才、提高民族素质、推动经济增长、促进社会进步、传承职业文化方面，职业教育具有全局性、基础性和先导性的作用。政府应将其纳入共同承担、共同管理、共同监督范围。政府承担主要责任，有利于消除职业教育发展中的不平等现象，这种不平等体现在机会、过程和结果等职业教育发展过程中的各个层面。

从干预与调节功能出发，政府应及时调整角色，由指令性计划配置者、直接生产经营者，转变为市场经济条件下职业教育发展的支持者、辅助者、服务者和宏观调控者，承担起新的职能，提高市场运行效率。政府在此承担主要的成本支出，同时适当调整市场关系，有效促进利益整合。①

在此过程中，政府应逐步完善服务市场，营造良好的发展环境，保证学校间公平有序竞争；健全质量评价机制，以教育服务及学习者接受程度，而非单纯以教育规模和就业率为标准来评价职业教育质量；严格贯彻资格证书制度，实现职业教育与劳动力市场的有效沟通。

在职业教育发展中，市场机制具有基础性作用，在资源配置、专业设置、招生规模、等级评价等方面发挥导向功能，保证了经济系统的运行效率。当然，市场经济可能产生高效率和高收益，导致贫富不均，而且会出现所谓"市场失灵"的现象，在职业教育方面表现为学校无力承担巨额成本，运转困难，协作企业得不到相应补偿，缺乏参与积极性，个体预期收益低，不愿意接受职业教育，等等。政府恰恰应当在这些方面发挥积极作用，通过规划调控、引导投入、政策倾斜等手段，构建一种平等的供给与保障机制，解决"市场失灵"带来的问题。

---

① 亓俊国. 利益博弈：对我国职业教育政策执行的研究［D］. 天津：天津大学，2010.

发展职业教育，必须厘清政府与市场的职责，政府应放弃社会资源配置计划管理和直接决定招生规模等权力，切实下放属于职业学校的自主权，使其真正成为自我发展、自我约束的市场竞争主体，让市场调节发挥作用、提高效率。

（二）公平与效率：价值观念的辩证关系

社会常常以一定的价值观来引导人们的行为，进而形成良好的运行秩序。在这一意义上，教育的作用不仅在于传播文化知识，"还是凝聚和普及社会基本价值体系的统一力量"①。

《国家中长期教育改革和发展规划纲要（2010－2020 年）》明确提出，教育公平是社会公平的重要基础，要把促进公平作为国家基本教育政策，保障公民依法享有受教育的权利。同时明确了政府在促进教育公平中的重要职责，即"教育公平的主要责任在政府，全社会要共同促进教育公平"。18 世纪法国启蒙思想家卢梭认为，教育是实现社会公平的伟大工具。只有教育公平了，社会才能公平。19 世纪英国行学家约翰·密尔也提出过"最小限度教育法则"，即国家应给予每一位公民最基本的教育，即使是最穷的人也应该接受一定程度的教育。②

公平与效率，两者既共生又矛盾，发生冲突时需要我们做出价值选择。这种价值选择因不同历史时期、不同价值标准和取向而发生变化。计划经济时代，国家利益、整体利益至高无上，局部利益、个人利益要无条件服从于前者，社会价值取向重公平而轻效率，社会激励机制缺失；进入市场经济时代，组织利益、局部利益、个人利益诉求日益凸显，成为推动发展的重要因素，"公平为主，效益其次"的观念逐步为"效率优先，兼顾公平"的价值取向所替代，"公平"在此成为具有象征意义符号。

"效率"反映了社会组织和个体自觉性发挥程度和改造自然的能力。"公平"在本质上是对权力、利益和资源的合理分配，在很多语境下又是指一种道德情感，是以保障大多数人利益为前提，体现了一种公共利益，这与强调"投入与产出比率"的效率之间，会发生利益冲突。政府作为政策制定者和执行主体，代表着公共利益，其职责在于如何就权衡利益、保障公平、提高效益进行制度架构、付诸行动。

---

① 曾来，肖凤翔. 反思与诉求：试论职业教育中政府责任的有效性［J］. 职教通讯，2011（7）.
② 曾来，肖凤翔. 反思与诉求：试论职业教育中政府责任的有效性［J］. 职教通讯，2011（7）.

职业教育发展过程中公平与效率的冲突不可避免。处理好两者关系，对于践行公平理念、提高发展效率至关重要。首先要明确职业教育真正的价值定位。进行所谓"成本与收益分析"时，要突出职业教育的社会价值，着眼于整体利益，认识到其作为社会发展基础动力的意义。其次，要实现集体利益最大化。形成合理机制，促使各利益相关者积极提高所投入成本的效率和效益，使自身价值得以最大体现。再次，要有长远发展眼光。强调公平优先，就是在制定政策及实施中，不仅只看当前，更应着眼于发展远景。从提升全民素质、促进教育均衡发展、带动区域经济进步的角度，将资源投到最需要的地方，尤其是要投向贫困地区、薄弱学校、困难家庭学生，真正在实践普遍公平中提高整体效率。

（三）社会进步与人的发展：发展理念的辩证关系

推动经济增长、社会进步与促进人的发展，是职业教育发展目标所在。由于价值参照、利益取向不同，社会发展需求与个体发展需求并非同向同步，两者统一于职业教育发展过程中。

发展职业教育的一个根本目的是培养适应经济社会发展需要的技能型人才。规模发展和数量增加，无法替代保障并提高人才培养质量这一根本要求。所以，职业教育发展必须从单纯规模数量的发展转为以人为本的发展取向。

以人为本在这里体现为以受教育者为本、以受教育者成长和发展为本。它反对那种片面的发展观，即单纯"以物为本"，甚至为此不惜牺牲人的个性成长和发展利益，它强调人的发展同步于经济社会发展需要，这才是现代教育的旨归。

以人为本中的"人"，包括每一个社会个体。在社会生产力不发达的现实阶段，职业教育更要注重对弱势群体、困难群体中期望接受教育者的培养，唯此才能在真正意义上构建面向人人的职业教育体系。

从外部因素看，以人为本的发展观要求，发展效果评价的标准不应是单一的规模数量指标，而要以质量为主，逐步形成以人的发展为核心的制度安排，尊重和尽量满足不同社会群体的利益要求，协调和分配资源与财富，在这一过程中，努力保护弱势群体的基本权利，构建全面、协调、可持续发展的职业教育体系。强调以人为本，也要求公众广泛参与职业教育，调动各利益主体的积极性，融入职业教育发展全过程，通过利益共享机制、社会保障机制的建立与完善，获得继续发展的潜力和收益。

在职业教育内部，以人为本体现为学生为本、能力为本的教育理念。以综合素质教育作为目标追求，注重职业性与教育性的统一，做到职业能力训练、个性发展与人格完善有机统一，职业教育才能真正完成其所应承担的历史使命。在这里，"能力"不是狭义的某种职业技能或就业能力。它体现于人才规格上，强调的虽然是职业能力，张扬的却是"人"的发展，包括德、智、体、美各方面得到充分发展和运用，以此为基础，实现马克思所强调的"个人的独创的和自由的发展"。

参考文献

[1] 石中英. 教育公平的主要内涵与社会意义 [J]. 中国教育学刊，2008 (3).

[2] 马振清，赵运鹏. 中国行政机制的环境影响因素及对策分析 [J]. 哈尔滨工业大学学报（社会科学版），2005 (2).

[3] 俞可平. 治理与善治 [M]. 北京：社会科学文献出版社，2000.

[4] 亓俊国. 利益博弈：对我国职业教育政策执行的研究 [D]. 天津：天津大学，2010.

[5] 曾来，肖凤翔. 反思与诉求：试论职业教育中政府责任的有效性 [J]. 职教通讯，2011 (7).

[原文刊载于《教育研究》2013 年第 9 期（谷峪　姚树伟　王冰）]

职业教育发展动力因素分析及机制优化
——基于利益相关者视角

　　市场经济条件下，无论是个体还是组织，作为独立利益主体都有了更多自由决策的权利和追求利益最大化的动力。在职业教育发展过程中，不同利益群体也进行着各自的决策和行为。职业教育的理性发展过程是利益相关各方进行合作博弈、求得整体利益最大化的过程，发展的持续动力应来自利益相关各方的整合力量。

一、职业教育发展的动力因素分析

　　就本质属性与服务对象而言，经济发展是职业教育的主要拉动力量。经济周期、增长方式及产业结构调整和技术结构变迁，都会对职业教育的结构、层次、规模、体制机制等产生影响。这种影响通过市场、政府、社会等外部因素综合作用于职业教育，并通过职业教育内部因素转化为真正推动发展的动力。

（一）市场驱动

　　职业教育的职业属性，决定了应由市场来主导职业教育发展。面向市场办学，是职业教育的生命力所在。职业教育面临两大需求——社会需求与个人需求。其功能在于满足不断变化着的两大需求，并使之平衡和谐。个人需求对应着生源市场，社会需求则对应着劳动力市场。职业教育的生命线即在于劳动力市场对生源市场的有效刺激和生源市场向劳动力市场的顺利转化，从而使两大市场达到动态平衡。

　　现实的矛盾主要表现在，社会对职业教育产品及服务需求旺盛，而个人对职业教育机会需求较弱，两者难以同步。以旺盛的社会需求刺激低迷的个人需求，是调解矛盾的基本思路。这要求职业教育必须符合劳动力市场要求，遵循市场规律，根据市场动态变化，调整办学规模、人才培养机制、教育内容等，使职业教育产品即毕业生顺利进入劳动力市场，进而达到刺激个人求学需求的目的。

职业教育是通过教育途径指导个体获取合适职业资格、无可替代的重要渠道。它不仅是一种授人以渔的生存训练，也是一种实现个体发展的手段，功利性较大，而邻近效益较小。[①] 从效益和效率角度看，政府没有必要在职业教育发展的所有领域、所有环节都直接干涉，而应充分给予空间，由市场主导职业教育发展。

（二）政府推动

在推动职业教育发展的各种因素中，国家或政府的推动是非常活跃和直接的因素。经济、技术与文化等因素变化所引发的职业教育变革，均要在一定体制、政策环境中才能得以实现。

职业教育是面向人人的教育，对于帮助社会中下层群体改善生存状况、寻求发展机会具有重要意义。这种固有的公益性、公平性，决定了发展职业教育既要考虑经济发展，又要考虑社会公平，尤其在市场发育不完善的情况下，政府调控就显得极为重要。政府发展职业教育的手段包括制定法规、出台政策、整体规划、提供经费支持等。当市场对于职业教育资源配置的调控过于功利，既无法满足经济发展要求，又无法满足公众利益需求时，政府必须及时行使指导性的供给驱动调控方式，以纠正偏差。

职业教育同时包含知性教育和德性教育，在本质上是精神的而非物质的，并非纯粹传习技能的机械教育，而是附有社会价值的理性教育。这种既有的教育属性决定了其发展需要政府引导。

（三）社会拉动

职业教育发展除了需要一定的经济环境、政策环境外，还需要相应的社会环境，包括融资环境、舆论环境、科研环境、信息环境等。这些环境的营造，体现了政府、院校之外的利益群体对职业教育施加的影响和付出的努力。

受政策及发展环境影响，社会上各种投资人对职业教育产业给予积极关注，各类社会资金进入学校领域，有助于改变当前职业教育投入渠道狭窄、办学主体单一的状况，从根本上有益于实现职业教育的多元化、多样化发展。投资者期望积极地影响教育改革的方向以实现自身利益最大化。

---

① 曾来，肖凤翔. 反思与诉求：试论职业教育中的政府责任的有限性 [J]. 职教通讯，2011 (7)：36—40.

各类研究者成为教育改革的积极力量，如直接进入决策层视野的专家团队以及各级各类院校、研究机构、企业和社会组织的一般研究者。作为直接参与决策、影响政策制定者，他们往往是特定群体利益和权力的代言者；作为公共知识分子，他们也可以作为公共利益代言人，影响教育实践活动方向。

行业企业与学校之间存在文化冲突、机构刚性、利益分配以及管理等方面的诸多障碍，政府和中介组织的介入能够很好地解决这一问题。朱莉·费希尔认为，政府和非政府组织（Non-Governmental Organizations，简称NGO）的联合努力要比单独一方的努力更有效。[①] 中介组织的加盟，有助于健全和完善职业教育体系，在政府与市场之间搭建沟通的桥梁，利于社会各界广泛参与职业教育决策与管理，促使政府决策与管理更加科学化、民主化。

信息的生产、传播和舆论影响，在现代社会生活中占有重要地位。从事教育信息传播和舆论营造的媒体，成为教育发展的重要推动因素。媒体的努力不仅反映了教育问题，吸引大众关注，其成果往往对影响决策、推动改革产生重要作用。需要强调的是，教育类媒体应当同时发挥研究与咨询辅助功能，应对新闻事件及问题进行深度挖掘，为理性推动职业教育发展提供助力。

除上述群体外，其他如出版机构、社区、公益组织等群体，也会通过各自方式施加影响，在寻求自身利益中推动职业教育发展。

（四）教育自动

外部动力因素必须通过职业教育内部的转化才能真正成为发展动力。"内涵建设、提升质量"是当前职业教育发展的重大课题。优化课程教学结构、改善课堂生态环境、加强教师队伍建设、强化师资专业成长动力、营造校园文化及提升学校软实力等，成为职业教育提升质量、增强吸引力的必要手段。同时，要求职业院校锁定市场需求、明确办学思路、紧随产业发展、凸显专业亮点。加强职业教育发展的内生动力，寻求和谐发展，成为全体师生的共同追求。

如果以职业教育机构为参照，可以将职业教育发展动力系统分为外部

---

① 王冠. 政府和NGO在突发公共危机事件管理中的角色定位 [J]. 经济研究导刊，2011 (6)：211－212.

动力系统与内部动力系统。前者以适应人才类型结构多样化需求为目标，通过政府、企业、社会的共同努力发生作用，包括政府推动、企业发展、社会拉动、经济增长及个体需求等外部因素。后者以实现人才素质规格为宗旨，包括办学目标与思路、人才培养模式、专业与课程、师资队伍与办学条件等内部因素。二者各成系统，又相互影响，共同作用于职业教育的发展与变革之中。

二、职业教育发展动力不足的原因分析

改革开放以来，我国职业教育的社会环境、政策环境发生了很大变化，职业教育事业不断发展进步。21世纪前后，经历了"低谷时期，恢复增长，加快发展"阶段，规模迅速增长，基础能力建设水平逐渐提高，国家支持和资助力度不断加大，进入"加强内涵建设，提高教育质量"的关键历史阶段。同时，要清醒地认识到，受多种因素影响，我国职业教育长期积弱，劣势相对明显。从外部来看，法律体系不完善、投入机制单一、资金瓶颈严重、区域发展不平衡、社会认识不足、企业参与不足、就业服务体系不健全等弊端制约着职业教育的持续发展；从内部来看，基础能力相对薄弱、管理模式落后、与市场衔接不紧密、能力教育与素质教育不足以及师资难以满足发展需要等弊端影响着职业教育的内涵提升。这些困难和问题的存在，与我国职业教育起点低、基础薄弱、内外部环境复杂、参与主体多元、利益诉求冲突有关，更为重要的是发展动力不足。以中等职业教育为例，尽管规模数量发展较快，但事实上还存在相当大的软肋，导致发展根基不稳。究其原因在于，职业教育组织内部力量缺失，难以依靠自身力量完成市场化制度变迁，未能赋予不同利益主体应有的地位，因此无法形成充分调动各方积极性的有效机制。

（一）职业教育未完成市场化进程

在我国，现代意义的职业教育虽然发端于晚清时期，但其真正的大发展却是在"文革"结束之后。当时，为了解决普通高中教育、高等院校教育的人才培养与市场需求脱节的问题，国家提出改革中等教育结构的思路。当时依托的主要力量是普通教育中所谓"四低学校"（即师资水平低、学生起点低、教学质量低、高考升学率低的学校）。开办中等职业教育，成为这类学校的最好出路，这决定了职业教育的先天不足。

在稳定职业教育招生以及合理分配毕业生方面，中央及地方政府的政

策发挥了积极作用。政府发挥强制作用，为职业院校发展提供了办学资源和政策倾斜，稳定了生源和劳动力两大市场，帮助职业教育取得了合法地位。市场和政府显然是影响职业教育发展的重要力量。而职业教育若想真正完成市场化的制度变迁，必须依靠组织内部的力量。①

与普通教育、高等教育相比，职业教育可算"出身寒微"，内部缺少政府智囊团成员和影响决策者等所谓"精英力量"，因而缺少与政府磋商、谈判、表达合理利益诉求的条件和机会。既不能像高等教育一样明确提出市场化要求，又不敢贸然放弃政策扶持，因此无法突破原有制度框架。组织内部力量缺失，是职业教育未能完成市场化的根本原因。

从市场角度看，需求与认可度共同对职业教育产生作用。只有当两者同时具备，即市场对职业教育需求旺盛，并且职业教育的产品与服务能够满足市场需求时，职业教育发展空间才能得以保证和拓展。改革开放之初，职业教育的市场认可度高，既源于社会对技术技能人才的旺盛需求，又源于政府在招生、就业、筹资等方面的强力推动。计划经济向市场经济转轨后，尽管对实用性技术人才的需求依旧迫切，但职业教育发展空间急剧缩小。其主要原因包括：职业教育自身学历文凭认可度低，未能实现与高等教育有效衔接；政府配套改革滞后，资格考试制度、劳动准入制度不完善；高等教育市场化进程加快，挤压了职业教育的发展空间。职业教育严重缺乏依靠市场力量向前发展的动力。

（二）利益相关者作用力不均衡

1. 政府作用力失衡

计划经济体制下，政府直接管理包括规划、拨款、机构设置、招生、人才规格，乃至专业、课程、教学等全部流程的职业教育事务。职业院校没有办学自主权，缺乏主动适应经济社会发展的动力。这种管理方式违反了教育与人才培养规律，难以调动学校的主体精神，导致"千校一面"。而伴随着体制转型，职业院校办学自主权依法逐步得到落实，逐渐成为面向社会、依法自主办学的法人实体，但计划管理体制仍在发生作用，不少院校已产生"体制依赖"，严重缺乏发展的内生动力。新一轮改革中，国家工作重点和财力集中于少数重点院校或重点项目（计划体制思维影响犹

---

① 赵琳，冯蔚星. 中国职业教育兴衰的制度主义分析："市场化"制度变迁的考察［J］. 清华大学教育研究，2003，24（6）：41－46.

在），地方院校发展缺乏足够的政策和经费支持，处于"自发"阶段。

2. 学生、教师缺乏参与热情

院校内部和院校之间的竞争机制缺乏弹性，不够人性化，激励机制和环境基础不够完善，往往忽视了学生、教师等核心利益相关者的利益和诉求，难以调动广大师生参与学校发展的积极性。在争夺生源、引进师资方面，院校间存在非理性甚至非法竞争行为，往往将学生和教师作为资源，缺乏对他们切身利益和需求的关注，导致他们对学校发展缺乏热情。

3. 企业参与动力不足

企业是趋利的组织，其投资往往是短期行为。这决定了它们不可能自发承担教育责任，甚至会为实现经济目的而放弃履行教育责任。职业教育投资高、收益周期长，而且职业技术人才流动性较强。由此，企业主认为，投资职业教育回报低、风险大，往往会为人作嫁。这些认识当然有偏颇之处，但在市场经济条件下，不能要求企业牺牲自身利益来保障社会利益。作为直接利益相关者，企业参与职业教育也需要一定的经济、制度及道德的驱动。企业趋利的特质以及现有法规、制度缺少刚性约束，导致企业在参与职业教育、承担相应责任义务方面的热情不高、动力不足。

4. 社会组织发育不完善

与职业教育发展相关的行业协会、中介组织、外源性投资群体等发育不完善，未能在政府和市场之间，官、企、校之间，真正起到协调、疏导、理顺关系的作用。同时，由于自身发育的不完善，难以形成有影响力的利益集团，声音往往微弱而分散，其利益诉求往往得不到重视，也影响了其拉动职业教育的积极性。

（三）决策中利益相关者缺席

有研究者认为，为保障公平性，教育政策制定应像法律制定一样有一套固定程序。公平的立法程序具有以下要件：程序公开、程序参与、程序自治、程序中立和程序效率。[①] 职业教育政策的制定也应当包含这些内容。在职业教育政策制定程序中，影响公平的主要因素是程序参与，即利益相关者是否参与了政策制定，参与程序、参与程度如何。

职业教育所涉及的利益群体复杂，既包括决策中起决定作用的行政管理者、专家团队，也包括受教育者及家庭、院校、用人机构，以及行业组

---

① 汪全胜. 制度设计与立法公正 [M]. 济南：山东人民出版社，2005：261—263.

织、研究机构、外源性投资者、媒体、中介组织、社区等其他相关群体。按照社会利益公平分配原则，这些群体都有参与职业教育政策制定的权利。目前的政策制定过程采用的仍然是精英决策模式，即由少数精英代表民众进行教育决策。由于体制、机制原因，绝大多数民众及组织（包括大多数职业教育的利益相关者）无缘参与到政策制定过程中。现有渠道是通过各级人大代表、政协委员、民主党派等以提案、建议、社情民意、调研报告等形式或通过协商会议等渠道，向决策层传递信息、表达意愿。但这事实上仅是精英决策机制的一种辅助或延伸，能否准确、真实地表达民众意愿，能够反映到何种程度，要受很多主客观因素的影响。所以，缺席现象或参与不足的事实，影响了政策制定的针对性、现实性与可操作性，进而直接或间接地影响了职业教育公平。

三、优化职业教育发展动力机制的思考

针对职业教育发展动力不足的现实，对现有动力机制进行优化，其实质就是建立相应的动态机制，使得不同利益相关者明确自身利益的合理边界，充分尊重和关照他人正当权益和参与行为，调动各方积极性，发挥优势作用，整合力量，共同推动职业教育发展。

（一）确立基于共识的民主机制

对职业教育发展动力机制的优化，应基于一个基本共识，即职业教育发展的根本目标是追求整体效益最大化。一些利益相关者没有真正理解"个体与整体""局部与全局"之间的关系，片面地谋求个体利益最大化，影响了其他相关者的权益空间，导致利益受损，造成这些相关者不合作、消极抵制，甚至实施破坏性影响。为此，必须指导利益相关者树立合理的利益观，明确公共利益与自身利益的边界，建立起保护相关者正当权益的有效机制。以此为基础，建立利益相关者之间的民主机制，让每个利益相关者充分享有与身份、功能相适应的话语权和参与权，能够充分表达利益诉求，真正发挥建设性作用。[①] 以此吸引更多相关者参与职业教育改革，为推动发展、实现共赢整合力量。

---

① 饶燕婷. 利益相关者视野中高等教育质量保障多元主体探析 [J]. 大学（研究与评价），2009（Z1）：19—23.

（二）促进多元主体合作博弈

多元主体合作博弈，就是要建立一种利益相关者的利益平衡机制。由于自身利益、需要和地位的差别，不同利益相关者的价值诉求各不相同，职业教育不可能同时满足所有诉求，所以不可避免地要面对价值冲突和利益矛盾。那些不平等的博弈结果，虽看似满足了某一主体利益最大化的需求，往往会造成相关者之间冲突与矛盾的激化，导致整体利益受损。[①] 建立利益平衡机制的前提，是通过有效磋商与合作博弈，使利益相关者之间形成共同认可的且具有相当约束力的"契约"。职业教育是一系列利益相关者不完全契约的集合体，职业教育制度本身即可看作利益相关者之间的"契约网"。为了实现职业教育发展目标，必须在诸多利益相关者之间寻求一种平衡，以确保决策不会出现大的偏离或失误。通过"契约"来达到有效协调冲突、化解矛盾、平衡诉求的目的，以此调动各方积极性，最大限度地形成合力，实现整体利益最大化。

（三）实现利益相关者共同治理

职业教育治理是指处理职业教育不同利益相关者之间责、权、利关系的一系列制度安排，包括院校外部治理和院校内部治理。前者协调学校与政府、行业企业、中介组织及捐赠者等其他组织及个人的相互关系；后者协调学校管理者与教师、教师与学生的相互关系。"治理"在词源构成上由"治"和"理"两字组成。"治"有约束、控制之意；"理"表示条理和顺，使某项工作顺利进行。"治"和"理"是分不开的，不能只"治"不"理"，而是要通过"治"达至"理"。利益相关者共同治理模式，是对政府直接控制职业院校的"线形管理模式"和学校完全自治的"点状管理模式"的修正，体现了职业教育管理从政治化到社会化的转变。

共同治理模式强调多元主体共同参与管理。政府、企业、行业协会、公众、中介组织等，它们代表社会各领域或部门的不同利益，反映各方面的要求，它们分别对职业教育发展施加影响。应根据不同管理主体的性质、职能及作用，综合划分各自权限，使不同主体有相对稳定的权力范围和施展平台，各安其位，各司其职，相互补充，相互制约，实现管理权力的平衡。而这种权力的分散与制衡，应建立在法治基础之上。要通过相应

---

① 饶燕婷. 利益相关者视野中高等教育质量保障多元主体探析 ［J］. 大学（研究与评价），2009（Z1）：19—23.

的制度、法规，保证各管理主体法律意义上的平等，保证职业教育管理活动的严肃性，确保各管理主体相互监督、相互协调，行使和维护自己的权力，实现职业教育发展与社会发展相契合。

参考文献

[1] 曾来，肖凤翔. 反思与诉求：试论职业教育中的政府责任的有限性 [J]. 职教通讯，2011（7）.

[2] 王冠. 政府和 NGO 在突发公共危机事件管理中的角色定位 [J]. 经济研究导刊，2011（6）.

[3] 赵琳，冯蔚星. 中国职业教育兴衰的制度主义分析："市场化"制度变迁的考察 [J]. 清华大学教育研究，2003，24（6）.

[4] 汪全胜. 制度设计与立法公正 [M]. 济南：山东人民出版社，2005.

[5] 饶燕婷. 利益相关者视野中高等教育质量保障多元主体探析 [J]. 大学（研究与评价），2009（Z1）.

［原文刊载于《现代教育管理》2013 年第 12 期（姚树伟　谷峪）］

中高职有效衔接关键因素的考察及其政策意蕴
——基于制度和意愿的辩证分析

一、研究背景和问题

根据国家战略部署，建设中高职衔接的现代职业教育体系是我国未来一段时期职业教育改革发展的根本目标。从我国目前的职业教育发展来看，各类中等职业学校和高等职业学院是我国开展职业教育的主体。中等职业教育是以培养生产、服务、技术和管理一线的高素质劳动者和初中级专门人才为主要目标。高等职业教育是以培养高端技能型人才为主要目标。从培养目标来看，这两类学校作为人才培养阶梯中的两个层次，应该是一种递进和提升的关系[①]。根据我国教育部门的统计数据，2015 年，全国高职院校在校生 8272123 人，其中来自中职的生源为 1117030 人，占比约 13.5%[②]。由此可见，目前，我国高职院校生源仍以普通高中毕业生为主，大部分进入中等职业学校学习的学生，毕业后没有进入高一级学校深造，这不仅是制约我国现代职业教育体系构建的关键因素，也从整体上影响了我国教育现代化水平的提升及高层次技能型人才的培养。

我国学者对中高职衔接问题进行了深入研究，相关研究主要集中在如下方面：一是对中职衔接中存在的具体问题进行分析，并从制度和政策发展的角度提出改革建议[③]；二是从政实践的角度，对不同地区或发达国家中高职衔接的实践经验进行总结分析或比较研究[④]；三是有研究者采用调查的方法，对中高职衔接的动因、改革趋势进行调查分析[⑤]；四是有学者

---

① 李玉静. 中职与高职：协调与融通 [J]. 职业技术教育，2011 (7).
② 根据教育部相关网站的数据测算得出。
③ 张守祥. 中等和高等职业教育衔接的制度研究 [J]. 教育研究. 2012 (7).
④ 王琴. 中高等职业教育协调发展：问题与对策——基于上海的分析 [J]. 教育发展研究. 2012 (17).
⑤ 于志晶，刘海，房巍，等. 中高职协调：结构与衔接——关于动力、认知和意愿的调研 [J]. 职业教育技术，2011 (27).

采用调查研究的方法对中高职衔接中学生的意愿进行研究分析[①]。

近年来，在建设终身学习体系的背景下，加强职业教育与高等教育[②]的衔接，也成为国外教育研究的重要领域。相关研究主要集中在如下方面：一是对职业教育与高等教育机构之间缺乏衔接的问题进行批评，强调加强职业教育与培训（VET）和高等教育衔接的重要性，为学生创造更多的教育选择机会。如 Lukas Graf 对奥地利、德国、瑞士等典型双元制职业教育体系研究认为，虽然这三个国家的双元制培训一直广受赞誉，但其职业教育与培训和高等教育间一直面临分化的问题，缺乏融通性。职业教育和培训与高等教育间的融通是保障教育机会公平的一个必要条件。二是对职业教育和高等教育的衔接机制进行研究，主要从资格框架、学分转换、院校合作等角度，探讨职业教育与高等教育间衔接机制的构建。三是关于职业院校和高等教育机构间衔接实践的分析或案例研究。澳大利亚南澳大利亚州大学的 Roger Harris 等通过对 49 名有从职业教育机构向高等教育机构流动经历学生的跟踪研究发现，学生的流动模式非常复杂，学生的学习历程常常面临曲折和障碍。澳大利亚格里菲斯大学的 Gavin Moodie 专门探讨了学生在职业教育和培训与高等教育机构间的流动后认为，学生在两种机构间的转换和流动比学分转换更加重要，应把学生流动作为职业教育与高等教育融通的核心问题。

总体来看，与国外的研究相比，我国对于中高职衔接的研究更多局限在宏观的政策、制度层面，相对来说，对于学生从中等职业学校向高等教育机构有效过渡这一中高职衔接最根本问题的研究关注不足。从各地的实践来看，研究者通过多次与中高职学校学生及教师的交流得知，学生在中等职业学校与高等教育机构间实现无缝或直线衔接是非常困难的，这不仅涉及中高职衔接制度的建设，还涉及利益相关者的主观意愿。基于这一背景，本研究把中等职业学校毕业生向高等职业院校的过渡作为核心研究问题，力图研究出中高职有效衔接的关键障碍因素是什么；是制度建设的障

---

① 高凡修. 中职毕业生能否成为高职重要生源实证研究 [J]. 职业技术教育，2015（25）.

② 国外没有"高等职业教育"的专门称谓，高等职业教育是我国在大力发展职业教育过程中专门发展起来的称谓。因此，国外研究中高职衔接普遍强调职业教育与高等教育的衔接。由我国的情况来看，根据教育部发布的《关于推进中等和高等职业教育协调发展的指导意见》，我国在政策文件中更加强调中等职业学校与专科层次高等职业学院的衔接。但随着近年来应用技术型本科教育的发展，也出现了中等职业学校与四年制本科院校直接衔接的情况。基于我国的实际，本文主要研究中等职业学校与专科层次高等职业学院的衔接。

碍，还是相关主体的意愿障碍。首先，从国际视角出发，对我国中高职衔接的政策和制度因素进行考察和审视。其次，通过实地调查、访谈等质性研究方法，探究中职学校、中职学生、高职院校等关键主体的教育意愿在学生从中职学校到高职院校流动中的作用或制约机制。

二、国际视角下我国中高职衔接政策和制度建设现状

从国际视野看，自 20 世纪 90 年代以来，创建一个融通性、开放的教育体系，在职业教育与培训和高等教育①间建立沟通与衔接的桥梁，为职业教育机构中的学生提供多样和顺畅的继续学习路径，一直是发达国家教育改革的重要目标②。从 2006 年开始，美国开始用生涯和技术教育（career and technical education）这一术语代替职业技术教育（vocational and technical education），意在强调职业教育要从主要为那些不能进入大学的人的就业做准备的教育，转变为一种同时重视为学生的就业和进入中等后教育做准备的教育体系③。澳大利亚政府近来发布的《未来职业教育与培训发展方向》提出，要增强整个教育与培训体系的融通，特别要加强职业教育与高等教育机构的衔接。目前，在国际范围内，学生在职业教育和高等教育机构之间的流动已经非常频繁，职业教育与培训成为学生进入高等教育机构学习的重要桥梁④。而且很多国家出现了反向转学的现象，即高等教育机构毕业生，回流到职业教育机构进行专业化的技能学习。在具体的制度建设上，主要举措：中等职业教育机构同时重视培养学生的普通技能和专业化技能，建立有效的学分转换制度和综合性的资格框架，设立特定的入学考试制度，在学生经费资助和管理方面做出配套制度设计。

追溯我国职业教育的发展历程，从 1985 年的《中共中央关于教育体制改革的决定》到 1998 年的《面向 21 世纪教育振兴行动计划》，都涉及为中等职业学校毕业生提供继续学习机会的问题。2002 年《国务院关于大力推进职业教育改革与发展的决定》，正式提出"加强中等职业教育与

① 需要说明的是，高等职业教育是中国一个特有的称谓。国际社会没有高等职业教育这一名词。根据我国学者的研究，一般把发达国家应用导向、比四年制大学学制短的 ISCED5B（国际教育标准分类法中的 5B 层次）高等教育作为与中国高等职业教育对等的高等教育类型。因此，发达国家也没有中高职衔接的说法，普遍的提法是加强中等职业教育与高等教育的融通性。
② 李玉静. 国际职业教育发展战略和制度设计的趋势分析 [J]. 职业技术教育，2011（15）.
③ ACTE. CTE：Education for a Strong Economy [EB/OL]. https：//www. acteonline. org.
④ 李玉静. 学生有效流动：中高职衔接的关键 [J]. 职业技术教育，2011（10）.

高等职业教育的衔接与沟通"。2010 年《国家中长期教育改革和发展规划纲要（2010—2020 年）》提出，建立健全职业教育课程衔接体系。鼓励毕业生在职继续学习，完善职业学校毕业生直接升学制度。2011 年教育部发布《关于推进中等和高等职业教育协调发展的指导意见》，标志着中高职衔接成为我国职业教育改革发展的核心关注点。2014 年《国务院关于加快发展现代职业教育的决定》进一步提出，推进中等和高等职业教育紧密衔接；形成多种方式、多次选择的衔接机制和衔接路径；为我国中高职衔接相关制度的建设指明了方向。

在国家政策的推动下，近年来，全国各地根据所在地区的教育、社会和经济发展实际，积极探索符合地区发展需求的中高职衔接人才培养模式，发布中高职衔接的具体方案。根据相关调研结果，目前的中高职衔接人才培养模式主要有如下几种：一是五年一贯制，招收参加中考的初中毕业生，达到录取成绩后，直接进入高等职业院校学习。[1] 二是对口升学或高职单招，即高等职业院校根据自身专业教学需要设置考试科目，自主命题、考试、评卷、面试、录取。[2] 以上述两种模式为基础，各地区还积极探讨课程衔接、专业衔接及人才培养目标衔接等。三是针对特殊人才的免试招生，这一途径主要针对在实践操作方面能力突出者。近两年来，我国若干发达地区开始探讨中本贯通的人才培养模式[3]。

总体来看，从促进公民终身学习和学习者教育选择性的视角出发，为中等职业学校毕业生提供充分的教育晋升通道，是国际教育改革发展的重要趋势，也一直是我国教育改革发展和制度建设的重要目标。然而，与发达国家相比，我国在中高职衔接的制度建设上仍显不足，如部分中高职衔接试点项目缺乏学校层面实施性管理制度，部分高等职业院校没有从教学管理、学籍管理、计划管理等方面与中等职业学校对接[4]，造成中职毕业生升入高层次教育的规模和比例还处于相对较低的水平。

三、我国中高职衔接中相关主体意愿的现实考察

制度对于社会资源的配置效率及社会分配公平性的提高起着根本性的

① 邹亚丽. 陕西省中高职教育衔接研究 [D]. 咸阳：西北农林科技大学，2011.
② 刘春秀，刘亚苹，张颖. 如何提高高职单招学生专业学习的兴趣 [J]. 科技与创新，2015（20）.
③ 上海中考高分学生选择中本贯通职业教育不是退而求其次选择 [EB/OL]. http：//sh. people. com. cn/n2/2016/0725/c134768-28723191. html.
④ 张跃东. 江苏中高职衔接工作中的问题与对策 [J]. 中国职业技术教育，2016（4）.

动因作用。但根据制度经济学的相关理论，任何一项制度的有效供给都必须有相应的社会需求[①]。因此，中高职衔接制度的具体设计和发展也要适应并满足相关主体的教育需求和意愿。从这一角度出发，本研究把相关主体的教育意愿作为一个关键因素，分别选择中职学校、高职院校和中职学校学生三个关键主体作为考察对象，对其中高职衔接中的相关意愿和行为进行分析。

（一）中职学校的视角

中职学校作为中高职衔接中人才培养的第一阶梯，其对于学生的升学意愿以及由此映射到学生教育教学方面的行为，对于学生未来的生涯和教育选择发挥着重要作用。因此，本研究将中职学校作为重要考察主体，选择了山东省某县级职业中专，该学校是首批国家级重点职业学校，2012年被教育部评为国家级示范中等职业学校。研究过程中，对学校的招生简章等体现学校亮点的相关素材进行了系统考察，并与教学骨干教师、校长等进行了直接交流。学校在简介中，从"师资力量、教学设施、技能教学、就业渠道、学历提升"等方面进行了重点宣传，在学历提升方面，特别提到"多年来学校一直组织各专业学生参加对口高考，满足学生继续升学的愿望，高职升学各科平均成绩及本科录取人数一直名列市同类学校前列"。经过与学校的沟通协调，校方提供了近 5 年升入高一级学校的相关数据。自 2010 年以来，在学校毕业生总数逐年减少的情况下，该校学生参加考试升入高等教育的比例总体从 14% 增长到 21%，呈上升趋势，特别是自 2012 年以来，学生升入高一级学校的比例基本稳定在 20% 左右。

为了解学校对于学生升学工作的准备和重视情况，对主要负责升学班学生的班主任就"学校需要为学生升学做哪些准备"这一问题进行访谈。老师的回答如下："学校每年都组织对口升学班，集中时间准备春季高考，理论课和专业技能课同时进行。学校会配备有高考经验的老师对这些学生进行辅导。领导和老师很重视，每年的高考成绩都很好。"而对"学生升入高职或本科的主要渠道有哪些？考试主要采用什么形式？考哪些科目？"的问题，老师的回答如下："学生升学的主要渠道是参加每年省组织的春季高考，春季高考实行'知识＋技能'的考试模式，还有少部分学生通过参加高职院校组织的单独招生直接进入高职院校学习。"

---

① 汪洪涛. 制度经济学：制度及制度变迁性质解释［M］. 上海：复旦大学出版社，2009.

据此可以认为，作为中高职有效衔接中的一个关键主体，中等职业学校对于学生升学还是非常重视的。学校已经把学生的学历提升作为办学亮点进行重点宣传，并组建专门的升学班，配备专门老师进行辅导。由此可见，中职学校具有促进学生升学的较强意愿，其主要目的是希望通过这一亮点吸引更多的学生到学校学习，保持生源的稳定。然而，虽然中职学校为学生升学做了积极准备，通过更深入的访谈得知，由于学校教师面临的教学压力，学校每年的升学班仅有 50 个名额，所以只有学习成绩较好的学生才有机会进入，还有相当数量的学生没有机会进入升学班。因此，中职学校现有的升学途径并不能充分满足学生进入高等教育继续学业的需求。

（二）中职学生的视角

作为中高职衔接中的核心主体，学生的有效流动是中高职教育衔接的根本目标。他们的升学意愿以及为此付出的努力程度，是其能否实现最终升入高一级教育的根本决定因素。基于此，本研究分别选取该校幼儿教育专业一年级和二年级两个班的学生，就其升学意愿进行调查。具体结果为：一年级幼师班 40 人中，10 人想升学，占 25%，30 人想就业，占75%；二年级幼师班 45 人中，17 人想升学，占 38%，28 人想就业，占62%。由此可见，中职一、二年级学生的升学意愿并不强烈，但随着年级的升高，学生的升学意愿呈现增强趋势。这一结果低于高凡修的调查结果：近六成的中职学生明确表示愿意升入高职，有两成学生明确表示不愿意就读高职，还有两成学生处于"说不准"的犹豫状态[1]。这表明，总体来看，与单纯以应试为主要办学目标的普通高中相比，并非所有的中职毕业生都愿意进入高等学校学习。张跃东等人通过对近三年中高职衔接项目招生情况分析发现，中高职衔接试点项目招生吸引力不强。2014 年江苏省大部分地区"3+3"中职与高职衔接项目和"3+4"中职与本科衔接项目录取分数线，达不到省教育厅要求的当地三星级中学和四星级中学录取分数线[2]。有学者对黑龙江省进行调查发现了更复杂的问题。该调查发现，中职学生的生源数量目前正在萎缩，学生以找到工作为目标，对于更加深入学习知识的欲望不够强烈。还有一部分学习成绩优异的学生，可以进行

---

① 刘春秀，刘亚苹，张颖. 如何提高高职单招学生专业学习的兴趣 [J]. 科技与创新，2015（20）.

② 张跃东. 江苏中高职衔接工作中的问题与对策 [J]. 中国职业技术教育，2016（4）.

升本考试，所以对中职升高职的贯通培养有一定阻碍①。

　　为进一步了解中职学校有升学意愿学生的学习状态和学习动机，选择该校三年级对口升学班学生进行访谈。访谈表明，考不上重点高中、学习成绩一般、想学习一门技能进而直接就业是学生选择到中职学校学习的根本动因。总体来看，中职学生的总体升学意愿约为50％—60％之间，学校的宣传教育、老师的引导、高年级升学同学的榜样力量，以及来自社会对人才的需求，是学生升学的重要促进因素，部分中职学生自身也具有强烈的学习愿望和发展潜能。但是，现有的对口升学考试对中职学生具有一定的难度，难点在于英语、数学等文化课。

（三）高职院校的视角

　　在中高职衔接中，高职院校作为接受中职学生的关键主体，其是否愿意招收中职毕业生，在中高职有效衔接中发挥着关键作用。考察中分别选取广西、广东、浙江的一所重点综合性高职院校，以及上海的一所由高职升格的应用型本科院校，对其负责招生的人员进行访谈。

　　对于"学校每年招收的中职毕业生占总招生数的比例有多少？主要通过什么途径招收中职毕业生"这一问题，广西学校负责招生人员指出，中职招生大概占30％，主要是中职对口招生、单独招生两个途径。广东学校负责招生人员指出，学校每年招收中职生有三个渠道：中高职三二分段270人，自主招生110人，普通高考320人，以上合计700人。浙江学校负责招生人员表示，学校每年招收中职生的比例只有20％多，浙江省要求的比例是30％左右，2013年的比例是21％，2014年的比例是23％，2015年的比例是23％左右。途径主要有"3＋2"中职学生转入高职，现在有10所左右中职和我校合作；还有一部分是学校面向三校生招考；另有一部分是自主招生。

　　总体来看，高职院校的生源中，大部分来自普通高中，来自高职院校的比例相对较低，在30％之下。而且高职院校对中职生源的素质和学习基础存在一定质疑，相对来说，高职院校更愿意招收普高毕业生，对于招收中职毕业生的意愿相对较低。对"与普高毕业生相比，学校是否愿意招收中职毕业生？"这一问题，各地区的反应存在一些差异。如广东省院校

---

① 杜丽萍，刘卫民，高学金. 黑龙江省"2＋3"中高职衔接实施现状与对策研究［J］. 哈尔滨职业技术学院学报，2016（2）.

负责招生人员回答："更愿意招收普高生，因为普高生可塑性更强，学习基础扎实，但个别专业，如汽车、机电等对专业技能要求高的专业认为中职好。"但是，也有学校表示，在普高生源不足及国家和地区政策的推动下，愿意招收中职毕业生。如浙江高职院校负责招生人员表示："学校还是愿意招收中职学生的，主要是生源的缘故，省里也有相关要求。不过学校在和中职合作时有选择地挑选。"这表明，在中高职衔接过程中，高职院校更多处于主动地位。

为进一步印证这一问题，本研究又选择了一所高职院校某专业直接负责教学的教研室主任进行进一步访谈。据介绍，他所负责的专业教学中每年都通过单独招生招收一部分中职毕业生，与普高生实行混合编班。但根据近几年的招生经历，当学校在招收普高生源吃紧时，就会放松对单独考试的要求，多招收一些中职毕业生；而当普高生源充足时，就会提高对单独考试的要求，尽量少招收中职毕业生。他还强调说，在具体的教育教学中，除个别有追求的中职学生外，中职生源与普高生源具有非常明显的差异，主要表现在学习状态、学习风格、学习能力、纪律水平等方面。当问及教学意愿时，他表示，相比来说，对普高学生的教学和管理更加容易。

总体来看，与中职学校一样，高职院校普遍从解决生源问题及履行国家政策的角度来招收中职毕业生。而与普高生相比，高职院校存在不愿意招收中职毕业生的现象，即在普高生源充足的情况下，高职院校招收中职毕业生的意愿较低。然而，在这种意愿的背后，也折射出中职学校与高职院校在教学内容、课程体系、人才培养等方面制度衔接的不足，高职院校招收中职毕业生的意愿也深受上述条件因素的影响。

四、结论与政策建议

通过对中职学校、中职学生、高职院校等关键主体的考察发现，各主体对于中高职衔接这一教育制度设计的主观意愿存在一些差异。在这些主体中，部分中职学生具有较强的升学意愿；为提升自己的办学水平，中职学校也有较强的促进学生升学的意愿；作为重要主体的高职院校在生源的压力下，也有一定的招收中职学生的意愿，但在生源充足的背景下，其意愿并不强烈。

从未来高职教育发展来看，根据我国人口变化趋势，生源持续减少将是未来高职院校面临的一个重要问题。因此，从发展趋势来看，高职院校未来招收中职毕业生的意愿将会增强。从学生个体的角度来看，随着经济社会发展对个体技能水平要求的提高，社会个体接受更高层次教育的意愿和追求也会更加强烈。而中职学校为增强其办学特色和吸引力，也将持续把学生学历晋升作为一个重要亮点进行打造。而目前存在的问题是，中职学校和高职学院的教育教学和招生实践并没有充分满足学生学历提升的需求，而且在学生的衔接实践中出现了一些复杂的问题。基于此，本研究认为，中高职衔接是一个涉及经济社会发展背景、教育体系整体改革及学习者意愿和自身追求等多方面因素的复杂问题。从学生流动的角度来说，中高职衔接过程中，既有制度建设的问题，也有各相关主体的意愿障碍，而且很多制度和意愿的障碍与问题是互相联系在一起的。因此，未来的中高职衔接应通过更加完善、全面、细致的制度建设，努力使各主体克服衔接中的意愿障碍。

第一，从增强学生未来选择性、实现学习者个体可持续发展的角度加强中高职衔接。中高职衔接制度建设的目的并非使所有中职学生都能升入高等院校学习，而是要使个体寻求到适应其最佳的教育成长路径，实现促进个体自由而全面发展的终极教育目的。其具体指向有如下几方面：一是让那些操作能力强、愿意就业的个体顺利过渡到工作岗位；二是让那些有充分的继续教育和升学意愿、学习能力强的个体通过多元升学路径顺利过渡到高等教育机构的学习中去。从这一角度来说，中职学校在学生的成长发展中担负着重要的教育职责，一方面，应充分发挥职业教育作为一种教育类型的优势，加强特色和内涵建设，着力提高教学质量，同时注重培养学生的专业化技能和通识技能，加强对学生基础文化课程教育，重视对学生学习态度、学习习惯的培养，强化对学生的职业技能训练，充分保持职业教育的特色和吸引力；建立完善的生涯指导机制，为学生提供有针对性的生涯咨询服务，引导学生根据自己的兴趣和优势，选择最适合的生涯发展路径。另一方面，必须在进一步加强中等职业教育特色发展的同时，积极推进中等职业教育与高等教育的衔接，并在这一过程中把学生有效流动作为衔接的核心和关键点，最终目标是使职业教育体系更加开放，为中等职业学校学生提供更顺畅的学业晋升机会。

第二，从宏观到微观层面建设更加完善的中高职衔接制度体系，充分保证学生在职业教育体系中的有效流动。一是在顶层设计方面，建立包容性、开放性、融通性的综合性国家资格框架，为职业教育与高等教育的衔接提供制度基础。二是进一步改革招生制度，建立更加多样化的升学或衔接路径，扩大高等教育机构，特别是高等职业院校招生自主权，为中职毕业生建立更为广泛的学历晋升路径，使有学习意愿且达到入学要求的中等职业学校毕业生都能有机会进入高等教育机构学习。三是加强中等职业教育与高等教育机构间的联系，如支持中等职业学校与高等教育机构开展合作办学，在中等职业学校与高等院校间建立更加密切的专业与课程衔接机制，促进学生在中高职教育机构间的顺利过渡。

参考文献

［1］李玉静. 中职与高职：协调与融通［J］. 职业技术教育，2011（7）.

［2］张守祥. 中等和高等职业教育衔接的制度研究［J］. 教育研究. 2012（7）.

［3］王琴. 中高等职业教育协调发展：问题与对策——基于上海的分析［J］. 教育发展研究. 2012（17）.

［4］于志晶，刘海，房巍，等. 中高职协调：结构与衔接——关于动力、认知和意愿的调研［J］. 职业教育技术，2011（27）.

［5］高凡修. 中职毕业生能否成为高职重要生源实证研究［J］. 职业技术教育，2015（25）.

［6］李玉静. 国际职业教育发展战略和制度设计的趋势分析［J］. 职业技术教育，2011（15）.

［7］ACTE. CTE：Education for a Strong Economy［EB/OL］. https：//www. acteonline. org.

［8］李玉静. 学生有效流动：中高职衔接的关键［J］. 职业技术教育，2011（10）.

［9］邹亚丽. 陕西省中高职教育衔接研究［D］. 咸阳：西北农林科技大学，2011.

［10］刘春秀，刘亚苹，张颖. 如何提高高职单招学生专业学习的兴趣［J］. 科技与创新，2015（20）.

［11］上海中考高分学生选择中本贯通职业教育不是退而求其次选择［EB/OL］. http：//sh. people. com. cn/n2/2016/0725/c134768－28723191. html.

［12］张跃东. 江苏中高职衔接工作中的问题与对策［J］. 中国职业技术教育，2016（4）.

［13］汪洪涛. 制度经济学：制度及制度变迁性质解释［M］. 上海：复旦大学出版社，2009.

［14］杜丽萍，刘卫民，高学金. 黑龙江省"2＋3"中高职衔接实施现状与对策研究［J］. 哈尔滨职业技术学院学报，2016（2）.

［原文刊载于《河北师范大学学报》2017年第5期（李玉静　谷峪）］

职业教育发展中的冲突及治理

职业教育在本质上是利益相关者及其相互关系的联结。作为追求不同利益的独立行为主体，政府、院校、企业、学生等基于各自的价值取向，对职业教育提出了不同的价值诉求与发展主张，也因此不可避免地形成了矛盾冲突。职业教育的改革发展，可以看作这些利益相关者为实现各自需求而进行价值选择与博弈的过程。

一、价值冲突：职业教育矛盾冲突的根源

所谓价值取向，是指社会主体基于自身价值观而持有的基本价值态度、价值立场及在思想、行动中所表现出来的基本价值倾向。"一种价值偏好如经长久演变而成为一项影响重大的广泛信念，便可称为价值取向。"① 职业教育涉及的群体层次复杂、类别多样，不同利益相关者基于各自的利益诉求，形成了特征鲜明的价值取向。

（一）政府：绩效发展观

政府作为国家利益的代表，是当前职业教育的主要投资者与管理者。其发展职业教育的动力，主要源于维系国家经济增长、政治稳定、社会和谐、文化繁荣、教育协调发展等需要。作为一类组织或利益集团，其遵循的是一种"绩效发展观"。这里，"绩"指业绩，"效"指效率、效果。从管理学的角度，"绩效"是组织期望得到的结果②。政府对职业教育发展的期望，是在投入既定的情况下，尽可能多地按照一定标准培养经济社会发展需要的技术技能人才，提高劳动者素质，开发人力资源潜力，实现教育公平，最大可能地发挥对政治、经济、文化的促进作用。就可检验标准而言，其更多关注职业教育人才培养的数量规模及在教育结构中所占比例

---

① 廖忠明. 论当代职业教育实现社会本位与个人本位价值取向的统一 [J]. 职教论坛，2010（10）：74—76.

② 付亚和，许玉林. 绩效管理 [M]. 上海：复旦大学出版社，2003：4.

等。这种价值观、发展观实际上是注重整体效益而忽视个人利益，强调物质增长、数量增长而忽视人的发展因素。当前，国家强调贯彻"以人为本"、"全面、协调、可持续"的科学发展观，在一定意义上是对这种既有绩效观的反思与批判。

（二）企业：产品质量观

作为实际消费者，企业关注的是职业教育人才培养的最终质量，遵循的是"产品质量观"，主要看毕业生能否满足企业需要，是否适应岗位要求。其评价标准是毕业生满意度，涉及职业学校学生的技能水平、专业对口情况、岗位适应性、爱岗敬业程度等，最终落实到为企业带来的经济效益。鉴于当前我国劳动力市场、行业企业发育不完善，职校毕业生所对应岗位层次较低的实际状况，企业更注重员工的服从性、岗位对应性、就职稳定性，而较少关注其创新能力和生涯发展能力的培养。

（三）学校：需求导向观

作为一类组织，职业学校存在的价值就是满足社会对技术技能人才的需求，满足求学者技能习得、个性发展的需要。现实中，职业学校往往偏重前者而忽视或无暇顾及后者。"以服务为宗旨，以就业为导向"，"为地方经济发展服务"，体现了职业学校以社会需求为导向的价值取向。其评价标准往往是人才培养规格、专业设置、课程安排与当地产业特征、经济结构的契合度。这一导向下，职业学校发展虽然一定程度上满足了经济发展的需要，但也容易导致片面发展甚至畸形发展。

（四）学生：个人本位观

学生所持的是一种个人本位的价值观，但往往单纯从个体出发，强调个性发展，而忽略了教育的整体性。

此外，出于不同的视角和参照标准，职业教育还被研究者们赋予了诸如目标适切观、技术本位观、能力本位观、素质本位观等价值观念[1][2]。由于利益视角不同，这些价值期许常常是相互抵触的。比如，学校教育传

---

[1] 周奇迹，张益农. 能力本位职业教育观的认识 [J]. 浙江农村技术师专学报，1997（Z1）：77－80.

[2] 王敏勤. 由能力本位向素质本位转变：职业教育的变革 [J]. 教育研究，2002（5）：65－66，72.

授的知识、技能需要一定时间的检验与沉淀，往往与不断更新变化的技术技能知识及岗位需求有一定距离，而企业、社会需要技能人才具备与岗位现场直接对接的技术技能，实现所谓"零距离"。为便于教学，学校往往设计统一的课程、教材，整齐划一地实施教学与管理，而学生往往希望得到更适应自身发展需要的、个性化的教育教学指导。学生都乐于寻求更好的工作岗位、薪酬待遇与技能提升机会，企业则希望员工就职具有稳定性。政府一方面要求学校进行职业道德教育，呼吁毕业生爱岗敬业，遵守职业规范、职业纪律；另一方面又为了提高就业率，出台相应的法规政策，宣传"先就业后择业"，等等。这些矛盾、冲突得不到缓解，就不能有效协调社会、组织、个体的利益需求，无法形成价值共识，难以形成合力，推动职业教育及其利益相关者的和谐发展。

二、权力冲突：职业教育矛盾冲突的表现

价值取向上的冲突，直接导致了利益冲突。而从根源上，权力斗争是教育改革过程中利益冲突的主要表现。权力可以定义为一种与控制相关的能力，既包括控制他人行为的能力，也包括避免被他人控制的能力，这种控制概念隐藏着获得相对利益的企图[①]。在教育方面，主要表现为对知识、信息的控制，对文化的控制，进而在经济、政治及社会影响方面获益。

教育与权力之间的关系特殊而紧密。一方面，掌握权力、资源和话语权的统治阶层及其利益集团通过教育工具，传播有利于维护自身统治的知识、理念，以达到影响、控制被统治阶层的目的；另一方面，普通群体、公民个人等则期望通过接受适当的教育，掌握知识、信息，不断提升自身的认知、判断与选择能力，进而形成从他人控制中获得自由的能力。职业教育发展过程中，不同群体同样试图通过掌握或影响教育权力，使职业教育朝着有利于自身的方向发展。

（一）知识控制

知识是影响人们认识、了解事物，并做出判断和选择的根本要素。知识、信息及以此为基础形成的信仰、观念，是人们认识经济、政治、文化、道德问题并做出决定的基础。对知识的控制是权力的一个重要来源，而教育是实现知识控制的有效手段。教育机构作为知识的主要传播媒介，

---

① 马健生. 论教育改革过程中的利益冲突 [J]. 教育科学，2002 (4)：1—3.

历来是各利益集团极力争取的阵地。通过各种手段对教育施加影响，借此向民众传播符合其利益需要的价值标准、观念和信息。比如，政治家希望学校传授支持他们政治立场的价值观念；企业希望学校传授符合其经济利益的知识、技能、职业文化及道德观念；社会机构则期望学校传递有关公民道德、集体意识、社会安全等规范；学生及其家庭需要学校提供生存与发展的知识、技能，并获得进入劳动市场和职业社会的平等机会，形成生涯发展能力，以及保护自身政治、经济权利的意识。

由于不同的价值取向与利益诉求，利益冲突的形成不可避免。这些矛盾冲突充分体现为对教育机构的控制及对传播内容的控制。日本、德国、美国等发达国家，都有过产业界借助行业协会、经联团等组织，通过影响区域性学校合作组织、建立企校发展计划等，扩大对学校的控制，或通过咨政报告等直接影响国家教育政策，要求学校传播企业雇主所要求的知识、技能与态度，并得到政府支持。相反，企业对学校传播发展个性意识、争取福利待遇、先择业后就业等观念显然不感兴趣，甚至抵触。

对个人而言，知识及其传播的制度机制则是一种获取谋生本领、形成发展能力、保护自己免遭剥削、摆脱他人控制的有效手段。让每一个公民拥有足够的知识，形成自我发展、自我保护的能力，是现代社会文明程度的重要标志之一。

（二）经济斗争

经济利益争夺是矛盾产生的根本原因。以教育经费的支付问题为例，有子女接受某类教育（如职业教育）的家庭通常希望给该类教育更多经费支持，把负担转移给他人。而那些子女未接受该类教育或没有子女的家庭，则要求政府降低投入该类教育的经费。比如，中上阶层家庭希望经费更多投向普通教育和高等教育领域，特别是其中的优质教育资源；社会中下层则普遍期望在基础教育实现公平发展，国家予以均衡投入，而那些子女在基础教育领域竞争中处于劣势的社会中下层家庭，则期望政策更多向与其生存发展紧密相关的职业教育领域倾斜。即使同类教育中，在重点校与薄弱校、发达地区与落后地区之间也存在经费投入与政策倾斜不平衡现象，导致矛盾冲突。

事实上，教育本身还是一个大产业。教育者要求增加收入，其他利益组织和个人希望所关注和接受的教育能够获得更多经费，通过教育获得更多利益。接受不同教学与课程安排，意味着将进入不同的职业社会与劳动世界。许多国家在其教育发展过程中都存在类似的阶段，处于社会底层家庭的子女通过教育分流，被安排去接受职业技术类课程，社会上层家庭子女则经过分流去学习大学预备课程。通过教育与课程分化，前者最终进入劳动世界底层，在经济利益和社会地位上处于不利位置；后者则进入劳动世界顶层，得以保存其经济利益与优势社会地位。

（三）文化冲突

从本质上讲，文化是人的行为的一种规则，是一个组织行为的相对稳定的预期和共同理念[①]。其包括历史传统、宗教、文学和艺术，也包括群体可接受的行为、举止、礼仪及语言方式等[②]。

学校教育的一个重要任务是传播文化。文化一方面分为主流文化与亚文化，另一方面分为强势文化和弱势文化。学校教育传播哪种文化，往往服从文化背后的经济利益与权力格局。与教育有关的文化冲突，还表现在教育决策者、研究者、政策执行者及实际教育工作者之间文化上的差异与不平等，导致教育发展过程中的冲突与斗争。

文化中包含的权力观念对教育发展影响巨大。近年来，众多团体以"推动教育公平，实现教育机会均等"为由提出教育改革的要求，而改革所涉及的不同利益集团往往因文化观念不同，导致各种不同立场、观点的冲突与博弈。从表面上看，学校教育给每个学生提供了平等选择职业课程和普通课程的机会。抛开智力因素的差异，在经济和社会身份上处于优势地位的家庭，其文化、交往、话语模式与学校主流教育贴近，其后代在学校教育中拥有更多成功机会，进而接受更高层次的教育。而处于中下层社会群体的家庭，其文化、交往、话语模式往往不同、偏后于学校教育，其后代在接受相关教学模式与课程安排时往往表现相对较差，会通过教育分流去学习职业课程。这种累积效应不断叠加放大，造成他们自认为在智力水平上低于前者，只能在较低的经济系统中"讨生活"。

三、冲突缓解：构建良性互动关系，实现共同治理

缓解冲突、化解矛盾，从根本上应遵从客观规律。发展问题归根结底是人的问题，要从以人为本、促进人的发展入手，在相对统一的价值观念

---

① 张维迎. 文化：一组人群行为规范的稳定预期和共同信念 [J]. 读书，2000（8）：59—64.
② 马健生. 论教育改革过程中的利益冲突 [J]. 教育科学，2002（4）：1—3.

引导下，营造利益相关者之间的良性互动关系，建立基于整体利益的运行机制，形成整合力量，实现职业教育的共同治理。

（一）确立利益相关者参与的合理途径

计划体制时期，国民经济各部门是一个整体，国家在社会生产、资源分配、产品消费方面拥有绝对权力。在这一体制下，国家、集体、个人利益发展步调一致。职业教育发展的权力集中在政府手中。作为管理对象、管理客体，行业企业、职业院校、社会组织、学生群体等缺少自主性，他们之间以及与政府之间不存在根本矛盾和利益冲突。而随着市场经济体制的渐次完善，社会群体利益不断分化，政府与社会的关系得以调整，"小政府、大社会"格局逐步形成。在这一过程中，职业院校办学自主权不断扩大，主体地位得以确立，众多社会机构、组织参与到职业教育管理中来，学生开始以投资者、消费者的身份参与职业教育，成为不可忽视的重要权力主体，但政府主导仍是我国职业教育发展的基本模式。职业院校和企业的权力仍然有限，学生的主体地位一直未得到应有重视。政府单方面制定博弈规则，职业院校、行业企业和学生缺少参与规则制定的权利和机会。这决定了这些利益相关者之间的博弈是不对等的，并事实上导致了博弈结果的不平等。由于这些主体之间的利益是互为条件、相互制约的，政府作为主体之一，过于强势，权力过度集中，非但不能实现利益最大化，反而可能因其他主体利益受损而使整体利益受损[①]。为缓解这一矛盾，利益相关者应通过各自的合理方式表达利益诉求，并影响教育决策和关键资源配置。

现实生活中，学生和家长很难直接参与决策，可通过请愿、呼吁、申诉等方式间接影响政策制定。同时，他们有可能影响职业教育改革所需的资金基础和社会声誉，特别是那些以学费为主要收入来源以及特别需要社会支持的领域。

由于基础条件薄弱、先天发育不足，职业学校缺少能够直接参与决策、影响决策的"精英人才"。学校教师虽然不能直接影响教育改革宏观需要的关键资源配置，但可以在基层影响教育改革的知识分配，他们也可以通过迎合或抵制的态度和行为直接影响职业教育发展。

---

① 饶燕婷. 利益相关者视野中高等教育质量保障多元主体探析 ［J］. 大学（研究与评价），2009（Z1）：19～23.

政府掌握决策权和关键资源配置权，是职业教育发展的最重要影响因素，目前掌握着职业教育举办权，同时负责重大投资和项目建设。政府还能通过间接方式影响教师、学生及其家长对职业教育的态度和参与程度。

企业通过呼吁和批判等方式间接影响政策，这种影响力往往较强。比如，毕业生就业困难已成为社会问题时，通过直接资助、提供设备及服务等影响关键资源配置；通过直接办学或以校企合作、工学结合、职教集团等方式参与职业教育，其影响及参与程度正逐步加强。

其他利益相关者也都在以各自方式对职业教育施加影响，如研究者掌握着教育改革所需要的知识资源，通过政策咨询与学术探讨等影响政策制定及改革走向。外源性投资者掌控着直接影响教育改革所需的物质资源，教育媒体能强烈影响教育改革所需的无形资源——社会声誉，通过"舆论手段"等间接影响政策制定及教师、学生或家长参与，达到影响职业教育改革的目的。

（二）以人为本构建良性互动关系

学校、企业、社会组织和学生都有实现价值诉求的意愿。发展职业教育是政府、企业、社会、职业院校、学生各方的共同责任，必须重视这些相关者的利益诉求，尤其是那些在权力结构中被边缘化的重要利益相关者，以有效调动各方积极性，实现职业教育公平。比如，充分尊重并保障学生主体权利，了解他们的利益诉求，拓宽其意见表达渠道，建立通畅的沟通反馈机制，使他们有可能通过适当途径适度参与活动，成为可靠的管理参与者和监督者。

（三）建立多元主体合作博弈机制

不同层次、类别的利益相关者，对职业教育形成了不同的期望和价值诉求。职业教育显然不可能同时满足所有这些要求，因而价值冲突和利益矛盾在所难免。所有利益相关者都期望求得利益最大化，而事实上单一相关者的愿望远非其自身努力可以独自实现。真正意义上的整体利益最大化，需要利益相关各方协同合作，否则，不平等的博弈结果表面上似乎满足了某一主体利益的最大化需求，却可能带来冲突与矛盾的激化，使整体利益受损①。因此，有必要敦促利益相关者各方通过有效磋商、合作博弈的方式，形成相互认可、有约束力的协议。合作博弈，就是要建立起某种利益平衡机制。通过平衡、协调利益相关者之间价值冲突和利益诉求，最大限度地发挥各自主体作用，增强职业教育发展动力，提高发展效率与效益，促进整体目标的实现。

（四）实现利益相关者共同治理

治理理论的核心内容之一，就是要打破政府作为唯一管理机构和单一权力中心的现状，实现管理中心和权力主体的多元化②。职业教育治理指处理职业教育"不同利益相关者之间责、权、利关系的一系列制度安排"③，既包括学校、政府、企业、中介组织等机构及个人的责、权、利关系，也包括学校内部管理者、教师与学生等主体的责、权、利关系。关于职业教育管理模式，一直有政府直接控制的线性管理和学校完全自治的点状管理两种模式，利益相关者共同治理模式是对这两个模式的修正，体现了职业教育管理从政治化到社会化的转变。

从利益相关者理论看，职业教育的管理主体来自社会不同领域、不同层次，代表着社会不同部门、不同层次、不同领域的利益和要求，共同对职业教育施加影响。作为管理主体，这些利益相关者应根据各自的性质、功能来划分权利限度和权利范围，各司其职、相互补充、相互制约，形成相对稳定的权力结构与格局。要通过立法保证各主体法律意义上的平等，保证职业教育管理活动的严肃性，确保各管理主体相互监督、相互协调，行使和维护自己的权力④。管理各方不断向职业教育传递各界的要求及反馈信息，并通过各种法律的、行政的、经济的、舆论的手段，对职业教育的质量、数量和发展方向进行调控。职业教育对源于社会不同角落的信息不断进行选择、分析，或接受或批判，从而实现职业教育发展与社会发展的"契合"。

———————————

① 饶燕婷. 利益相关者视野中高等教育质量保障多元主体探析 ［J］. 大学《研究与评价》，2009（Z1）：47.
② 胡子祥. 高校利益相关者治理模式初探 ［J］. 西南交通大学学报：社会科学版，2007（1）：15—19.
③ 肖谦. 高等教育利益相关者共同治理模式的探讨 ［J］. 湖南社会科学，2009（4）：116—118.
④ 肖谦. 高等教育利益相关者共同治理模式的探讨 ［J］. 湖南社会科学，2009（4）：116—118.

参考文献

[1] 廖忠明. 论当代职业教育实现社会本位与个人本位价值取向的统一 [J]. 职教论坛，2010 (10).

[2] 付亚和，许玉林. 绩效管理 [M]. 上海：复旦大学出版社，2003：4.

[3] 周奇迹，张益农. 能力本位职业教育观的认识 [J]. 浙江农村技术师专学报，1997 (Z1)：77－80.

[4] 王敏勤. 由能力本位向素质本位转变：职业教育的变革 [J]. 教育研究，2002 (5).

[5] 马健生. 论教育改革过程中的利益冲突 [J]. 教育科学，2002 (4).

[6] 张维迎. 文化：一组人群行为规范的稳定预期和共同信念 [J]. 读书，2000 (8).

[7] 饶燕婷. 利益相关者视野中高等教育质量保障多元主体探析 [J]. 大学（研究与评价），2009 (Z1).

[8] 胡子祥. 高校利益相关者治理模式初探 [J]. 西南交通大学学报：社会科学版，2007 (1).

[9] 肖谦. 高等教育利益相关者共同治理模式的探讨 [J]. 湖南社会科学，2009 (4).

[原文刊载于《职业技术教育》2013 年第 16 期（姚树伟　谷峪　王冰）]

现代职业教育治理：框架构建和内容解析

十八届三中全会通过的《中共中央关于全面深化改革若干重大问题的决定》明确提出，"要完善和发展中国特色社会主义制度，推进国家治理体系和治理能力现代化"。在国家政治体制改革的背景下，作为整个国家公共事业的一部分，完善科学规范的治理体系，形成高水平的治理能力成为我国现代职业教育改革发展的重要目标。本研究从现代治理理论的视角出发，基于国际职业教育治理的改革趋势，力图构建保障我国现代职业教育发展的职业教育治理体系内容框架。

一、职业教育治理体系和治理能力现代化框架构建的基本依据

（一）现代治理理论

从治理理论的视野来看，"治理"是指市场在资源配置中起决定作用的条件下，多元利益主体围绕共同目标协调互动的过程。治理强调政府与社会通过合作、协商、建立伙伴关系、确立共同目标等方式实施对公共事务的管理，从而寻求政府与公民对公共生活的合作管理和实现公共利益的最大化，合法性、参与性、公开性、透明性、回应性、法治性和责任性是治理的基本特征①。实现管理主体从以政府为主体到社会多元参与、从以政府计划和行政指令为主要手段到以法制、制度和市场调节为主要管理方式，是传统管理与治理的根本区别。

习近平指出，治理体系和治理能力是一个国家制度和制度执行能力的集中体现。国家治理体系是规范社会权力运行和维护公共秩序的一系列制度和程序，其涉及三个基本问题：谁治理、如何治理、治理得怎样。这三个问题实际上也就是国家治理体系的三大要素，即治理主体、治理机制和治理效果。治理体系和治理能力是一个有机整体，相辅相成，有了好的国

---

① 俞可平. 推进国家治理体系和治理能力现代化 [J]. 前线，2014 (1)：5－9，13.

家治理体系才能提高治理能力，提高治理能力才能充分发挥国家治理体系的效能①。

在治理体系的基础上，需要解决的另一个关键问题是"现代化"，即推进实现职业教育治理体系和治理能力的现代化。习近平提出，推进国家治理体系和治理能力现代化，就是要适应时代变化，既改革不适应实践发展要求的体制机制、法律法规，又不断构建新的体制机制、法律法规，使各方面制度更加科学、完善，实现党、国家、社会各项事务治理制度化、规范化、程序化②。由此可见，完善的法律体系和规范的制度建设是治理体系现代化的基本特征。

（二）国际职业教育治理的实践趋势

近年来，以联合国教科文组织（UNESCO）、经济合作与发展组织（OECD）和欧盟为代表的国际组织对职业教育治理给予了很大关注，并从地区和国际层面针对职业教育治理进行了深入研究。2012 年 5 月，联合国教科文组织在上海召开第三届国际职业教育大会，会议核心文件《职业教育的转型：培养工作与生活技能》特别强调了职业教育管理变革的重要性和基本路径，指出善治（good governance）是职业教育实现成功改革的先决条件，推进善治的途径包括将职业教育纳入相关战略、下放权力、使利益相关方结成积极的伙伴关系、开发质量保障程序以及为制定政策改善证据基础等③。根据国际社会的研究，有效的职业教育治理需要解决三方面问题：政府机构怎样共同承担对于职业教育的责任；为促进职业教育与培训体系的协调发展及职业教育机构与外部利益相关者间的交流与合作，政府设立了哪些国家交流、合作与协调机构，如权威机构、委员会、相关协会等；是否形成了对整个国家职业教育总体供给情况的监测体系等。④

从国际社会的实践来看，德国、瑞士、丹麦等欧洲国家以行业企业深

---

① 习近平：推进国家治理体系和治理能力现代化［EB/OL］.［2014－02－27］. http：// politics. people. com. cn/n/2014/0217/c1024－24384975. html.
② 习近平：推进国家治理体系和治理能力现代化［EB/OL］.［2014－02－27］. http：// politics. people. com. cn/n/2014/0217/c1024－24384975. html.
③ 第三届国际职业技术教育与培训大会主要工作文件. 职业技术教育与培训的转型：培养工作和生活技能［R］. 联合国教育、科学及文化组织，2012.
④ 李玉静，谷峪. 国际职业教育治理的理念与实践策略［J］. 职业技术教育，2014（31）：78－83.

度参与职业教育实施为特征的协作性模式（coordinated model）是国际社会公认的、最有效的职业教育治理模式。这种模式通过实施一种在国家调节下的工作本位中心学习，保障了职业教育体系的高效运行。这种模式的特点体现在如下方面：治理体制机制的透明性，治理主体间的交流性、包容性与合作性，治理运行的开放性与反应性。这一高效治理模式建立的关键策略是，在政府层面形成明确的法律规定，对职业教育决策或运行中关键利益主体的职责给予明确界定，在此基础上，加强职业教育机构间及其与工作组织、行业企业的交流对话，形成关于未来职业教育发展需求的有效、透明、及时、开放的传递机制①。

（三）我国职业教育改革发展的目标及面临的关键问题

职业教育治理体系和治理能力现代化是我国政府在新的历史阶段，在国家政治体制改革的大背景下提出来的。然而，作为一个特殊的教育类型，职业教育治理体系现代化必须建立在对自身发展情况充分认识的基础上，必须着眼于解决自身发展中面临的关键问题，这是改革的基础和出发点。近年来，我国高度重视职业教育的发展，已经将职业教育发展作为国家改革发展的重要战略。2014 年 6 月 23 日，习近平专门对职业教育工作做出批示，"职业教育是国民教育体系和人力资源开发的重要组成部分，是广大青年打开通往成功成才大门的重要途径，肩负着培养多样化人才、传承技术技能、促进就业创业的重要职责，必须高度重视、加快发展"。国务院专门召开全国职业教育工作会议，印发《关于加快发展现代职业教育的决定》，提出"到 2020 年，形成适应发展需求、产教深度融合、中职高职衔接、职业教育与普通教育相互沟通，体现终身教育理念，具有中国特色、世界水平的现代职业教育体系"。

然而，从我国职业教育发展实际来看，职业教育仍是我国教育体系中的薄弱环节，其在发展中仍然面临一些瓶颈问题，如体系不完善、培养的人才不适应劳动力市场需求、行业企业参与不足等。这些问题很大程度上都是由职业教育的治理水平较低引起的。调研发现，我国职业教育治理体系目前存在如下关键问题：一是仍然以政府的行政管理为主，而且政府机构间对职业教育管理的权责分配不明确，存在严重的权责交叉、重叠和空

---

① HANS KRONNER. Governance of Technical and Vocational Education and Training：Findings from the UNESCO TVET Survey 2004 ［R］. Association for the Development of Education in Africa，November 2006.

白现象；二是职业教育的法律和政策体系不健全，缺乏行业企业等关键利益相关者协同治理的法律基础；三是缺乏对职业教育治理效果的监控和报告制度，不利于综合治理能力的提升；四是职业教育治理的相关制度和标准，如生均拨款制度、课程和专业更新制度等建设不完善。

二、职业教育治理体系和治理能力现代化的框架和目标

（一）现代职业教育治理体系的框架构建

为解决我国现有职业教育治理中存在的关键问题，根据治理理论的基本思路和国际职业教育治理的实践趋势，本研究认为，可以从如下四方面构建我国职业教育治理体系现代化的基本框架：职业教育治理体制现代化、职业教育治理政策法规现代化、职业教育治理制度和标准现代化、职业教育治理监控体系现代化。具体来说，职业教育治理体制（权责和组织机构）现代化用来解决"谁来治理"的问题，职业教育治理政策法规现代化及职业教育治理制度和标准现代化主要着眼于"如何治理"的问题，职业教育治理监控体系现代化主要着眼于"治理效果"地不断提升。四个方面共同构成我国职业教育治理体系的基本框架，如图2-4所示。

《国务院关于加快发展现代职业教育的决定》中也把"现代职业教育制度基本建立，政策法规更加健全，相关标准更加科学规范，监管机制更加完善"作为现代职业教育发展的重要目标。由此可见，这一框架与我国职业教育改革发展的总趋势也是一致的。

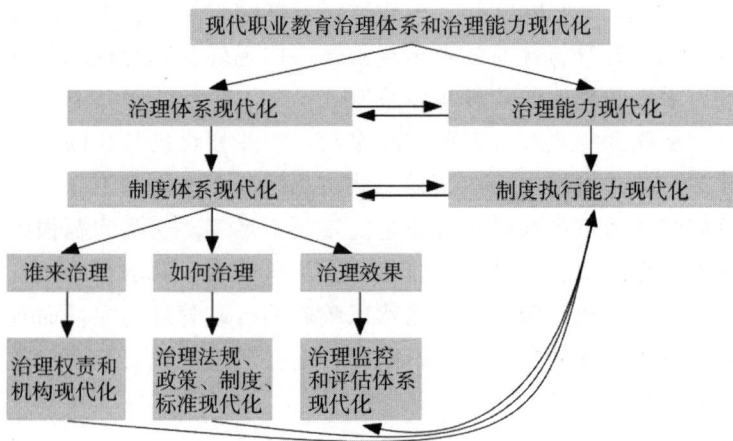

图2-4 现代职业教育治理体系的基本框架

(二) 现代职业教育治理体系和治理能力现代化的目标界定

在这一基本框架下，要着眼于从我国职业教育发展面临的关键问题入手，立足于职业教育自身发展规律和加快发展现代职业教育、建设现代职业教育体系的基本要求，在对已有的职业教育治理制度、法规和政策体系进行改革的基础上，以产教融合为主线，进一步建立并完善各级政府、行业、企业、学校和社会各方面共同参与职业教育治理的制度平台，构建更加规范、系统的保障现代职业教育发展的各种制度和标准体系，促进我国现代职业教育发展目标的实现。

具体来说，根据政策的相关规定，以及我国现代职业教育的发展要求，我国现代职业教育治理体系现代化的基本目标是：完善分级管理、地方为主、政府统筹、社会参与的管理体制，构建政府、院校、社会新型关系，推进管、办、评分离，转变政府职能，建立"系统完整、科学规范、运行有效"的现代职业教育治理体系，提高职业教育行政、职业院校治理能力，提高职业院校运行效率与效益，以期真正形成"政府宏观管理、学校自主办学、企业积极支持、社会广泛参与、职能边界清晰、多元主体共治"① 的格局。

三、职业教育治理体系和治理能力现代化的基本内容

(一) 职业教育治理体制现代化

职业教育治理体制是指关于职业教育治理的机构设置、权力划分、职责分配的制度。职业教育治理体制现代化的主要目标是建立政府、行业、企业、学校、社会等多元主体共同参与的治理结构，完善分级管理、地方为主、政府统筹、社会参与的管理体制。

1. 准确定位各层级政府在职业教育发展中的权责

政府机构是实现有效治理的基本载体，是产生高效决策管理制度的基础和前提。根据国际职业教育治理的经验，高效的职业教育治理产生于政府对职业教育管理机构体系的设计②。而从我国职业教育发展实际来看，

---

① 袁贵仁. 深化教育领域综合改革加快推进教育治理体系和治理能力现代化 [J]. 中国高等教育，2014 (3)：4—11.

② John Fielden. Global Trends in University Governance [R]. Washington，D. C. — U. S. A. World Bank，March，2008.

政府部门职责重叠、管理职能不清也是我国职业教育治理面临的关键问题。我国相关政策也提出，推进教育治理体系和治理能力现代化，要更好地调动中央和地方两个层面的积极性，激发学校办学活力，发挥行业企业和社会组织的作用。然而，由于职责不清，各方面发展职业教育的积极性调动和发挥不足，全社会发展职业教育的资源和力量未得到有效整合。因此，准确定位各级政府、职业院校和社会，特别是行业企业在职业教育改革和发展中的权责和职能，在中央政府与地方政府之间实现更均衡的责任分配、理顺并建立新型的协作式关系，是建立现代职业教育治理体系、提升各个主体治理能力的基础。基于此，一是形成职业教育国家决策机制，职业教育并非哪一个部门的责任或利益，其应该是整个国家的责任，应该有国家的决策。职业教育需要跨部门的合作，要在国家层面成立专门进行职业教育管理的机构。二是在国家层面协调机构改革的背景下，探讨以提高效率、管办评分离、消除部门分割为主要原则，在省域和地方政府改革职业教育管理的政府机构，实现多个政府部门对职业教育的统筹规划、协同治理，彻底改变目前各自为政的情况。

2. 有效发挥市场在职业教育发展中主体作用的机制设计

长期以来，政府一直是我国职业教育发展的主导力量，充当资源配置的主体角色，这是造成职业教育人才培养与市场需求脱节的一个重要原因。党的十八大提出，使市场在资源配置中起决定性作用，意味着企业作为真正的市场主体要根据市场的供求变化，自主选择投资和转型升级的路径，职业教育也必然要从过去依赖政府主导办学转向遵循市场的引导办学，从而实现可持续发展。而为有效发挥市场的主体作用，必然需要一定的机制设计，包括劳动力市场需求预测机制、职业教育对劳动力市场的反馈机制等。以通过构建这些市场机制，达到充分发挥市场在职业教育发展中主体作用的目标。

（二）职业教育治理政策法规现代化

十八届四中全会提出，"法律是治国之重器，良法是善治之前提"。因此，法规和政策体系的现代化是实现职业教育治理体系和能力现代化的重要环节。

1. 职业教育法规的更新和完善

法治是治国理政的基本方式。法治改革与法治建设具有全局性、关键性、战略性意义，是治理体系和治理能力现代化的重要基石。一个国家实现良好治理，关键是要逐步形成一套符合规律、有效管用的法律体系，并保证这些法律得到切实执行。只有通过法治改革、完善立法，才能使各个领域的改革规范化、有序化和制度化。党的十八大强调，依法治国是治理国家的基本方略，要注重发挥法制在国家治理和社会管理中的作用。同样，法治是现代教育治理的基本特征。职业教育法律体系不健全、实施不力、更新不及时也是我国职业教育治理面临的关键问题。为此，一要建立职业教育法的更新机制，推进职业教育法的修订工作，尽快形成与加快发展现代职业教育、建立现代职业教育体系相适应的新的职业教育基本法律文本。二要尽快出台促进校企合作办学及行业企业参与职业教育的专项法规，探讨制定有利于企业参与职业教育的信贷政策，建立合理的成本分担机制，完善院校服务企业的制度建设，完善企业办学的质量保障体系，建立政府与行业协会合作办学模式，等等。

2. 职业教育发展战略和政策体系的现代化

国家治理体系包括规范行政行为、市场行为和社会行为的一系列制度和程序。碎片化、短期行为，以及部门主义和地方主义，是我国现行治理体制和公共政策的弱点，不利于国家治理能力的提升。[①] 这一问题在职业教育的政策领域特别突出。为此，一是在基本法规的基础上，形成更加具体的促进职业教育法规实施的一系列政策体系，包括激励社会组织参与、引导和鼓励社会力量参与职业教育的政策等。二是探讨在国家层面，从整个国家经济社会发展的角度，形成促进职业教育发展的专门战略，这已经是发达国家职业教育治理的普遍做法和成功经验。三是规范职业教育市场秩序的政策体系。

(三) 职业教育治理制度和标准现代化

职业教育制度是在相关政策和法规基础上形成的更加具体的、确保职业教育有效运行的各种具体实施机制。作为一种准社会公共产品，职业教育需要完善的制度体系来保障其有效运行，这也是实现职业教育有效治理的关键。制度创新是职业教育治理体系和治理能力现代化的重要路径。发达国家职业教育治理的经验也表明，推进国家治理现代化，最重要的是加

---

① 虞崇胜. 制度建设是国家治理现代化的题中应用之义 [J]. 福建论坛：人文社会科学版，2014 (2)：5—12.

强制度和标准建设，全面实现国家治理的制度化、规范化、程序化[①]。职业教育制度建设涉及的因素众多，具体可从如下方面加强建设。

1. 保障职业教育宏观发展和体系完善的制度建设

保障职业教育宏观发展的制度建设涉及如下三方面内容：一是确保现代职业教育体系建设的制度，包括保障各层次职业教育及职业教育与普通教育衔接融通的资格框架制度和招生制度等；二是保障对职业教育稳定经费投入的制度，推动各省级政府制定职业院校生均经费标准，根据国际职业教育的发展经验，国家促进职业教育发展的最有效工具便是经费投入和激励；三是严格的就业准入制度和劳动力市场公平待遇制度，这是确保职业教育社会地位的重要基础。

2. 行业企业和利益相关者参与职业教育治理的制度建设

行业是连接教育与产业的桥梁和纽带，是发展现代职业教育的主体力量和基本依托。行业企业在职业教育治理中具有极为重要的地位和作用，推动行业企业参与职业教育治理是实现职业教育治理体系现代化的关键一环。行业企业通过什么样的途径和平台来参与职业教育治理，会影响到职业教育从决策到实施的整个过程，这是建立社会协同职业教育治理模式的关键，也是高效职业教育治理要解决的核心问题。[②] 目前，我国相关政策法规对行业企业参与职业教育提出了明确要求，但缺乏对行业企业参与职业教育的具体机构和制度安排。2010 年至 2012 年末，有关行业主管部门、行业协会以"合作、对接、共赢"为主线，开展了职业教育与行业的数十次对话活动，初步建立了教育与产业对话协作机制。如教育部主导的行业教学指导委员会等机构的设立就是这样的尝试，但这种合作仍比较初级。未来的重点是建立各级政府、行业、企业、学校和社会各方共同参与的制度创新平台，促进各个层面的产教融合，形成完善的协同参与的职业教育管理和运行制度体系。一是要形成具体的行业企业参与职业教育决策咨询及课程开发和实施的机制。二是行业企业参与职业教育治理的组织机构设计，探索有效调动行业企业作为主体积极主动融入职业教育的方式，鼓励企业充分利用现有职教资源，积极推进校企合作、产教融合，建立层次化、全员化教育培训体系。

① 李玉静，谷峪. 国际职业教育治理的理念与实践策略 [J]. 职业技术教育，2014 (31)：78-83.
② 董仁忠，傅建东. 推动行业企业参与高等职业教育治理 [J]. 职教论坛，2010 (32)：36-40.

3. 保障职业院校发挥办学自主权的现代职业院校制度建设

加强职业院校治理，是现代职业学校制度建设的根本要求，也是实现职业教育治理现代化的重要内容。现代职业院校制度建设要按照"权责明晰、政事分开、自主办学、科学管理"的原则，探讨在职业院校内部建立以校企合作办学为主要导向，以决策民主、执行有力、监督有效为主要特征的现代职业院校制度，以真正激发职业院校发展的内生动力。

4. 保障职业学校高质量教学实施的标准建设

标准具有普遍的约束力，能够从根本上减少管理中的随意性。近年来，我国相继制定实施了一系列教学标准，如专业更新标准、职业院校设置标准等。但目前一些领域仍然是空白，有些标准也已经不适应时代的发展要求。因此，亟须加快对一些标准的废止、修改，加强学校建设、经费投入、教师编制、教育质量、仪器设施、专业教学、人才培养方面的标准建设，加快形成富有特色的职业教育标准体系，具体包括职业学校课程和专业设置及其更新的标准建设、职业院校"双师型"教师队伍建设标准、现代化的职业院校设置标准等。

（四）职业教育治理监控体系现代化

确立一套科学、规范的治理评估体系，是正确而客观地认识国家治理状况的前提。只有凭借一系列标准，才能判断治理的绩效，发现治理的问题，比较治理的优劣，进一步提高治理能力。十八届三中全会颁布的《中共中央关于全面深化改革若干重大问题的决定》也提出，严格绩效管理，突出责任落实。《国家中长期教育改革和发展规划纲要（2010—2020年）》提出，要构建国家教育管理信息系统。推进政府教育管理信息化，积累基础资料，掌握总体状况，加强动态监测，提高管理效率。然而，由谁来制定职业教育治理的评价标准？又由谁来实行对国家治理状况的评估？职业教育治理评估与职业教育质量保障体系之间是什么关系？职业教育治理评估应在哪一层面实施？这是职业教育治理监控体系必须解决的问题。

1. 构建独立的第三方职业教育治理监控和评估机构

《国家中长期教育改革和发展规划纲要（2010—2020年）》提出，要积极发挥行业协会、专业学会、基金会等各类社会组织在教育公共治理中的作用。鼓励第三方对职业教育的人才培养质量和办学水平开展专业评价，是转变政府职业教育管理职能的重要内容，也是职业教育治理制度创新的一个方向①。因此，要探讨在国家层面组建专门的由专业人员、行业企业代表等组成的独立的职业教育治理绩效评估监测机构，由其负责建立职业教育治理绩效的采集、分析、监测、预警和报告系统，对全国及各地职业教育治理情况开展定量与定性相结合的综合研究、监测和评价，定期发布职业教育治理监测报告。

2. 多层面的职业教育治理监测指标体系开发

教育治理指标体系是对标志有关教育治理状况的一系列参数的科学界定，是治理体系的重要组成部分。在职业教育治理质量监控报告系统中，指标体系的构建和呈现是一个关键方面。多年来，我国一直用毕业生就业率作为评估职业教育质量的根本标准。根据这一标准，我国职业院校学生毕业率都在99％以上，就业率也达到80％以上（中等职业教育毕业生就业率一直在95％以上）。但是，我国职业教育培养的毕业生素质低下，基本文化水平差，实践能力不强，是很多用人单位及社会对职业教育的普遍看法，也是当前我国职业教育发展面临的招生难、社会认可度低等诸多问题的根源。从促进决策科学化、职业教育特点及对职业教育体系运行效率监测的角度出发，参照国际标准，一是在整个国家层面，在总体结构、基本要素及具体指标的选取方面构建一套独立、规范、操作性强的职业教育治理质量监测指标体系。二是针对职业教育与培训体系有效实施的四个互相作用的分系统——政策、行政管理、职业院校运行及学生个体学习结果，分别建立针对各个主体的相应治理评价标准，开展多层面治理绩效评估。

3. 职业教育治理绩效报告和问责制度建设

一是建立职业教育发展数据监测信息发布制度，定期公布职业教育治理监控结果信息，实现职业教育治理绩效评估结果的公开化，为各个职业教育治理主体和职业教育利益相关者提供最新、及时的监控结果信息，满足决策者和社会对职业教育的多样性要求。二是建立及时的治理绩效评估反馈和问责机制，对治理绩效评估不合格的，取消相关经费和优惠政策，以充分发挥治理评估对治理能力提升的促进作用。

---

① European Centre for the Development of Vocational Training. Trends in VET policy in Europe 2010—2012：Progress towards the Bruges communiqué ［R］. Luxembourg：Publications Office of the European Union，2012.

参考文献

[1] 俞可平. 推进国家治理体系和治理能力现代化 [J]. 前线，2014 (1).

[2] 习近平. 推进国家治理体系和治理能力现代化 [EB/OL]. [2014-02-27]. http：//politics. people. com. cn/n/2014/0217/c1024-24384975. html.

[3] 第三届国际职业技术教育与培训大会主要工作文件. 职业技术教育与培训的转型：培养工作和生活技能 [R]. 联合国教育、科学及文化组织，2012.

[4] 李玉静，谷峪. 国际职业教育治理的理念与实践策略 [J]. 职业技术教育，2014 (31).

[5] HANS KRÖNNER. Governance of Technical and Vocational Education and Training：Findings from the UNESCO TVET Survey 2004 [R]. Association for the Development of Education in Africa，November 2006.

[6] 袁贵仁. 深化教育领域综合改革　加快推进教育治理体系和治理能力现代化 [J]. 中国高等教育，2014 (3).

[7] JOHN FIELDEN. Global Trends in University Governance [R]. Washington，D. C. — U. S. A. World Bank，March，2008.

[8] 虞崇胜. 制度建设是国家治理现代化的题中应用之义 [J]. 福建论坛：人文社会科学版，2014 (2).

[9] 董仁忠，傅建东. 推动行业企业参与高等职业教育治理 [J]. 职教论坛，2010 (32).

[10] European Centre for the Development of Vocational Training. Trends in VET policy in Europe 2010—2012：Progress towards the Bruges communiqué [R]. Luxembourg：Publications Office of the European Union，2012.

［原文刊载于《职业技术教育》2015 年第 16 期（谷峪　李玉静）］

职业教育的文化建构与治理优化
——基于"同心"理念

一、职业教育"同心"文化的提出

"同心"思想，源于我国传统文化，用以指一定组织、团体，基于共同的心愿、意志，统一思想，统一行动，志同道合，齐心协力，推动某一事业发展，达成同一目标。《易经》有："二人同心，其利断金。同心之言，其臭如兰。"《孟子》说："欲贵者，人之同心也。"这一思想后不断吸收、融合政治学、管理学、社会学理论，在经济管理、统一战线等领域得以实践、彰显。构建职业教育"同心"文化，其目的在于促使利益相关者在价值取向和发展方向上形成共识，致力于共同目标，以谋求整体利益最大化为原则，调动各方积极力量，共同营造公正、公平、和谐、求同存异、协调共进、利益共赢的文化氛围和运行生态，以人为本，推动职业教育全面、协调、可持续的发展。构建"同心"文化需要明确的首要问题是，这里"心"意何指，"同"何"心"，如何"同"？本文认为，"心"在此意指价值观念、发展观念，"同心"即形成相对同一、稳定的价值取向和发展理念。坚持社会主义核心价值观和科学发展观，符合国家发展职业教育的实际需要，也应为职业教育利益相关群体所共同遵循。

二、职业教育"同心"文化建构的基础

价值取向同心、目标追求同向、行动实践同步，这三个层次上的内涵共同构成了职业教育"同心"文化的基础。

1. 价值取向同心

职业教育指向社会需要和个体生存，是人与职业之间、个体发展和社会发展之间的基本中介和桥梁。帮助个人追求实现有价值生活的自由，是职业教育的基本价值取向。公正、公平、全民、全纳，既是职业教育的教

育态度，也是实现人与社会和谐发展的根本价值理念。[①] 理解、认同并接纳上述价值内涵，是构建职业教育"同心"文化的基础。只有政府、院校、企业、社会、公民个人等，对职业教育的本质、内涵形成正确的认识，才能及时调整价值观念中与理性发展职业教育不相适应的部分，形成正确的职业教育价值观、发展观，在保留合理价值诉求的基础上，形成共同的利益取向。

2. 目标追求同向

受计划思维影响，以往职业教育发展以满足社会需求为前提，强调功利性目标，较少关注人本性和文化性目标。职业教育的根本目标，在于有效调节社会个体接受职业教育的机会需求与社会职业教育产品、服务需求之间的矛盾，努力实现二者的平衡与和谐。它强调以人为本，最终指向个体需求。两类需求矛盾主要表现在，社会对职业教育产品需求旺盛，而个体对职业教育机会需求较弱，两者难以实现同步。调节矛盾的根本思路在于，以旺盛的社会需求刺激低迷的个人需求。政府、企业、学校、社会及公民个人等利益相关者，应当充分认识这些目标、需求之间的内在联系，寻求社会需求与个人需求的共性内容，在充分发挥其功利性作用的同时，深入发掘其人本性、文化性内涵，在利益相关者之间形成推动发展的统一指向。

3. 行动实践同步

为使职业教育发展符合共同利益观念指导下的利益诉求，各利益相关者应充分发挥主体作用和主动性、积极性，维持稳定的职业教育制度与运行机制，保障科学民主的参与机制，相互协调、统一协力、步调一致地推进职业教育发展。

三、职业教育"同心"文化的构成要素

构建职业教育"同心"文化，需要在根本上兼顾"价值与利益""求同与存异""调控与协力""公平与效率""人本与发展"之间的关系，形成有益于职业教育发展和利益相关者整体利益最大化的文化氛围。

1. 价值共识与利益协调

职业教育良性、有序发展的一个重要前提是，利益主体之间形成一定

---

① 莫丽娟，王永崇. 终身·全民·全纳：论职业教育内部三大国际教育思潮的统合 [J]. 扬州大学学报（高教研究版），2010，14（1）：5-9.

价值共识，并以此为基础协调各方利益，寻求整体利益最大化。利益是人们社会活动的根本动因。发展职业教育的收益具有综合性和多元性的特点，对推动整个社会发展具有非常重要的意义。在不同群体发生利益冲突时，要实现利益均衡，必须由某一特定利益主体（通常是政府）出面干预协调利益矛盾。因而，分析这些利益相关者的利益冲突、行为策略选择，从而"通过制度的约束将不同利益主体汇聚成统一的利益共同体"[①]，是促进职业教育良性发展的必然选择，也是构建"同心"文化的必然要求。

2. 追求同心与包容多样

在这里，"同心"绝非简单地追求共性而排斥个性，甚至为求"同"而去"异"，它恰恰要求职业教育发展本身更具有包容性，求大同存小异，充分展示发展的丰富性、层次性与多样性。职业教育发展关系到国家、组织、个体等多个主体，也关系到不同层面的利益。构建同心文化的前提是，形成基于利益相关者整合利益的机制。核心是协调好职业教育发展中个体、群体及组织之间关系，建立和完善利益分配、利益平衡和利益协调机制。它体现为，国家通过制度安排将所有社会成员联结在一起，公平地保障每个社会成员特别是弱势群体的利益；院校、企业、社会组织及个体利益通过市场机制得以充分实现；这些组织及个体通过一定渠道和方式向国家、政府表达自身利益要求，以影响政策输出。[②] 追求同心、追求整合利益，并非在价值观念、发展观念上因强调同一性而忽视差异性、个体性，否则就又回到计划时代的价值观与发展观。

3. 二元调控与多方协力

发展职业教育必须厘清政府与市场职责。"同心"文化情境下，有效协调市场自主化运行与政府制度化管理之间的关系尤为重要。

发展职业教育对于促进经济增长与社会进步、提高国民素质，具有全局性、基础性和先导性的作用。政府应将其纳入共同承担、共同管理、共同监督的范围。政府承担主要责任，有利于消除职业教育发展中教育机会、教育过程和教育结果的不平等现象。通过有效的职能转换，政府由指令性计划配置者和直接生产经营者，转变为市场经济中职业教育发展的支持者、服务者和宏观调控者。承担主要成本支出，调整市场关系，提高市场运行效率，促进利益整合。[③] 在此过程中，政府应放弃在计划管理、社

---

① 亓俊国. 利益博弈：对我国职业教育政策执行的研究 [D]. 天津：天津大学，2010.
② 王春福. 构建和谐社会与完善利益表达机制 [J]. 中共中央党校学报，2006（3）：19—24.
③ 亓俊国. 利益博弈：对我国职业教育政策执行的研究 [D]. 天津：天津大学，2010.

会资源配置和决定招生规模等领域的权力，将办学自主权归还学校，使其真正成为市场竞争主体；逐步完善服务市场，创造良好的发展环境，保证学校间公平有序竞争；健全质量评价机制，不是单纯以教育规模和就业率，而是以职业教育服务、学生技能掌握程度、岗位对接性、就业质量及稳定性等因素，综合评价职业教育质量，实现职业教育与劳动力市场的有效沟通。

4. 公平为主与效率为先

"公平"是"同心"的前提，只有公平才能团结、调动利益相关者中的绝大多数；"效率"是"同心"的基础，没有效率或效益低下不会带来真正的整体利益，没有效率的支撑奢谈"同心"，是一种倒退，"同心"文化也将失去存在的价值。

《国家中长期教育改革和发展规划纲要（2010—2020 年）》提出，教育公平是社会公平的重要基础，把促进公平作为国家基本教育政策，保障公民依法享有受教育的权利，明确"教育公平的主要责任在政府，全社会要共同促进教育公平"。公平与效率既共生又矛盾，两者发生冲突时需要做出价值选择。计划经济时代，集体利益、国家利益至上，个人利益、局部利益得不到重视，社会价值取向首推公平而忽视效率，导致整个社会激励机制丧失；进入社会主义市场经济时代，个人利益、组织利益、局部利益的诉求日益凸显，成为推动发展的重要因素，"效率优先，兼顾公平"的价值取向取代了"公平为主，效益其次"的公平主义观念，"公平"成为具有象征意义的口号。而随着社会公平理念、科学发展观念的逐渐深入人心，"公平"与"效率"并重将逐渐成为主流观念。保障大多数人利益为前提，体现了一种公共利益，这与强调劳动投入与产出比率的"效率"之间会发生利益冲突。政府代表公共利益，是政策的制定者和执行主体，其职责在于如何权衡利益，并进行制度架构和行为。职业教育发展过程中，公平与效率冲突不可避免。妥善协调二者关系，对提升发展效率非常重要。对职业教育进行成本收益分析时，要将其纳入社会发展基础动力范畴，着眼于整体利益，突出其经济价值与社会价值。各利益相关者在促进职业教育发展的过程中都要尽可能使投入发挥最大效益，提升成本效率和效益，提升自身作为责任主体和利益相关者的存在价值。

5. 以人为本与科学发展

"同心"文化的价值核心在于"以人为本"。抛开人的价值、人的利益，就无法真正凝聚人心。通过科学发展职业教育，实现共同利益，推动利益相关者之间及与经济社会和谐共存，并实现自身发展，才能真正达到"同心"目的。作为培养人的社会活动，教育以促进人的发展为目的。在这里，"以人为本"体现为以受教育者为本、以受教育者成长和发展为本，它反对那种单纯以某种社会需要为本，甚至不惜牺牲人的个性成长和发展利益的发展观，强调满足人的发展需要同步乃至先于经济社会发展需要，这才是现代教育的旨归。[①]

四、职业教育治理模式优化：文化力量的凸显

十八届三中全会提出了"推进国家治理体系和治理能力现代化"的要求。营造"同心"文化的一个重要目的，在于创新与优化职业教育治理环境。有效治理需要借助相应的模式。

1."人治"：强调"畏权"，依赖行政权力

职业教育发展过程中，在对人的态度上曾走向两个极端：一方面受工业化思维影响，曾一度强调速度、物质、规模的增长，忽视了受教育者的个性化发展，尽管理论上也强调重视"人的发展"，但这里的"人"往往被抽象化，是作为概念的"人"、作为整体群类的"人"，而不是具体的、现实中的、作为鲜活个体的"人"。另一方面，受计划体制影响，又过分看重和强调"人"的力量，甚至因此忽视法规、制度、规则。表现为崇拜权威者的力量、服从"长官意志"，决策和执行中对"精英"力量的高度依赖。作为计划经济时代的特征之一，可以将其表述为"人治"模式，它突出了行政的力量，表现为对领导者的绝对服从，强调"精英""强者"治理的模式。

2."法治"：强调"循法"，体现制度约束

"法治"是与"人治"相对的概念，强调法律、制度在社会治理中的作用。社会转型期，不同利益相关者作为独立市场主体，开始认识到自己在职业教育发展中的地位、作用，形成了各自的价值判断和利益诉求，并因此导致矛盾、冲突的产生。在化解冲突与矛盾，使职业教育朝向有利于国家、社会、公民利益的发展过程中，"法治"的力量得以凸显。国家相继制定、完善各种法律、制度，通过这些社会普遍认同的统一规范来约束各利益主体行为，进一步凸显了法制的力量。

---

① 谷峪，姚树伟，王冰.公平视野下职业教育发展的环境建设与关系考量［J］.教育研究，2013（9）：78—83.

3.“心治”：强调“同心”，凸显文化的力量

“人治”与“法治”模式在经济社会各项事业发展中发挥过和正在发挥着积极作用。然而，仅依靠“人治”“法治”的力量，还不足以真正有效地调动各方力量，形成“同心、同向、同步”的发展合力。因此，本文认为，促成职业教育发展整合动力需要营造“心治”环境，即强调“同心”文化的力量，在统一的价值观、发展观的指导下，以整体利益最大化为激励，形成相关者集聚资源、发挥优势、相互协调、共同治理的发展模式。如果说“人治”解决的是因“畏权”而“不敢”不做事，“法治”解决的是因“循法”而“不能”不做事，那么“心治”解决的则是因“同心”而“不想”不做事的问题。从“不敢”“不能”到“不想”，解决的不仅是认识问题、能力问题，更是态度问题、责任问题。

参考文献

　[1] 莫丽娟，王永崇.终身·全民·全纳：论职业教育内部三大国际教育思潮的统合 [J].扬州大学学报（高教研究版），2010，14（1）.

　[2] 亓俊国.利益博弈：对我国职业教育政策执行的研究 [D].天津：天津大学，2010.

　[3] 王春福.构建和谐社会与完善利益表达机制 [J].中共中央党校学报，2006（3）.

　[4] 谷峪，姚树伟，王冰.公平视野下职业教育发展的环境建设与关系考量 [J].教育研究，2013（9）.

[原文刊载于《社会科学战线》2014 年第 4 期（姚树伟　谷峪）]

国际职业教育治理的理念与实践策略

在近年来经济危机及青年失业率居高不下的背景下，基于通过职业教育解决经济社会发展中面临的一系列问题的考虑，发展高效的治理体系成为国际职业教育改革发展的重要目标。2007 年，国际大学协会（International Association of Universities）专门召开了主题为"高等教育治理"的国际会议。2008 年，联合国教科文组织召开了"教育治理：透明性、实施性和有效性"的国际会议，并于 2009 年发布主题为"教育治理"的《2009 全民教育全球监测报告》。2011 年，OECD 教育研究与创新中心启动了"治理复杂教育体系"的研究项目；同一年欧盟发布《职业教育与培训的领导力》工作报告。国际社会的相关探索和实践为职业教育治理提出了很多创新性的理念和实践思路。

本研究试图通过对以联合国教科文组织、经济合作与发展组织及德国、瑞士、澳大利亚等重要国际组织和发达国家职业教育治理理念和实践的梳理，对我国职业教育治理体系的改革提出建议。

一、国际职业教育治理的基本理念

（一）教育治理的基本理念

治理（governance）一词，由世界银行于 1989 年率先使用，已经成为政治和管理领域中使用频率极高的概念。2008 年，联合国教科文组织（UNESCO）召开了主题为"教育治理：透明性、实施性和有效性"的国际会议。会议特别指出，教育治理主要是指各种公共或私人机构和组织统筹合作、各尽其能，从而实现对公共教育事务更好地进行控制和引导。与传统意义上的教育管理相比，教育治理的内涵更为广泛，其不仅包括政府维度的教育行政，更包括非政府机制，特别是各种相关的全球性和区域性教育组织的管理机制，以及它们之间的互补与合作。在此基础上，UNESCO 发布的《2009 全民教育全球监测报告》将"教育治理"作为世界全民教育发展新的关注点。报告提出，教育治理问题是全民教育发展的症结所在，相关问题主要体现在教育资助治理、学校管理治理、师资治理、教育治理规划等方面。优化教育治理与切合实际的教育政策有助于加强问责，扩大参与，促进教育公平。改善教育治理的路径是，加强教育政策性引导，重视教育投入的数量与公平；学校要保证并提高教育质量，妥善处理公私合作关系；加强教师治理，支持学校发展；在教育治理规划与发展战略间形成一体化措施。①

2011年，OECD教育研究与创新中心启动了"治理复杂的教育体系"的研究项目。项目指出，所有OECD国家的政府都面临管理日益复杂教育体系的挑战，因此需要发展一种有效的治理体系来应对这种复杂性，并为治理主体提供相关知识，使其做出科学决策。项目还指出，从概念的角度来说，治理是指在一种没有一个单独主体进行绝对统治的背景下，共同治理社会的过程。教育治理包括国家和机构层面的，对教育政策发展、实施和评估的结构、关系和过程，其由一个复杂的网络组成。这一网络包括法律框架、教育机构及其与整个体系的关系、分配给教育机构的经费以及这些经费怎样以一种有效的方式支出，还有控制和影响相关教育行为的一些不正式结构和关系。

对于OECD国家来说，怎样在日益复杂性的背景下，实现教育体系的国家目标，是教育治理的关键因素。对此，这一项目主要关注如下两个关键环节：治理机制和知识选择。其研究重点集中在如下两个问题上：一是什么样的治理模式对于复杂教育体系是有效的？二是什么样的知识体系对于实现复杂教育体系的有效治理是必要的？

在此基础上，OECD提出了治理的三个关键因素：确定优先领域、制定政策发展领域、落实责任。这三个要素都是由非线性模式联系在一起的独立现象。这一研究项目主要关注如下三个问题：中央水平的政治决策者怎样在国家、地区和地方层面设计、组织及实施对教育体系的管理？多个层面的利益相关者怎样在多层面背景下组织、促进教育政策的实施？中央和地区及地方层面的利益相关者怎样在对教育体系的管理中进行互相交流？②

---

①　EFA Global Monitoring Report 2008 [R]. Paris：UNESCO，2007：21.

②　Governing Complex Education System：Framework for Case Studies [Z]. OECD，2011.

（二）职业教育治理的基本理念

瑞士教育、研究与创新部指出，职业教育与培训的治理是指将政策、机构和人聚到一起，在多个主体间促进协商过程的一种战略管理体系。换句话说，每个职业教育与培训体系的政治治理都是社会和经济力量共同作用的结果。政策制定者、公民社会和私立部门都对不断变化的培训条件实施稳定的影响。职业教育治理体系面临的最大挑战是尽早发现各个主体间利益的不平衡，并使职业教育体系适应不断变化的背景。①

非洲教育发展协会（ADEA）认为，职业教育治理需要解决如下三方面问题：政府机构怎样共同承担对于职业教育的责任；为促进职业教育与培训的协调发展及职业教育机构与外部利益相关者间的交流与合作，政府机构设立了哪些国家交流、合作与协调机构；是否形成了对整个国家职业教育总体供给情况的衡量指标体系。② 更明确地说，职业教育治理体系的关键要素包括职业教育职责的分配、交流、合作与协调框架，以及职业教育与培训体系的一致性和衔接性。

2012 年 5 月，联合国教科文组织在中国上海召开了第三届国际职业教育大会，大会工作报告《职业技术教育与培训的转型：培养工作和生活技能》提出，善治是对职业技术教育与培训系统进行成功改革的一个明确先决条件。职业教育善治的关键是如何改进协调，让广大利益相关者参与职业技术教育与培训，并且根据充足的信息确定优先事项和确保问责。

总体来看，从概念的角度来说"治理"是指市场在资源配置中起决定作用条件下，多元利益主体围绕共同目标协调互动的过程。区别于传统自上而下、一元单向的政府"管理"理念，治理的要点在于多元主体合作共治，各主体通过平等协商达成一致目标及行动方案。因此，在治理理论视野中，不仅要求中央政府，而且要求地方政府、各级教育行政官员、职业教育专家、行业企业、学生家长及社会各界都参与到职业教育决策之中。

---

① Federal Department for Economic Affairs，Education and Research EAER，State Secretariat for Education，Research and Innovation SERI Project Promotion and Development. Call for Tenders for Leading House "VET Governance" ［Z］. Bern，2013 （9）：16.

② ADEA. Governance of Technical and Vocational Education and Training ［Z］. Background Document Prepared for the 4th SADC Annual TVET Conference Swakopmund，Namibia 7 to 10 November，2006.

二、国际职业教育治理的模式与实践策略

(一) 国际职业教育治理的主要模式

根据目前相关学者的研究，西方公共教育治理经历了"规制型""市场型""服务型"三种治理范式的演变，每种范式在治理理念、治理结构、治理工具、治理能力方面都有所不同。"规制型"治理范式遵循国家逻辑，强调教育公平，主张政府全程控制教育发展过程。"市场型"强调市场是公共教育发展的主导力量，只有通过市场竞争和激励，才能提高教育绩效，并提供多样化的教育服务。"服务型"治理范式强调通过政府、市场与公民社会三者之间的有效互动，逐步建立一种新型的公共教育市场，严格界定政府在公共教育领域的干预范围，通过政府解制以推动非营利组织提供公共教育服务。①

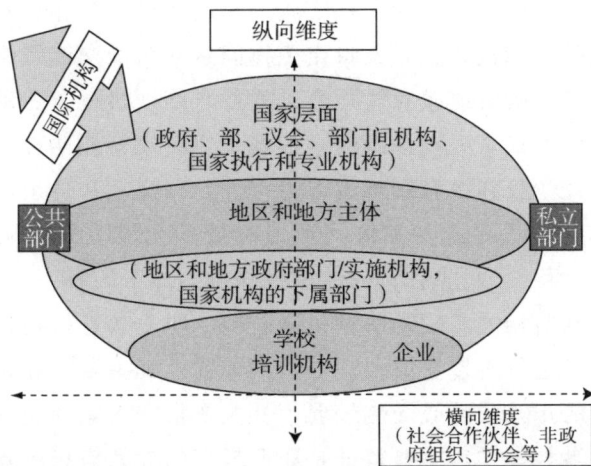

图 2 - 5　欧洲培训基金会提出的职业教育多层治理模式

欧洲培训基金会通过对国际社会职业教育治理实践的研究表明，基于利益相关者间有效、包容、横向和纵向交流的多层治理模式，非常有利于增强职业教育与培训政策和体系的效率、效力、一致性、透明性和落实性。让一些国家层面之下的实体或地区参与职业教育与培训的管理，以及确定市场对人力资本的需求，更加有利于促进地区层次的经济增长，并实现地区劳动力供给与市场需求的匹配。这一模式的具体机制如图 2 - 5 所示。

①　吴景松. 西方公共教育治理范式变革及其启示 [J]. 中国教育学刊，2010 (11)：10—13.

模式1：自由模式

政府/管理	
⇅	
教育与培训 ⇄ 劳动力市场	

模式2：计划模式

政府/管理	
↕ ⇗	
教育与培训	劳动力市场

模式3：参与模式

政府/管理 ⇄	社会合作伙伴
↕ ⇘	⇅
教育与培训	劳动力市场

模式4：协调模式

政府/管理 ↔	社会合作伙伴
↕	↕
教育与培训 ↔	劳动力市场

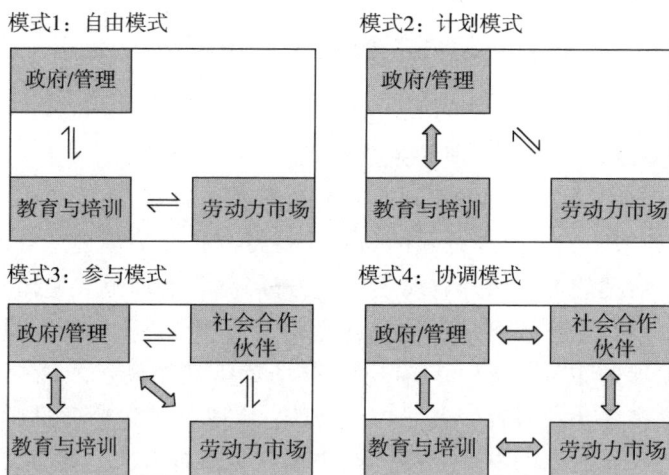

图 2-6 职业教育与培训的四种治理模式

英国行业协会的研究认为，从实施的角度来说，职业教育治理机制的建立是在职业教育利益相关者及特定主体间建立明确交流及合作机制的过程。这些主体包括政府或教育管理者、教育与培训机构、劳动力市场和社会合作伙伴（雇主或工人利益组织，如雇主组织或行业协会）等。这些主体的一方是职业学校和教育管理者，另一方是以雇主和员工组织为代表的社会伙伴，其关键是在这些主体间形成有效的交流方式。从这一角度而言，如图 2-6 所示，职业教育的治理模式分为如下四种：一是自由模式，其主要特征是利益相关者间的协调机制较弱，职业教育机构和劳动力市场间通过市场信号进行直接反馈；二是计划模式，其主要特征是职业教育与劳动力市场间的正式联系或交流较弱，并主要根据国家的相关政策规定进行交流；三是参与模式，主要特征是职业教育的各利益相关者或社会合作伙伴间已经形成特定的交流与作用机制；四是协调模式，主要特征是社会合作伙伴是职业教育更新过程的重要驱动者，并全面参与职业教育的实施。从实践的角度来说，研究指出，奥地利、丹麦、德国、荷兰等北欧国家实施的以"集体技能形成体系"（collective skill formation systems）为特征的协调性治理模式（coordinated model）是最有效的职业教育治理模式，这一模式注重社会合作伙伴对职业教育实施的参与，积极加强相关治理主体间的交流对话。其主要具有如下特征：①有效、透明的交流过程；②利益相关者（社会合作伙伴：包括政府，以雇主协会、行业协会为代表的社会合作伙伴，职业学校，企业等）间广泛参与、包容性与合作机制；

③研究本位的决策过程；④开放性、反应性、适应性和灵活性；⑤能够根据劳动力市场需求的变化，不断更新、调整职业教育的供给模式、课程和资格等，实现职业学校与劳动力市场需求间的有效匹配。

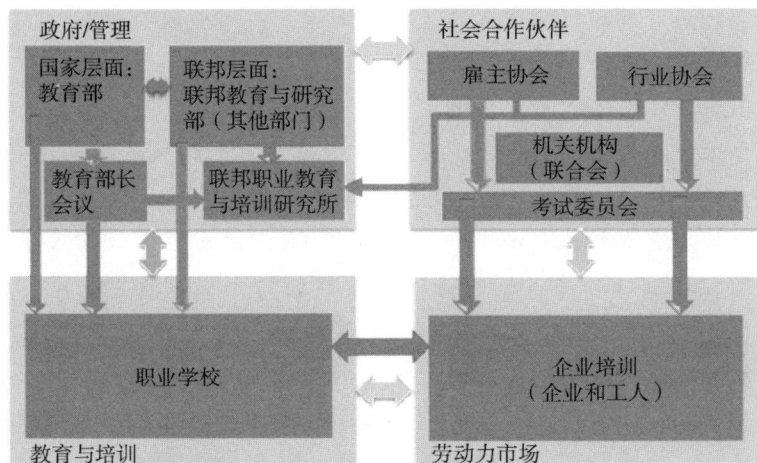

图 2 - 7　德国双元制职业教育的协调性治理模式

德国波恩大学 Werner Eichhorst 等对世界范围内职业教育治理体系进行系统的比较研究后也提出，以德国为代表的双元制职业教育治理模式运行效率是最高的，具体如图 2 - 7 显示。其主要特征包括六个方面：一是课程和教学内容的社会适切性。所有的利益相关者，包括政府、雇主、社会合作伙伴和教育机构都参与到课程开发中。二是与劳动力市场建立并维持密切的合作伙伴关系，建立了雇主对职业教育体系的持续反馈机制。三是职业教育机构获得了充足的资金支持，具有必备的教学设备设施及受过良好培训的教师。四是在培训机构间创立了有效的竞争机制，激励职业教育机构的有效运行。五是建立了完善、严格的资格认证和质量保障机制，能够维持高水平的教育教学质量。六是职业教育体系是一个开放、逐级晋升的教育路径，在职业教育机构中获得的能力和资格与在学术教育路径中获得的资格具有可比性，学生可以在两个体系间实现有效转换①。上述因素也是高效职业教育治理体系的基本特征。

---

① WERNER EICHHORST, NURIARODRIGUEZ-PLANAS, RICARDA SCHMIDL, et al.Zimmermann. A Roadmap to Vocational Education and Training Systems Around the World [Z]. December 2012.

（三）国际职业教育治理的实践策略

2008 年，联合国教科文组织召开了主题为"教育治理：透明性、实施性和有效性"的国际会议。在会议最后形成的建议中，为各国改善教育治理、实现更好的教育结果提出了十方面建议：①把政府权威部门的教育管理责任下放到地方和个体机构水平上；②在利益相关者间建立有效的政策协商机制；③形成教育发展的综合性法律体系；④为提高教育质量、促进教育公平配备充足的资源；⑤发展不受政党政治约束的教育治理体系；⑥把学校作为行动的核心；⑦促进专业治理能力的发展；⑧支持教育专业发展及其收入的提高；⑨增强所有层次利益相关者的声音；⑩加强伙伴关系的构建。2008 年，澳大利亚技能署发布题为《国家职业教育与培训体系的未来治理》的报告。报告提出，为确保对技能挑战做出有效回应，在发展有效的职业教育治理体系过程中，需要着重考虑六点：一是形成明确的国家目标和政策领导力，澳大利亚的职业教育与培训在一个全球竞争的环境下运行，为应对这一挑战，需要加强一种集体性的国家目标发展，形成国家标准、劳动力规划、与行业新的合作关系，以及各地区之间的协调发展路径；二是确定或分析技能需求，形成经费拨款框架；三是有效管理和分配公共经费；四是运用系统的信息进行体系改革和发展；五是建立高质量的国家数据基础，促进相关决策；六是加强优异性、一致性和无缝的规范管理。行业和消费者参与对于国家培训体系的主流化、一致性和优异性是非常关键的，要通过这一点提高对于职业教育与培训服务的机会、信心和适切性[①]。

根据相关国际学者的研究，美国职业教育治理的基本架构为：地方教育机构负有治理公共职业教育与培训的主要责任。但地方教育机构要在州立法和规定的框架下运行，而州的相关立法又受到联邦立法的严重制约。联邦政府向州提供支持职业教育与培训发展的资金。为获得这些资金，州必须向联邦政府提交相关计划，明确为实现联邦法律的目标，怎样运用这些经费。然后，州再要求地方机构提交运用这些经费的计划。此外，政府资助之外的技能培训主要由联邦劳工部下设的学徒制办公室等部门实施。

欧盟用高质量、有效、吸引力和适切性来描述职业教育与培训的良好发展状态。欧洲培训基金会提出，治理与职业教育和培训政策的总体运行

---

① SKILLS AUSTRALIA. Future Governance of the National Vocational Education and Training System [Z]. 17 September 2008.

绩效高度相关，治理影响相关政策的制定和实施。2011 年，欧盟发布的工作报告《职业教育与培训的领导力》提出，欧盟职业教育与培训的治理呈现如下趋势：职业教育与培训机构通过一系列广泛的活动及责任分配合并成更大规模的机构；中央政府的管理职能下放到地区或地方政府、学校委员会或其他利益相关者；努力增强职业教育与培训机构的自主性；从关注输入因素（注册和参与、项目的学制和性质）转向日益关注质量保障、学习结果或成果[①]。

英国行业及技能协会的研究认为，国际职业教育治理的普遍策略有：一是通过建立行业组织，在雇主、地方政府及教育机构间加强合作伙伴关系，在地区水平上为企业及雇主提供一个参与职业教育的平台，帮助发展相关的培训策略，以有效应对地区产业需求；二是建立对职业及相关技能进行认证的明确指标，并使这些指标获得广泛认可，从而吸引更多的学习者参与职业教育；三是政府提供对劳动力培训的经费激励，加强对与重点产业相对应的职业教育领域的投资，鼓励职业教育机构和大学在重要行业采取集群行动，促进相关行业的创新和就业；四是加强对学生的生涯支持和指导，并使雇主积极参与，帮助学习者实现特定的就业目标；五是政府制定积极的产业发展战略，把教育及人力资本作为产业发展战略的一部分，特别重视对中等后职业教育机构的投资。

2012 年，UNESCO 通过对世界各国若干旨在改善管理的政策办法进行梳理认为，如下策略是各国职业教育治理的普遍策略：将职业技术教育与培训纳入一项战略；使利益相关方结成积极的伙伴关系；决定是否下放权力，以及如何下放；审查并改革资历认证制度；开发质量保障程序；为制定政策改善证据基础；将政策框架与实施战略挂钩，以实现改革。

总体来看，密切联系企业和地区经济体，与地区经济体建立各种形式的合作关系，劳动力组织积极参与职业教育的设计及实施，这些措施是实现高效职业教育治理的关键。

三、结论与启示

总体来看，虽然各国在对职业教育治理概念的理解和具体实践策略上有所差异，但建立社会合作伙伴多元参与的协调性治理体系是国际职业教

---

① European Centre for the Development of Vocational Training. Exploring leadership in Vocational Education and Training［Z］. Luxembourg：Publications Office of the European Union，2011.

育改革发展的基本趋势。如欧洲培训基金会认为，"职业教育治理"是基于各个层次的利益相关者参与的、设定目标体系、实施并进行监控的职业教育决策管理的一种模型。职业教育治理的目的在于加强利益相关者之间的相互作用，改进政策的问责制、透明度、一致性、效率和有效性。OECD提出，职业教育治理体系建立的关键是职业教育的利益相关者及特定主体建立明确交流及合作机制的过程，其主要特征包括：高质量的教学及培训水平，积极的产业政策，灵活的培训和生涯路径，政府对职业教育的积极投资。根据国际社会的相关经验，这一高效治理机制建立的关键有如下两个方面：

首先，在政府层面形成明确的法律规定，对职业教育决策或咨询中相关利益主体的作用给予明确界定，在此基础上，加强职业教育机构间及其与工作组织、行业企业的交流对话，形成关于未来技能需求的有效、透明、灵活、开放的交流传递机制。

其次，从职业教育自身的特征来看，作为与劳动力市场关系最为密切的一种教育类型，行业企业参与是职业教育治理的重要特征，职业教育需要政府、行业、企业、学校四方联动。行业企业通过什么样的途径和平台来参与职业教育治理，在实质上影响着职业教育从决策到实施的整个过程。因此，准确定位各级政府、高职院校和社会，特别是行业企业在职业教育改革发展中的权责和职能，理顺它们之间的关系，是国际高效职业教育治理体系的共同特征。

根据国际社会高效职业教育治理的标准，我国职业教育治理体系主要存在如下两方面问题：一是仍然以政府的行政管理为主，职业教育的法律保障体系，特别是行业企业等社会合作伙伴参与职业教育治理的机构和制度不健全，没有形成社会共同治理的基础；二是职业教育发展的相关基本制度建设不完善，如招生制度、资格框架制度、经费拨款制度、劳动力市场需求预测和反馈制度等，不利于职业教育综合治理能力的提高。

基于我国职业教育治理体系发展面临的问题，借鉴国际社会的经验，现代职业教育治理是一个系统的战略发展和制度设计方面的问题，必须有一整套完善的国家政策、制度加以支撑。因此，未来急需设计和建立一整套以法律法规为基础的，具有强制性、规范性、操作性，保障职业教育科学发展和实施的一系列相应的政策法规和制度安排，促进以行业企业为主导的社会合作伙伴积极参与职业教育治理，以实现社会多元主体共同治理职业教育的格局。

参考文献

［1］EFA Global Monitoring Report 2008［R］. Paris：UNESCO，2007.

［2］Governing Complex Education System：Framework for Case Studies［Z］. OECD，2011.

［3］Federal Department for Economic Affairs，Education and Research EAER，State Secretariat for Education，Research and Innovation SERI Project Promotion and Development. Call for Tenders for Leading House "VET Governance"［Z］. Bern，16. 9. 2013.

［4］ADEA. Governance of Technical and Vocational Education and Training［Z］. Background Document Prepared for the 4th SADC Annual TVET Conference Swakopmund，Namibia 7 to 10 November，2006.

［5］吴景松. 西方公共教育治理范式变革及其启示［J］. 中国教育学刊，2010（11）.

［6］WERNER EICHHORST，NURIA RODRIGUEZ-PLANAS，RICARDA SCHMIDL，et al. Zimmermann. A Roadmap to Vocational Education and Training Systems Around the World［Z］. December 2012.

［7］SKILLS AUSTRALIA. Future Governance of the National Vocational Education and Training System［Z］. 17 September 2008.

［8］European Centre for the Development of Vocational Training. Exploring leadership in Vocational Education and Training［Z］. Luxembourg：Publications Office of the European Union，2011.

［原文刊载于《职业技术教育》2014 年第 31 期（李玉静 谷峪）］

多层级治理框架下的职业教育领导力建设
——以 ETF 伙伴国为例的分析

职业教育多层级治理框架是欧洲培训基金会[①]（European Training Foundation，以下简称 ETF）基于欧盟的多层级治理理论及其模式，并参考欧盟高效的职业教育与培训体系的主要特征而建立的一个与职业教育善治原则相联系的指导性工具。ETF 伙伴国职业教育多层级治理框架下的改革与实践，对职业教育领导力的内容和范围产生了影响。建设适应职业教育多层级治理需要的新的领导力，成为实现职业教育善治、提升职业教育政策的整体性和有效性的关键因素。

一、职业教育领导力建设是一个需要多层级治理的复杂问题

职业教育领导力主要涉及领导者和组织机构两个层面，是一种权力和非权力的影响力，对教育机构实施变革至关重要。它是各种构成要素和可能性的合力，面临着社会经济发展条件的不确定性，以及一个复杂的政策领域，职业教育领导力建设成为一个需要多层级治理的复杂问题。

（一）职业教育领导力是各种构成要素和可能性的合力

领导力概念与领导的过程、行为、能力、知识和情境等密切相关。关于职业教育领导力的能力组成，科茨等学者认为，有效的职业教育领导力由情感性的、社会性的和认知性的要素构成。[②] 卡伦等研究者在绘制职业

---

① 欧洲培训基金会（European Training Foundation，ETF）是欧盟的一个分支机构，总部设在意大利都灵。该机构以一系列项目为依托在伙伴国家开展研究和实践活动，旨在推进教育培训和劳动力市场制度的改革，完善职业教育与培训体系和就业体系，协助转型国家和发展中国家充分挖掘其人力资本潜力。近年来，机构关注职业教育治理体系的研究，探索建立更具参与性的职业教育治理模型，以推进现代职业教育体系的发展。机构的服务对象包括欧洲委员会、ETF 伙伴国和欧盟成员国。

② 科茨等研究者将领导力的核心能力划分为四类：一是个体的能力，包括承诺力、决断力、响应力和自我意识力；二是人际交往的能力，包括同理心和影响力；三是认知能力，包括诊断力、适应力和响应力；四是特定角色的能力和通用能力，包括教育管理、自我组织能力和改变管理能力。

教育领导力的能力框架中列出了九项核心能力。[①] 美国社区学院协会将领导力的技能和培训确定为六项核心能力。[②] 斯曼则从不同的视角将领导力分为四个群集。[③] 职业教育领导力是基于一定的环境形成的，与国家的特有文化、政治、经济和社会面临的挑战相关。不同国家的职业教育治理状况对领导者的知识、能力和技能提出了不同的要求，职业教育治理体系的改革和变化不仅影响领导力的内容和范围，也影响所在社区、机构和下属对职业教育领导者的角色期望。

（二）职业教育领导力面临社会经济发展条件的不确定性

世界范围内社会经济发展和变革对劳动力市场产生了影响，部门重组、产业变化加速了劳动力需求萎缩，并且在特定领域出现技能短缺等现象。在 ETF 伙伴国中，很多国家正进行经济转型、产业结构调整和民主化进程，改革面临的压力更为巨大。职业教育与培训作为经济社会变革的催化剂，具有与劳动力市场紧密联系的特点，又承载着人们对提高生活品质的期望，从而使职业教育机构、网络、目标群体和供给产品呈现高度复杂性。这种复杂性意味着变革以及不确定性，应对的方式是要求职业教育领导者和组织机构加强学习、提升相应的能力并采取积极的行动，满足不同利益相关者的多重目标，建立更具兼容性的、责任共担的职业教育治理安排，形成良好的职业教育治理模式以确保有效的参与。缓解市场竞争和政府规制间的张力，响应政府逐渐增加的要求，适应行业的波动变化以及满足社区和个体的多样化需求。

（三）职业教育领导力面对一个复杂的政策领域

职业教育涉及一个互相牵连的、复杂的政策领域，包括教育政策、培训政策、社会政策、经济政策和劳动力市场政策等。这就对职业教育领导者提出了要求，领导者需要在不同的政策领域之间建立联系，以确保职业

---

① 卡伦等研究者列出了九项核心能力，包括提出远景规划和明确方向、聚焦战略、获取成果、开发和管理资源、领导力变革、人际交往技能、个人发展、业务技能和企业家技能、人的开发与赋权。

② 美国社区学院协会确定了六项核心能力，即组织战略、资源管理、交流、合作、动员和专业化。

③ 斯曼将领导力分为四个群集：一是以领导者为中心的个性化领导力；二是追随者视角的领导力；三是多样化的领导力，包括正式和非正式领导力；四是追随力。

教育政策的一致性和整体性。在多层级治理实践中，无论是国家与地方政府责任共担的决策模式，还是社会伙伴共同决策的模式，均涉及多层级部门或不同政府部门之间的复杂决策过程，要求领导者在适应性与一致性、包容性之间进行权衡与取舍。在政策实施过程中，日益自治的地方政府体系也增加了政策执行的复杂性。治理的制度化过程、形成的系统和结构既是领导者的决策，也是选择的结果。同时，复杂的资源分配流程和产生反馈的过程可能增加对体系的问责。

二、职业教育领导力建设的多层级治理理念和模式

职业教育领导力建设是 ETF 伙伴国实施职业教育多层级治理的必要环节。多层级治理不仅是实现职业教育善治的指导性工具，也为职业教育领导力建设指明了方向。要加强各层级的领导力建设，促进现代职业教育体系发展，提升职业教育的形象和吸引力。

（一）职业教育多层级治理的概念框架选择

关于治理，传统的观点认为国家是主要的参与者，如世界银行最初将治理定义为国家行使权力的传统和制度。治理的现代定义已被拓宽，它不局限于政府层面以及国家的权力，而是涉及更广泛的因素，包括可能参与或被影响的多方相关者。主要代表性观点认为，治理强调的是机构、流程、传统和文化之间的互动，它决定权力如何行使、决策如何做出以及包括公民在内的利益相关者如何拥有话语权。从根本上说，治理主要涉及权力、关系和问责制。多层级治理，主要是指治理结构中权力配置、角色关系、规则运作和政策结果具有多层性。表现为权威来源多元化，权力运作主体多中心化、非等级化。治理主要通过合作、协商以及确立共同目标等方式实施。其中，职能下属化是多层级治理的重要概念，即公共事务应最大限度地由较低级别的政府管理，从而使管理和决策直指最有效的层级。多层级治理同时要体现善治原则。欧洲委员会认为，善治是指能够有效掌控公共资源并解决存在的问题，提供相应的价值并响应社会和经济的关键需求。实现善治的原则包括公开性、公众参与、问责制、有效性和一致性。多层级治理理念体现的是权力分配的过程和不同层面参与者之间的协商和互动，具有权威来源的多样性、多层次性的特征。多层级治理作为一

种全方位的制度合作和制度创新，为职业教育领导力建设提供了具有参考价值的行动坐标。

（二）职业教育多层级治理的协调机制

欧洲地区委员会认为，多层级治理的具体目标是形成协调的行动，在不同层级的政府之间形成协同增效效应，并确保公共部门和私立部门利益相关者的参与。多层级治理展现的是一种政治上的"行动蓝图"，而不仅仅是职权划分的透镜。因而，ETF 认为，有效的政策制定和实施是以紧密而积极的合作关系为基础的，并需要系统协调机制的支持。在 ETF 职业教育多层级治理模式中，纵向协调是指不同层级的政府部门之间进行沟通与联系的体系，横向协调是指公共、私立部门的参与者在同一层面（国家级、区域级、地方级或其他机构）的合作。有效的多层级治理是基于利益相关者之间纵向和横向包容性的交互作用，并以增强连贯性、透明度、问责制和职业教育与培训政策和体系的绩效为特征。ETF 认为，通过恰当地运用所设计的机制和工具，多层级治理就能够促进和改善职业教育政策的实施。

（三）职业教育多层级治理的原则设定

ETF 设计了一套职业教育多层级治理的原则和指标，包括相关性、有效性、辅助性和比例性、透明度、参与性以及问责制原则，在这六大原则中一共包含 25 个对应的指标。其中，相关性原则是指职业教育多层级治理对经济、社会和学习者需求的响应能力；有效性原则是指职业教育要制定明确的发展目标，并及时地提供政策、确保质量，善于从经验中学习并获得预期结果；辅助性原则和比例原则是指在最合适的层级或最低层级决策，使职业教育与培训政策获得最优化的实施；透明度原则是指整个职业教育政策周期的开放性和信息共享；问责制原则是指利益相关者的角色、职能和责任均有明确规定，职业教育实践遵循相应标准；参与性原则是指采取包容性的方法，主要的参与者和合作伙伴在横向层面和纵向层面参与整个政策链中。这些原则及相应的指标是各伙伴国评估和了解本国职业教育治理情况的工具，也为多层级治理下的职业教育领导力建设提供了良好的参考框架。

（四）职业教育多层级治理方法论分析

ETF 伙伴国职业教育多层级治理在《都灵进程》的推动下展开。依据 ETF 制定的《都灵进程》文件，职业教育多层级治理和政策实践主要考虑四个因素。第一，分析利益相关者在职业教育与培训体系中不同层面的参与情况。研究主要囊括三个层级的治理，即国家层面（如不同部委、雇主协会、工商联会、工会、国家教育机构等）、地方层面（如地方经济委员会、地方教育部门、地方利益机构代表等）和提供机构层面（如学校委员会、家长委员会、公共和私立职业教育与培训机构、机构职员等）。同时引入行业的方法，通过强调行业的参与促使企业和社会合作伙伴传达各自的信息，使决策过程能够考虑劳动力市场这一层面。第二，分析职业教育政策周期的各个阶段（确立议程、政策制定、政策执行和政策评估），不同治理层级的实体和组织之间的合作与实践模式。第三，明确职业教育中长期规划、实施以及进程监控中的职责分配，诸如由谁负责、负责哪方面、谁问责、向谁咨询、告知谁等。第四，确立多层级治理分析的涵盖范围，包括初始和继续的职业教育与培训，公共、私立和非营利机构职业教育治理流程，正规和非正规学习、正规资格框架和体系的治理，与非正式经济部门相关的职业教育与培训治理，以及不同层级治理中不同实体和组织之间的资金分配。

（五）职业教育多层级治理框架特点

ETF 职业教育多层级治理框架主要强调在整个政策过程中，不同层次和水平的利益相关者应共同参与和相互影响。框架更为注重国家层面的不同政府部门和机构之间的协同，在纵向层面和横向层面形成有效的协调机制，同时明确和加强中间层级（区域、地方等）的治理角色。框架强调学校、培训机构、高等教育机构或工作场所的角色和责任，并不断加强社会伙伴和民间组织的作用。在多层级治理中，ETF 将利益相关者的参与视为提升职业教育与培训绩效的重要手段。因此，ETF 提出要加强所有参与者在职业教育政策实施、监控和监督方面的能力。虽然不同伙伴国家职业教育各层级参与者发挥作用的方式、程度和主次不同，但职业教育的决策过程均要体现多方利益相关者及多元主体的参与、合作、协调和互动。参与者参与多层级治理过程的横向和纵向关系参见图2-8。

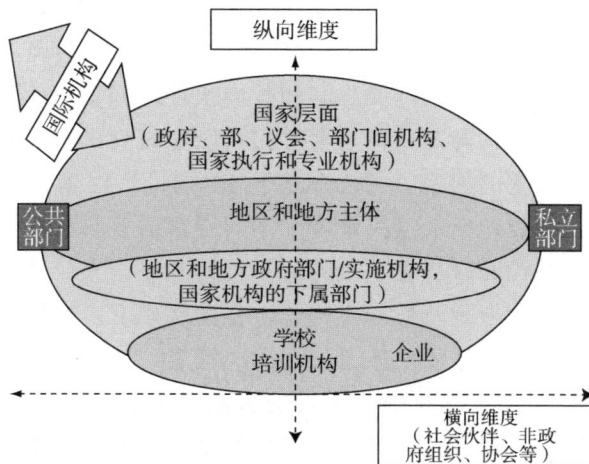

图2-8 职业教育多层级治理中的参与者关系图

三、多层级治理框架下国家层面的职业教育领导力建设

国家层面领导力的形成与提升，有助于促使职业教育与国家发展战略相一致，促使职业教育领导者采用整体的方法考量各项领域改革的相互依存性，将职业教育与就业、社会发展和更广泛的经济战略相联系。

（一）职业教育领导者的关键能力是治理多层级网络的能力

有效的国家层面领导力是职业教育治理体系以及成功实施改革计划的必要组成。ETF认为，在职业教育改革与发展过程中，治理体系或治理模式有时并非问题的关键所在，更重要的是伙伴关系中各个参与者的协调、沟通和交流，以及对各自角色、职责和责任的理解和落实。因此，职业教育领导者需要了解多层级治理的各个环节和要素，通过协调参与机制如社会对话等，在利益相关者之间展开深层次的协同行动。采取包容的方法，使主要参与者和合作伙伴在横向层面和纵向层面参与政策链条的各个环节中。在政策周期的所有阶段为利益相关者的参与提供具有针对性、多样化的咨询，激发社会伙伴参与解决职业教育问题的主动性，聚焦于为提升职业教育吸引力提供条件。

（二）明确利益相关者的组成、角色及领导力建设的目标群体

ETF伙伴国中，以政府主导的职业教育治理体系一度被认为僵硬且

调整缓慢。一些伙伴国职业教育各层级参与者之间存在较大的能力差距，如社会伙伴和非政府组织的介入是非正式的，参与范围不广；纵向参与在不同层级的治理之间表现较弱，地方层面的责任不够明确；横向参与无效，主要体现在国家层面的部委之间和社会伙伴之间，以及地方层面的职业教育和培训提供机构与其他参与者之间；职业教育的决策过程出现了角色、责任和重要关系的混乱。针对这些问题，ETF 明确了职业教育利益相关者的组成，主要包括战略决策者、不同层级的官员、雇主和企业及其机构、雇员代表机构和联合会、教师代表机构和联合会、非政府或第三方机构、民间团体、学习者及就业机构等。在此基础上，分析利益相关者的角色，如作为发起者、主要决策者、共同决策者、咨询或顾问、执行决策者、监控者、评估者、投资或共同投资人以及合作伙伴等。同时，ETF 规定职业教育领导力建设的目标群体包括教育部长、劳工部长、国家机构以及国家层面的社会合作伙伴组织。职业教育部门内部的领导者包括部门主管、职业院校校长、职业教育机构的中层管理者、企业培训主管、人力资源执行主管等。

（三）职业教育领导力建设贯串政策全程

ETF 指出，有效的国家层面的职业教育领导力应能够贯串政策前期咨询、规划直到政策的实施和评估阶段。ETF 伙伴国提升国家层面的职业教育领导力的行动计划主要包括：增强国家职业教育政策的一致性和连贯性，改善不同公共机构如国家部委之间的关系，形成职业教育国家战略方面的广泛共识；鼓励在关键政策领域进行改革，包括质量保证、课程改革以及机构资格认证，以改善治理环境；提高国家系统评估和监控职业教育的能力，以促进合理的决策、组织机构学习、问责制和政策学习。同时，加强信息库建设以提升治理的透明度和决策的前瞻性。基于调查的大部分 ETF 伙伴国对信息的分析和相关决策者对信息的使用仍处于探索阶段，ETF 认为，伙伴国需要建立正式的国家机制来完善、处理和使用劳动力市场信息，长期监控技能的需求和供应情况，使信息能够有效传递至相关决策者并使之作为职业教育政策制定、监督和评估的参考和依据。

四、职业教育领导力

建设的地区开发角色和责任在某种程度上，地方治理状况有时甚至决定了整体治理能力的水准。因而 ETF 鼓励地方政府针对中央要求进行积极定位，改善地方治理环境，以提升整体的治理绩效。

（一）注重地区和地方层面的职业教育政策

随着社会和经济不断发展以及治理环境的变化，地区和地方层面的治理能力越发重要。ETF试点研究表明，在幅员辽阔、地区差异大的国家有必要制定面向地区或地方的职业教育政策。由于不同地区经济社会发展状况、市场发育程度、人力资源结构、技能水平、劳动力需求均存在很大不同，地方性的政策若切合当地行业企业和培训机构的需求，则更具有号召力。ETF呼吁社会伙伴和民间组织的利益相关者在职业教育政策制定与实施过程中承担新角色，在区域或地方层面加强地方政府和利益相关者的角色和作用。

在发挥地区或地方层面的作用过程中，ETF重点关注地区的职业教育发展项目、职业教育与培训的行业角色与绩效、权力分散和权力下放等问题。ETF还指出，伙伴国家应根据地方具体情况探索立法的替代机制。例如，黎巴嫩在针对本国的职业教育治理评估报告中指出，如果立法不结合地方的实际情况，就难以确保相应的政策得到有效的贯彻执行，进而也会阻碍改革的步伐。因而强调建立灵活的立法机制，发挥软性调控（如协议、合作、建议和意见等）的作用。

（二）保持中央政府在政策制定中的重要角色

政策形成是职业教育多层级治理过程中至关重要的环节。在ETF多层级治理模式中，政策制定的责任由国家层面和地方层面的各类参与者共同承担。尽管中央政府在政策制定中的角色不再是专断的，但其主导地位仍然明确。ETF认为，当权力共享时，需要分析并明确不同利益相关者的职能、角色和责任。其中，职业教育领导者能力（如谈判、协商、调解、交流和创造力等能力）的提升是一项重要的工作，应为职业教育领导者设计一套适用的能力组合培训方案。ETF职业教育各级参与者共同参与决策的模式促使决策更贴近实际。职业教育机构可以充分发挥其自主性，增强对市场需求的响应力，同时确保运行的成本效益。但地方分权的模式使中央政府部门的责任转移至地区、省属及地方官员，导致不同程度治理的分散。如何确保有效的职业教育机构公共治理仍然是一个问题，需要加强纵向和横向的协调行动。

（三）共同确定利益相关方的角色和责任并付诸实施

权力下放的过程中，部分控制权逐渐从国家转向了公民。ETF 指出，伙伴国需要联合政府和社会方面的作用形成合力，以应对政策制定和实施过程中面临的挑战。克罗地亚、突尼斯、乌克兰、哈萨克斯坦等伙伴国，均从国家层面到地方层面全面参与、共同推进技术和职业教育与培训政策。在乌克兰，国家、区域和地方层面展开了垂直合作。国家层面负责制定战略指导方针和标准，地方层面负责政策执行、资金筹措、人员、设备和项目管理。其中，各参与者新的角色和责任由利益相关方共同确定，并力求在地方政府和职业教育机构之间采用最有效的沟通方式和伙伴关系模式，以确保制定的相关条款能够付诸实施。以吉尔吉斯斯坦为例，直辖市积极参与人力资本开发，政府的主导作用在于提供建议和指导。政府在每个市设立发展基金，地方自治政府机构充当雇主的角色，职业教育机构则被当地政府视为合作伙伴，负责培训专业人员以满足劳动力市场的技能需求。目前，吉尔吉斯斯坦几乎所有市均制定了职业教育发展的相关战略，由社会各界参与共同开发，并得到地方议会的批准和认可。

五、职业教育领导力建设的体制和机制改革的协调问题

职业教育领导力不是单方面的个体行为、能力或影响力，而是特定制度下的产物。职业教育领导力的提升取决于职业教育领导者、组织机构和环境之间的关系和互动。政府要为领导力的提升提供良好的制度平台，针对一系列的体制和机制的改革，通过有组织的对话、协商以及协调一致的行动，创造具有共同目标的全面伙伴关系的机会，发展有效的社会伙伴关系，处理好与地区和地方合作、与日益自治的职业教育机构的关系。

（一）职业教育领导力建设与发展有效的社会伙伴关系问题

ETF 的试点研究表明，一些伙伴国的利益相关者在整个职业教育政策周期的合作和参与仍处于较低水平。如何发展有效的伙伴关系成为ETF 进一步探索的问题。首先，ETF 认为，积极性和共同的兴趣是支撑职业教育伙伴关系发展的首要条件，因此，相关政府部门或组织机构的责任是提出一项社会伙伴能够积极响应的倡议或远景规划。伙伴关系要覆盖不同的民间组织，而不仅仅是经济领域的参与者，尤其强调雇主及其机构在所有职业教育伙伴关系的关键作用。例如，以色列的制造商协会是其经

济领域中所有行业部门的代表机构，吸纳了 2000 多个来自公共、私立部门、政府部门和民间团体的会员。协会成立自己的组织参与解决培训问题，并积极与管理机构和学校联盟联系，经常参与国家层面的论坛和对话，同时参与职业教育政策的制定、实施和改革。其次，建立基于战略的机构合作或技术工具的协调机制，促进职业教育利益相关者在政策制定和实施的过程中展开积极的对话，以更为正式和制度化的形式加强教育部门、劳动部门、行业企业以及地方政府等主要参与者之间的互相理解与合作。ETF 伙伴国的一些具体做法包括制定国家职业教育与培训战略，成立专门的协调机构，组建行业或地区技能委员会联盟，设立相关咨询机构和联合理事会，组成部际合作团体、跨区域合作团体，共同开发国家资格框架、职业标准和质量保障机制，建立就业与培训需求信息中心，开展区域参与者主导的试点项目以及制定地方自治法律等。另外，政府部门和社会伙伴成员之间要实现一种平衡。如土耳其的省就业和职业教育委员会的成员是由不同利益相关者的广泛代表组成，地方就业和培训委员会也有来自地方当局、培训机构、行业和非政府组织的代表，这样有助于确保包括公民在内的不同群体参与，促使职业教育机构更好地履行职能。

（二）职业教育领导力建设与地区和地方合作的问题

雇主代表、公共机构和职业教育与培训机构之间的合作可以更好地增进职业教育领导者对劳动力市场中技能需求的了解，提升对技能发展趋势的判断力，并在技能战略的实施过程中发挥一个较为积极的作用。通过合作促使雇主全面地参与职业教育，提供培训的各个方面，如培训标准、工作安置、实习、设备以及对学习的资助和评价等。同时，将利益相关者聚集起来，共同开发并完善国家职业资格框架，建立质量标准、推行课程改革、实施不同的评价方案，提升职业教育的灵活性和可获取性。其中，促进职业学校和培训机构在地方层级的合作是一个重要方面。教育和培训机构可以组成一定的联合体，增强在政策制定中的发言权，以营造有效的政策执行环境。ETF 指出，关键是要建立参与者网络，并在其中共享信息、专家意见和创新项目的理念。要加强政策对话的指导和技术支持，通过与地区和地方参与者以及社会伙伴的对话，创造具有共同目标的全面公私伙伴关系的机会。同时，ETF 认为政府层面需要进行明确的职能分析，确定哪方面的管理适合下放到学校层面，哪方面最好保留在中央层面。对于利益相关者的角色、职能和责任，均做出明确规定，并且确保这些规定和程序能够得到不同利益相关者的认可。

（三）职业教育领导力建设与日益自治的教育机构的协调问题

职业教育机构的自主性及对社会、市场和学习者需求的响应力，是衡量其是否具备灵活运作和确保成本效益能力的标准，因而强调发展有效的机构领导力。这对日益自治的职业教育机构的领导力建设提出了挑战。首先，ETF认为职业院校的领导力并不局限在课程与教学领域。除了建立良好的工作和学习模式，实施课程和评价体系促进有效教学外，职业学校和培训机构领导者还需在管理和决策中发挥积极作用，引入当地企业、社会伙伴或社区参与学校管理，尊重并考虑学习共同体所有成员的需求和意见。其次，职业院校的自治程度及对学校领导的赋权程度是推进职业教育领导力建设的重要因素。ETF伙伴国的做法是将更多的责任转向地区和地方当局尤其是学校，扩大学校在办学定位、专业设置、人事管理、经费使用等方面的权力。同时，确保在促进地方参与者发挥自主性和保持国家控制之间形成平衡。在不同利益相关者之间展开密切对话确定最佳职责分配组合，使之既能保持中央控制，又能委派或授予相应的责任。再次，加强对参与者尤其是职业学校管理人员的能力建设。明确学校领导者和培训主管有效执行管理所需的知识、技能和能力，设立初始的和在职的能力建设计划，并确保培训的可持续性和有效性。建立支持机制，密切与中央政府或地方官员的联系，采取相应的对等网络支持等。

参考文献

［1］ETF. Good Multilevel Governance for Vocational Education and Training ［R］. Turin：European Training Foundation，2013.

［2］VICTOR CALLAN，etc. Approaches for Sustaining and Building Management and Leadership Capability in VET Providers ［R］. Adelaide：the National Centre for Vocational Education Research，2007.

［3］European Centre for the Development of Vocational Training. Exploring Leadership in Vocational Education and Training ［R］. Luxembourg：Publications Office of the European Union，2011.

［4］Oliver D. Complexity in Vocational Education and Training Governance ［J］. Research in Comparative and International Education，2010（5）.

［5］How to govern education and training systems ［EB/OL］.（2012－05－31）

[2014－09－20]. http：//www. etf. europa. eu/web. nsf/pages/How ＿ to ＿ govern ＿ education ＿ and ＿ training ＿ systems ＿ EN.

［6］ GRAY MARKS，LIESBET HOOGHE，KERMIT BLANK. European Integration from the 1980s：State-Centricv. Multi-level Governance ［J］. Journal of Common Market Studies，1996 (9).

［7］ EUROPEAN COMMISSION. European governance：A WhitePaper ［R］. Brussels：Commission of the European Communities，2001.

［8］ COR. White Paper on Multilevel Governance ［R］. Brussels：Committee of the Regions，2009.

［9］ Mapping Vocational Education and Training Governance in Lebanon ［EB/OL］. (2014－10－17). http：//www. etf. europa. eu/web. nsf/pages/GEMM ＿ Mapping ＿ VET ＿ Governance ＿ Lebanon. pdf.

［10］ Multilevel governance conference conclusions ［EB/OL］. （2012－06－28） ［2014－8－26］. www. etf. europa. eu/web. nsf/pages/Multilevel ＿ governance ＿ conference ＿ conclusions ＿ EN.

［11］ The Torino Process 2014 ［EB/OL］. (2014－11－02). http：//www. etf. europa. eu/web. nsf/pages/Torino ＿ Process ＿ 2014. pdf.

［12］ Mapping VET Governance ISRAEL ［EB/OL］. (2014－11－08). http：//www. etf. europa. eu/web. nsf/pages/GEMM ＿ Mapping ＿ VET ＿ Governance ＿ ISRAEL，pdf.

［原文刊载于《教育研究》2015 年第 3 期（岑艺璇　谷峪）］

经济合作与发展组织技能战略探析

2012 年 5 月，经济合作与发展组织（OECD）发布题为《更高的技能、更好的就业和更美好的生活：技能政策的战略规划》（*Better Skills*，*Better Jobs*，*Better Lives*：*A Strategic Approach to Skills Policies*，以下简称"OECD 技能战略"）的报告。该报告旨在帮助各国更好地对技能进行投资从而扩大对经济和社会的影响。报告是由教育政策委员会、就业、劳动力和社会事务委员会、教育研究与创新中心、地方经济和就业发展联合行动项目委员会以及财务委员会的代表联合制定的，是在对 OECD 成员国的实践和政策经验进行分析总结的基础上，联合推出的一个整合的、跨政府的战略框架。该战略为各国政府提供了与所有利益相关方有效合作的基础，提供了将更好的技能政策转化为就业、增长和获得更美好的生活的基础。

一、OECD 技能战略的目标指向：技能的投资与使用

OECD 充分认识到了技能在当代科技、经济和社会发展中的战略地位，因此提出了技能政策以及与其目的相符合的战略指向，并指出要使现有的技能得到充分的使用，应将技能战略嵌入一个更为广阔的发展战略中，从而使技能开发产生最大化的影响。

（一）OECD 致力于对技能进行恰当、有效的投资

技能是国家竞争力的重要组成部分。OECD 秘书长安赫尔·古里亚认为："技能已成为 21 世纪的全球货币。如果不对技能进行恰当的投资，人们将会徘徊于社会的边缘，技术进步不会自动转化为经济增长，国家在知识本位的全球社会中也不再具有竞争力。"

全球经济危机及失业率的攀升，使得国家对技能教育与培训的投资变得更为迫切。研究表明，在失业率呈现为最高纪录水平的经济危机时期，澳大利亚、日本和墨西哥仍有超过 40％ 的雇主表示难以找到具备合适技

能的人。① 欧洲职业训练发展中心（CEDEFOP）指出，欧盟大部分地区技能的可用性仍持续落后于技能的需求，因此制约了就业增长和竞争力的提升。② 与此同时，高技能和低技能的差距所带来的收入不平等成为备受关注的问题。因此，OECD 认为，应对这一系列挑战的最好策略是对技能有效投资。

OECD 技能战略致力于开发适用的技能，确保技能型人才获得就业机会并且能够充分地运用他们的技能。同时，该战略协助 OECD 成员国以及非成员国增强应对不断变换的技能需求的能力，提高技能供应的质量和效力，提高技能供应的灵活性，同时增加技能的可转换性。

（二）技能政策以及与其目的相符合的战略指向

OECD 制定的技能战略旨在促使技能政策产生更有效的结果。OECD 报告指出，技能开发能够为经济繁荣、社会和个体的发展做出宝贵贡献，但只有当政策符合其实际目的时，其影响才能实现最大化。因此，对技能体系的设计、开发和管理采取一定的战略方法是十分重要的。这样有助于形成一个连贯的体系，确保所投入的公共资源得到有效利用，防止技能政策的执行限制在潜在的不相关联和不协调的行动当中。③

OECD 倡导国家层面的技能战略与本国经济和社会情况相符合。据调查，在 OECD 及伙伴国中，有 25 个国家（80% 以上）具有国家层面的技能战略。④ 虽然不同国家制定技能战略的驱动因素不同、要解决的关键问题不同，但均源自大量实证数据的支撑，源自对本国经济和社会问题的分析。因此，不同国家技能战略所涉及的覆盖面和政策行动是不同的，在落实战略的计划和步骤上也存在较大差异。

OECD 技能战略鼓励雇主将企业发展战略与人力资源实践和劳动力技能开发相匹配，并促使政府制定培养创新、竞争和企业家精神的技能政

---

① QUINTINI G. Over-qualified or Under-skilled：A Review of Existing Literature［R］. OECD Publishing，2011. 8.

② CEDEFOP. Future Skill Supply in Europe-Medium-term Forecast up to 2020：Synthesis Report［EB/OL］.（2009－06－09）［2013－10－03］. http：//www. cedefop. europa. eu/EN/Files/4086 _ en. pdf.

③ OECD. Towards an OECD Skills Strategy［EB/OL］.（2012－09－26）［2013－08－26］. http：//www. oecd. org/edu/47769000. pdf.

④ CAMPBELL M. Skills for Prosperity? A Review of OECD and Partner Country Skill Strategie［EB/OL］.（2012－12－28）［2013－07－05］. http：//www. llakes. org/wp －content/Mike－Campbell. pdf.

策。该战略认为高质量的职业指导是有效的技能政策的重要特征，支持政府收集不断变化的技能需求方面的信息并充分加以利用，促使技能培训机构和学校与企业界合作开发课程和培训项目，与此同时，通过政策刺激更多高技能和高附加值工作的产生，从而在全球经济中更有效地参与竞争。

（三）技能战略要嵌入整个经济社会综合发展战略中

将技能战略嵌入整个经济社会综合发展战略，是技能有效发挥作用的关键所在。联合国教科文组织总干事伊琳娜·博科娃提出："要把技术和职业教育与培训（TVET）纳入一个更广泛的背景下，扩大教育与培训对所有社会成员的影响。把政治意愿、地区需求及所有合作伙伴的需要都有机结合，纳入国家政策战略中。"[①]

欧盟的《欧洲 2020 战略》（Europe 2020）是将技能战略嵌入了一个更为广阔的发展战略，提供了一个共同的框架和发展议程，建立了欧盟层面和国家层面的重点发展目标，以此帮助不同国家进行政策调整。欧盟委员会还制定了一系列的旗舰活动，如"创新联盟""青年在行动""全球化时代的产业政策"和"新技能和新工作议程"等以确保目标的实现。[②]

国际劳工组织（ILO）为 20 国集团开发的技能培训战略由一个战略框架和一组模块组成。该战略将技能与就业问题联系起来，以推进灵敏响应的制度安排，增加政策协调的有效性。[③] 此外，德国、奥地利、挪威和捷克共和国的终身学习战略，波兰的人力资本发展战略，澳大利亚、新加坡和美国州级劳动力发展战略，均基于更宽泛的平台开发技能。

二、OECD 技能战略的协调：保持其连贯性的制度和工具

技能战略实施成功与否的一个关键因素在于能否处理好计划、目标、政策、行动、激励机制、制度和资源配置等之间的机制和关系。在技能战略实施过程中，需要对其进行组织和管理以确保技能战略的有效性。

---

① 伊琳娜·博科娃. 发展高质量、终身化、创新性的 TVET [J]. 职业技术教育，2012（15）：38－39.

② Europe 2020. A European Strategy for Smart，Sustainable and Inclusive Growth [R]. Brussels：European Commission，2010：3.

③ ILO. A skilled workforce for strong，sustainable and balanced growth：The G20 Training Strategy [R]. Geneva：International Labour Office，2011：2，22.

(一) 确保政策和实践的一致性和协同效应

OECD 技能战略涉及一个互相牵连的、广泛的政策领域，包括教育、科学、技术、家庭、就业、工业和经济发展、移民和融合、社会福利和公共财政等方面，因而需要在不同政策领域之间建立各种联系，以确保技能战略的实施效率。采取协调的方法有助于政策制定者进行政策权衡和取舍。

政府实现技能战略的方式是问题的核心所在。在资本主义经济中，大部分的经济关系通过市场而发生，但技能战略涉及对市场进行干预，即通过计划、目标、政策、行动、激励机制、制度和资源配置等协助市场运作。在实际实施过程中，如何协调这些机制和关系是战略成功的一个关键因素。此外，战略范围内的各组成部分之间的关系也需要协调以确保一致性，狭义上的技能战略的政策很重要，例如，创新、劳动力市场或移民政策，以及地方和行业层面的技能政策等。

(二) 明确技能战略的组织和协调机构

广义上，大多数 OECD 国家技能战略的着力点均明指或暗指职业教育与培训，包括初始的和继续教育方面[①]。因而，技能战略的制定通常是由教育部门负责，并直接对职业教育与培训负责；有的国家是由劳工部门负责，或赋予一个具有广泛责任的部门相应的职责，如澳大利亚的教育、就业和劳资关系部门 (DEEWR)；有的国家是由跨部门负责，采用整体的政府部门做法，设置一个相关的咨询机构或委员会来开发技能战略；还有一些国家的技能开发由专门的机构负责，比如韩国的职业教育与培训研究所 (KRIVET) 和匈牙利的国家职业教育与成人学习研究所。

国家层面的技能政策协调一般是由一个具体的机构负责。澳大利亚专门设置了一个独立的法定机构负责技能政策的协调，对行业利益相关者进行评估，协助政府做出技能培养的决定，促进教育和培训部门不断改革；英国的就业与技能委员会 (UKCES) 负责评估技能战略目标的进展情况，在策略、目标和政策上提出建议，监控职业教育与培训系统并监督行业技能委员会。

---

① CAMPBELL M. Skills for Prosperity? A Review of OECD and Partner Country Skill Strategie [EB/OL]. (2012－12－28) [2013－07－05]. http：//www. llakes. org/wp －content/Mike－Campbell. pdf.

（三）重视技能战略的多层级参与者

技能的需求和供给具有明显的地域特征。OECD 技能战略提出应当注意整合国家、区域和地方层面的技能政策，协调不同的公共管理部门并使各级政府保持一致。同时，要注意分析技能战略中的非政府参与者，尤其是教育与培训机构、雇主、专业行业协会和商会、工商业界、工会和个人等在技能的形成、技能的需求和使用中所承担的角色。向社会伙伴与跨政府机构进行战略发展咨询，有助于建立协作的方法，实现技能战略更高的一致性和整合。

通过识别不同的政策领域的联系和相互依存关系，有助于避免政策"孤岛"，将技能战略的主要组成部分——技能的开发、匹配、需求及其使用整合在一起。采取协调的、整合的方法，可以使政策的潜在效能得到充分发挥，并且在政策过程的各个阶段获得价值的提升。最重要的是，任何的制度安排均需要采取一个战略方针，将狭义的职业教育与培训的技能战略同高等教育、就业、生产力、包容性和经济发展等战略相连接[①]。

三、OECD 技能战略的选择：三个相互关联的领域

OECD 技能战略强调了技能发展的三个相互关联的领域，即技能的需求、技能的供应和技能的使用。技能的需求是技能战略的重要组成部分，政策也可以影响技能的需求。技能的供应是要确保技能的存量和质量，以满足当前和新兴市场的需求，是技能战略的关键目标。技能的使用是指成功的技能战略需要确保现有的技能能够被有效使用，从而避免投资被浪费。

（一）提升技能的需求：刺激雇主参与技能的开发

刺激雇主对技能进行投资的具体措施集中在培训税款、雇主之间的合作、税收优惠政策等。其中，培训税款是最普遍的政策杠杆。在国家层面采取这一措施的主要有法国、比利时、西班牙和南非等国，而基于行业层面使用的有荷兰、丹麦和英国等。一些国家还制定了休假培训条例、质量标准诸如 ISO9001 培训条款等，有助于提升质量和树立独特形象，进而增

---

① SCHWALJE W A. A conceptual model of national skills formation for knowledge-based economic development［R］. London：London School of Economics Working Paper，2012：5.

加了雇主的投资。[①]

雇主与同行在行业层面和地区层面展开合作是提升雇主技能需求的途径之一，所形成的合作网能够促进更高集体标准的产生，从而改善组织、发展规模经济并激发更广泛的雇主参与。众多 OECD 国家通过集团培训协会、行业协会或供应链在培训设计和技能提供方面进行合作，形成了一种技能培训与学习的文化。比如在加拿大，由 400 多家商会组成的商会网鼓励包括雇主、教育工作者、工会和地方政府在内的人员积极参与到每个社区的活动中。

税收优惠政策是降低雇主投资成本的途径之一。奥地利、韩国、日本、西班牙和法国等国施行了税款抵减政策，减免额依据所承担的培训量计算；对培训项目的补贴也降低了雇主的成本，如英格兰为雇主提供培训获益的项目。

（二）提升技能的供应：增加学习者的数量和提高参与度

提高技能的供应的主要指标是学习者的数量和社会群体的参与度。相关群体主要涉及工作技术含量低的员工、大龄员工、兼职人员、非工会组织企业和小企业的员工、失业人员以及既不工作也不求职者。

增加个体对技能参与和投资的主要措施包括通过学徒制以及高等教育使青年更多地参与职业教育与培训项目。除财政支持外，推进成年人参与技能学习的措施包括：意识、动机和信心的建立；赋予学习的权利，提供下班时间学习、带薪或不带薪脱产学习的机会；基于工作场所的举措；以社区为基础的方案。[②]

英国提升学习者数量和参与度的措施是加强工作场所学习，由工会联盟（TUC）建立联合学习（Union Learn）的方式进行，成本由国家、雇主和个人共担。鼓励老员工参与培训是芬兰吸引众多学习者参与的主要举措之一，芬兰《提高成人教育标准的方案》（NOSTE）的目标群体为缺乏基本职业技能的成年人。爱尔兰将培训与发展和企业发展计划相连接，由培训与就业管理局（FAS）推出的培训支持方案（TSS）旨在鼓励和促进中小企业（SMEs）培训以提高不同水平员工的职业技能。澳大利亚建立了集团培训协会（GTOS），通过联合农村、人口密度低的地区的小型雇

①　OECD. Promoting adult learning [R]. Paris：OECD Publishing，2005：8.

②　OECD. Learning for jobs [R]. Paris：OECD Publishing，2010：17.

主共担培训成本[①]。

（三）鼓励技能的使用：重视创新和技能网建设

1. 重视影响创新效绩的"因素和参与者"

技能的开发以及现有劳动力技能的有效使用，实际上是通过雇主的企业和人力资源战略得以实现的。对 20 个国家的一万多家机构的详细调查显示，企业管理人员和员工的技能状况均与更好的管理实践、卓越的企业绩效有关[②]。提高雇主和政策制定者志向的关键，是使其认识到技术和创新之间的相互依存关系。经合组织的创新政策呼吁行动的侧重点要从强调（科学）研究和技术开发的供方政策转向重视影响创新效绩的"因素和参与者"。该创新战略建立在五项重点行动的基础上，其中包括人力资本是创新的根本，因此人应当被赋权去创新。它强调技能的价值，如批判性思维能力、创造力、沟通能力、团队工作能力和创业技能，同时承认工作场所本身的重要性[③]。因此，设计有助于创新的组织和管理实务十分重要。

2. 鼓励在组织中进行"高绩效工作"

劳动力市场是动态的，政策不仅是响应技能的需求，而且能够"塑造"技能的需求。尤其是那些有着发展雄心和可持续复苏目标的国家，均致力于通过提高生产力和竞争力，提升价值链和重新平衡经济结构，以及使劳动力市场向更好的、具有较高收入的工作发展来改善经济。其中，重点关注的领域是提高员工在工作组织中的参与度，并确保高水准的效绩。芬兰开展了"高绩效"的工作场所实践（HPW），新西兰和爱尔兰等地也开展了一些试点项目，如协同计划、工作场所的生产力项目和工作场所创新基金。这些行动的目标是促进团队合作、提高雇员的参与度和使工作组织更充分地利用员工的技能，并处理技能不足和就业不足问题。

3. 构建一个积极的技能生态系统网络

技能生态系统是在一个特定的地区或行业范围内，在企业、技能培训机构、人力资源、行动方案和政策之间建立的相互依存、相互促进的网

---

① CAMPBELL M. Skills for Prosperity? A Review of OECD and Partner Country Skill Strategies [EB/OL]. (2012—12—28) [2013—07—05]. http：//www. llakes. org/wp—content/Mike—Campbell. pdf.

② BLOOM N, GENAKOS C, SADUN R, et al. Management Practices Across Firms and countries [R]. Boston：Harvard Business School Working Paper，2011：14.

③ BLOOM N, GENAKOS C, SADUN R, et al. Management Practices Across Firms and countries [R]. Boston：Harvard Business School Working Paper，2011：14.

络。构建技能生态系统旨在将外部环境融入企业的运营中，在一个更广阔的企业发展议程内整合技能发展。美国硅谷的高技能生态系统（HSEs）内的交互联系，使得企业之间形成"知识共享网络"，可以频繁地与其他企业进行专长互补①。2003 年以来，澳大利亚联邦政府同新南威尔士州政府联手引进九项示范项目，聚集了众多行业，通过供应链和力求重塑工作的性质以提升质量。芬兰和丹麦将工作组织建立在国家工作场所发展和创新项目的基础上，聘请专家和顾问鼓励社会革新并支持智能化的工作方式。②

四、OECD 技能战略的支柱：供需匹配与平衡

OECD 技能战略是以推进劳动力市场信息的完善和有效传播、增加劳动力市场的流动和资格的透明度、将学习与工作联系起来为三大支柱，形成确保技能的供需匹配与平衡的机制，从而实现技能战略的有效运行。

（一）推进劳动力市场信息的完善和有效传播

建立面向个体、雇主、技能培训机构、中介机构和公共机构的劳动力市场信息，并促使其有效地传播，有助于引导技能发展的方向，推进供给和需求之间的一致性，为技能体系中的所有参与者提供可视度和保持信息通畅，将所有参与者的利益结合在一起，形成合作的基础。尤其是关于就业、收入和学习结果方面的信息资讯，提供了市场信号和一种解决现实技能问题的路径。③

在英国，全国雇主技能需求调查（NESS）自 1999 年开始实施。英国就业与技能委员会定期发布"工作的未来"，对职业、行业和区域变化等一系列因素进行预测④。美国已形成由三大支柱组成的劳动力市场信息系统：美国职业信息网站（ONET）、职业就业统计调查（OES）和美国劳

---

① FINEGOLD D. Creating self-sustaining, high-skill ecosystems [J]. Oxford Review of Economics, 1999, 15 (1): 60—81.

② RAMSTAD E. Promoting performance and the quality of working life simultaneously [J]. International Journal of Productivity and Performance, 2009 (5): 423—426.

③ CAMPBELL M. Skills for Prosperity? A Review of OECD and Partner Country Skill Strategies [EB/OL]. (2012—12—28) [2013—07—05]. http://www.llakes.org/wp—content/Mike—Campbell.pdf.

④ ILO. A skilled workforce for strong, sustainable and balanced growth: The G20 Training Strategy [R]. Geneva: International Labour Office, 2011: 2.

工统计局（BLS）①。在瑞士，职业信息中心（BIZ）为各个层次的职业教育与培训体系提供信息和指导。墨西哥教育部开发了一个采用新技术的、人性化的、交互式的职业信息与指导工具。巴西的国家培训机构——全国工业企业培训中心（SENAI）开发了"预警模式"，基于新兴技术和新工作组织形式的吸纳率分析来调整培训条款。②

（二）增加劳动力市场的流动和资格的透明度

劳动力市场的技能供应与雇主的技能需求之间匹配程度的提升，可以通过制定增加劳动力市场的流动性和确保资格透明的政策得以实现。欧盟国家建立了一系列基于学习结果的共同工具以认证和记录培训者的知识、能力和技能。③ 其中，欧洲资格框架（EQF）基于共同参考的资格框架，使得国家资格证书（普通高等教育和职业教育与培训）能够互相比较并与其他国家的资格证书相比较，支持终身学习和流动；欧洲通行证（Europass）通过一个文档组合包，记录个体通过教育、培训或工作经历以及非正式环境下获得的知识、技能和能力特质，并与职业教育与培训资格证书和高等教育文凭相连接；欧洲职业教育与培训的学分制（ECVET）有助于验证、认可和积累在另一个国家或在不同情境下所获得的工作相关的技能和知识，便于职业资格的获得，促进地域和专业的流动性；欧洲职业教育与培训的质量保证框架（EQAVET）旨在帮助各国提高其职业教育和培训体系的质量，提高资格的透明度、市场相关性、一致性和可转移性。

（三）促进学习与工作的紧密联系

教育与工作场所相结合的学徒制不仅是青年和成年人提高技能水平的一种重要手段，也有助于在技能供给和需求之间保持一个更好的平衡。在德国、瑞士和奥地利，至少有 40％的毕业生参与了雇主提供的三年学徒

① WILSON R. Lessons from America：A research and policy briefing ［R］. London：UKCES：2010：2.
② CAMPBELL M. Skills for Prosperity? A Review of OECD and Partner Country Skill Strategies ［EB/OL］. （2012－12－28）［2013－07－05］. http：//www. llakes. org/wp－content/Mike－Campbell. pdf.
③ CEDEFOP. Shaping lifelong learning ［R］. Luxembourg：Publications Office of the European Union，2011：12.

制并获得职业资格证书。[①]

在瑞士，双元制将职业学校的部分学习与合作公司的兼职学徒结合在一起，由国家层面操控，并与联邦、各州和专业团体形成合作伙伴关系。目前共有 250 多种职业可提供双元制学习。在德国，双元制的职业教育与培训项目课程（基于工作场所和学校）涵盖了 350 多个行业，学习期限为 2—3.5 年。学徒每周有 3—4 天在公司接受培训。不能提供综合培训的小企业则与其他企业结成"培训联盟"，由部分时间制的职业教育与培训学校提供实践训练的补充，每周约 12 小时。2007 年的职业教育与培训"创新循环"对该制度的结构进行了改进。由国家建立基准，雇主招收学徒并承担工作场所的主要成本，通过征税控制成本，每年提供约 60 万个学徒职位。

五、OECD 技能战略对我国职业教育与培训的战略启示

技能是一个国家的重要资源。世界各国都高度重视人力资源开发和技能型人才培养，并将其看作一个国家经济成就和生活标准高低的关键指标。职业教育是技能发展的重要途径，不仅应当成为整个教育事业改革发展的战略重点，而且应当成为国家和地区发展战略的重要内容。

（一）职业教育与培训的顶层设计需要广阔的战略空间

1. 从国家战略和制度上谋划职业教育与培训的发展。职业教育与培训体系建设是国家技能开发体系中的重要环节，应将职业教育与培训作为科学、技术、经济社会发展的综合战略的一个重要组成部分。

2. 以一种开放的视野，关注经济发展的需求，关注个人生活和社会发展方面的价值，确立连接教育与经济的核心纽带。对每种技能的教育和培训，利用多学科的理论和方法，进行顶层设计。

3. 从行业和地方的维度思考职业教育与培训的发展。考虑不同地区的技能基础和生产力差异，关注技能的供应、技能的需求和技能的使用等方面。由此，劳动力市场信息、资格的透明度以及工作场所的学习成为影响和推动职业技能教育与培训发展的重要因素。

① STEEDMAN H. Challenges and change：apprenticeships in German-speaking Europe [A]. Dolphin，T. and Laning，T. （eds）. Rethinking apprenticeships [C]. London：Institute for Public Policy Research，2011：93—105.

（二）职业教育与培训的运行机制需要政策间的战略协同

1. 需要全过程的整合性和一致性的职业教育与培训政策。需要构建一个连贯的政策框架，集中力量在教育界、培训界和工商界之间建立更密切的关系，形成并使用"技能生态系统"。广泛的社会伙伴的有效参与，有助于提升认同感和保障自主权。

2. 激励各种要素的积极性以协调不同的政策领域。财政激励措施或法规可以刺激或抑制相应的行为，比如，以结果为导向的资金资助、对个人或雇主技能投资的补助金以及设立质量标准。以更适当的、合理的推进方式去影响行为，重视影响现实世界的人和机构的机制。

（三）职业教育与培训的方向抉择要基于合理的战略分析

1. 基于实证基础的目标和行动分析。一个明确的目标和行动计划是一项技能战略的核心。同样，职业教育与培训的改革应有一个明确的方向，其中包括目的以及为达到目的所设立的具体目标，还有为实现目标而专门设计的政策。为确保所采取的政策行动是恰当的、充分的且很好地结合起来以达到目标，还需要将其建立在一个坚实的实证基础上，并将行动聚焦于优先发展的事项。

2. 基于学习者和雇主的需求、建立响应灵活的职业教育与培训体系的分析。充分发挥市场在资源配置中的决定性作用，开展技能预测工作、充分收集劳动力市场信息并使之公开化、透明化，提供国家、行业、地区层面技能需求方面的咨询，形成地区性的技能发展规划，制定本地区的职业教育发展重点。

3. 基于政府、学习者和雇主的角色和责任的分析。采取联合政府行动，建立国家行业技能委员会联盟，使主要的政府部门、培训机构、雇主和雇员代表等各界力量互相合作，构建新的社会合作伙伴关系，并联结主要实施机构，确保问责制和持续改进的能力，一致努力提高技能水平。

参考文献

[1] OECD. Better Skills，Better Jobs，Better Lives：A Strategic Approach to Skills Policies [R]. Paris：OECD Publishing，2012.

[2] QUINTINI G. Over-qualified or Under-skilled：A Review of Existing

Literature［R］. OECD Publishing，2011.

［3］CEDEFOP. Future Skill Supply in Europe-Medium-term Forecast up to 2020：Synthesis Report［EB/OL］.　（2009－06－09）　［2013－10－03］. http：//www. cedefop. europa. eu/EN/Files/4086 _ en. pdf.

［4］OECD. Towards an OECD Skills Strategy［EB/OL］.（2012－09－26）［2013－08－26］. http：//www. oecd. org/edu/47769000. pdf.

［5］CAMPBELL M. Skills for Prosperity? A Review of OECD and Partner Country Skill Strategie［EB/OL］.（2012－12－28）［2013－07－05］. http：//www. llakes. org/wp－content/Mike－Campbell. pdf.

［6］伊琳娜·博科娃. 发展高质量、终身化、创新性的 TVET［J］. 职业技术教育，2012（15）：38－39.

［7］EUROPE 2020. A European Strategy for Smart，Sustainable and Inclusive Growth［R］. Brussels：European Commission，2010.

［8］ILO. A skilled workforce for strong，sustainable and balanced growth：The G20 Training Strategy［R］. Geneva：International Labour Office，2011. 2，22.

［9］SCHWALJE W A. A conceptual model of national skills formation for knowledge-based economic development［R］. London：London School of Economics Working Paper，2012.

［10］OECD. Promoting adult learning［R］. Paris：OECD Publishing，2005.

［11］OECD. Learning for jobs［R］. Paris：OECD Publishing，2010.

［12］ OECD. Innovative workplaces：Making better use of skills within organizations［R］ Paris：OECD Publishing，2010.

［13］FINEGOLD D. Creating self-sustaining，high-skill ecosystems［J］. Oxford Review of Economics，1999，15（1）：60－81.

［14］RAMSTAD E. Promoting performance and the quality of working life simultaneously［J］. International Journal of Productivity and Performance，2009（5）：423－426.

［15］WILSON R. Lessons from America：A research and policy briefing［R］. London：UKCES，2010.

［16］CEDEFOP. Shaping lifelong learning［R］. Luxembourg：Publications Office of the European Union，2011.

［原文刊载于《外国教育研究》2014 年第 6 期（岑艺璇　谷峪）］

国际技能战略比较分析
——以澳大利亚、英国、美国为中心

一、技能发展：世界经济社会发展的核心战略

2007 年以来，世界经济发展经历了 20 世纪 30 年代以来最严重的危机。危机对全球经济和劳动力市场产生了巨大冲击，世界各国开始思考实现经济社会长期可持续发展的战略。在这一背景下，加强人力资本投资，通过教育与培训培养劳动力市场需要的技能型人才，已经成为国际社会的共识。自 2008 年以来，包括发达国家和发展中国家在内的全球主要经济体和重要国际组织纷纷从提高全民技能水平的角度，制定技能开发政策，并把其作为经济社会发展的根本战略①。2009 年，印度政府发布《国家技能政策》，提出到 2022 年创建一个在性别、城乡、组织及现代化程度等方面高度包容化的技能开发体系。2010 年，南非高等教育与培训部发布《国家技能发展战略》，突出技能人才培养在经济发展中的重要性。2012 年 10 月，联合国教科文组织（UNESCO）在法国巴黎发布主题为"青年与技能：拉近教育和工作世界距离"的《全民教育全球监测报告 2012》，报告首次把关注点投向技能人才培养。报告提出，青年人的幸福与成功比以往更加依赖教育和培训所能提供的技能。报告根据对青年人口众多的 46 个中低收入国家的分析指出，这些国家有一半曾经或正在制定一些侧重于技能培训的政策文件——要么是职业教育与培训战略，要么是更广泛的技能培训战略②。

而从发达国家的态势来看，以经济合作与发展组织（OECD）、英国、美国、澳大利亚等为代表的发达国家普遍制定了综合性的技能人才培养战略。2012 年 5 月，OECD 发布《更好的技能、更好的工作、更好的生活：技能政策的战略途径》。战略提出，在失业率升高及全球经济竞争加剧的

---

① 李玉静. 关注全民化的技能开发 [J]. 职业技术教育，2012（25）：1.

② UNESCO. Youth and Skills：Putting Education to Work—EFA Global Monitoring Report 2012 [R]. Paris，France：UNESCO，2012.

背景下，实现劳动力技能的充足供给及其有效利用，形成完善的技能发展战略是促进就业和经济增长及实现社会和谐的关键。因此，应把技能置于国家和国际发展议程的重要位置。[①] 2013 年 3 月，欧盟发布题为《重新思考教育：加强技能投资，实现更好的经济社会发展》的政策报告。报告指出，对教育与培训的投资是实现社会发展及增强经济竞争力的关键[②]。而根据目前国际社会的探讨，已经初步把公民素养、就业和技能发展作为 2015 年后世界教育发展的核心关键词。

由此可见，技能人才培养已经成为世界各国产业及经济振兴战略的重要部分。近年来，我国也高度重视技能人才的培养。自 2001 年以来，我国就把人才强国战略作为国家发展的重要战略之一。党的十八大报告提出，到 2020 年，我国"全面受教育程度和创新人才培养水平明显提高，进入人才强国和人力资源强国行列，教育现代化基本实现"。未来一段时期，在建设人才强国和人力资源强国的背景下，提高全体公民的基本素质和技能水平是我国教育发展的重点任务。本文以澳大利亚、英国和美国这三个典型发达国家为中心，探讨这三个国家近几年来实施具有代表性的技能战略，以期为我国提供借鉴。

二、澳、英、美国家技能战略的比较

（一）澳大利亚

表 2-3　澳大利亚近几年发布的技能战略

时间	战略名称
2010 年	《澳大利亚未来劳动力：国家劳动力开发战略》
2011 年	《为了繁荣的技能——澳大利亚职业教育与培训路线图》
2012 年	《面向所有人的技能：实现更具竞争力和活力的经济发展》

2010 年 5 月，澳大利亚议会通过《澳大利亚未来劳动力：国家劳动力开发战略》，提出澳大利亚经济社会发展面临一系列严峻的挑战，要通

① Better Skills, Better Jobs, Better Lives: A Strategic Approach to Skills Policies [R]. OECD 2012.

② Communication from the Commission to the European Parliament, The Council, The European Economic and Social Committee and The Committee of the Regions. Rethinking Education: Investing in Skills for Better Socio-economic Outcomes [R]. COM (2012) 669 Final Strasbourg, 2012-11-20.

过提升劳动力的技能水平缓解劳动力市场上的技能短缺问题，促进经济增长、提高社会生产力水平，实现一个更加可持续性及包容性的未来。作为一个综合性的人才资源开发战略，《战略》对职业教育的改革发展提出了具体要求，主要有：进一步增强职业教育与培训体系的灵活性，采用更加创新性的方式，为低教育背景的成年人及失业、社会经济状况较差的学生提供更多的职业教育机会；把处于教育与培训边缘的青年人、现有工人、老年人以及处于失业风险中的人群纳入职业教育与培训体系中；增强职业教育与培训师生员工的灵活性、创新性和反应性，在机构内部和工作场所背景下设计出创新性的教学策略，在教学中进一步加强与行业企业的密切合作，扩大与工作整合的学习，提高所培养人才的适应能力；加强政府、行业与企业的合作，采用一个合作性的技能人才开发路径。[①]

在劳动力开发战略的基础上，2011 年 5 月，澳大利亚技能署（Skills Australia）发布其对于国家职业教育与培训体系的综合性评估报告《为了繁荣的技能——澳大利亚职业教育与培训路线图》。报告强调，澳大利亚的经济发展目标只有通过满足对技能的需求以及确保这些技能得到有效运用才能实现。基于此，职业教育与培训发展的根本目标是满足未来技能需求，从而提高企业生产力、促进社会融合。报告为职业教育改革发展提出了一系列建议，具体包括：把学习者和企业作为职业教育与培训体系的核心，建立一个更加简单、灵活和市场导向的职业教育与培训体系，使其为企业、学习者等重要利益相关者提供更加灵活和适应性的服务，从根本上提高技能人才的供给质量和优异性；宣传职业教育与培训对于经济社会发展的重要贡献，提高职业教育的社会影响和吸引力；在职业教育和培训、普通教育与高等教育等不同教育部门间形成更加灵活、有效的转换路径；通过持续、均衡的投资实现职业教育与培训体系的繁荣和可持续发展。[②]

2012 年 3 月，澳大利亚联邦政府发布《面向所有人的技能：实现更具竞争力和活力的经济发展》的政策报告。这一政策指出，技能型劳动力是澳大利亚未来经济和社会繁荣的基础，更是企业生产力和包容性社会发展的支撑，是未来的立国之本。澳大利亚必须加强对技能培训的改革，以帮助个人通过学习新技能获得更好的工作，发展更具竞争力的企业，建立

---

① SKILLS AUSTRALIA. Australian Workforce Futures：A National Workforce Development Strategy [R]. Commonwealth of Australia，2010.

② SKILLS AUSTRALIA. Skills for Prosperity：A Roadmap for Vocational Education and Training [R]. Commonwealth of Australia，2011.

更强大、包容和公平的经济体系[①]。为应对经济战略转型、人口老龄化、就业不足与技能短缺并存等挑战，澳大利亚要建立一个惠及全民、高效灵活的职业教育与培训体系。主要改革举措包括：设立面向全民的国家培训资助制度，确保所有工作年龄人口都有机会获得三级国家资格证书；将"按收入比例还款"贷款覆盖面由大学生扩大到职业教育领域的文凭、高级文凭学生；加强土著居民、残疾人、偏远地区和社会经济水平较低居民、长期失业者、过早辍学者、单亲或年轻父母、年老工人等对职业教育的参与；加强对 TAFE 学院等职业教育机构的评估和认证，提高职业教育质量，增强其吸引力和社会认可度；为企业和学生提供更加透明的信息服务，使其做出明智的培训选择；将政府的投资重点向技能短缺领域倾斜，将产业需求置于培训的中心，建立一个更高效的国家培训体系[②]。

（二）英　国

表 2 - 4　英国近几年发布的技能战略

时间	战略或政策名称
2009	《2020 目标：发展世界一流技能和工作》《实现 2020 目标：技能、工作和经济增长》《为了可持续发展的技能：国家技能战略》《面向可持续增长的技能投资战略》
2011	《新挑战、新机会——继续教育和技能体系改革计划》
2013	《增强技能的严格性和响应性》

自 2009 年以来，英国政府就一直把改革技能供给作为国家优先战略领域，接连出台一系列技能培训战略，在加强技能体系方面取得了很大进步。2009 年 10 月，英国就业和技能委员会发布《2020 目标：发展世界一流的技能和工作》的政策报告。该报告提出，英国未来的繁荣依赖于经济的成功，而经济的成功依赖于技能型劳动力。到 2020 年，要进一步加强技能、就业和经济政策间的联系，实现技能开发体系的连贯性、平衡性和整体性，使英国在技能、就业和生产力领域成为世界上最先进的国家

---

① Skills for All Australians：National Reforms to Skill More Australians and Achieve a More Competitive，Dynamic Economy［R］. Commonwealth of Australia，2012.
② Skills for All Australians：National Reforms to Skill More Australians and Achieve a More Competitive，Dynamic Economy［R］. Commonwealth of Australia，2012.

之一。①

在《2020 目标》的基础上，2009 年 11 月，英国企业、创新和技能部
发布《实现 2020 目标：技能、工作和经济增长》及《为了可持续发展的
技能：国家技能战略》两个文件。《国家技能战略》提出，技能是实现经
济复苏和可持续增长的关键。全球化知识经济中的现代工作需要技能型人
才，技能型公民具有更强的生产力和创造性，只有通过受过良好教育、有
事业心及具有良好技能的公民提高企业的生产水平，才能实现国家的美好
未来。《国家技能战略》将英国的技能人才培养与未来社会发展紧密联系
在一起，提出了技能开发的两个原则：一是为公民提供更广泛、更灵活的
接受各层次技能培训的机会；二是更加关注现代工作世界所需要的技能，
大力发展学徒制，把职业教育路径纳入高等教育中。在此基础上，《国家
技能战略》提出了技能人才培养体系的改革举措。第一，发展有利于经济
繁荣的技能，其基本要素包括四方面：确保实现技能人才供需的匹配；确
保开发的技能对于雇主具有经济价值，能够直接提高企业的生产力水平；
把就业和技能培训结合起来，确保培训后能够提升公民的就业能力；开发
更多行业认可的资格，并把其作为衡量技能人才的指标。第二，发展、扩
大高级学徒制，对有利于未来经济发展和创造就业所需要的技能进行投
资，建立一流的技能人才培养体系，提高技能人才培养质量。第三，提高
企业对技能投资的认可度，提供相关支持机制，使企业更有效地运用技
能，促进企业生产力的提升。第四，引进技能账户，把学习者的选择作为
技能体系改革的核心因素，确保更多的人能够在最好的培训机构接受培
训，确保对于技能体系的预算能够用于最能推动经济和就业增长的领域，
以使技能人才培养体系满足企业的需要。②

为支持《国家技能战略》的实施，2011 年，英国商业、创新与技能
部又发布了《新挑战、新机会——继续教育和技能体系改革计划》，提出
如下改革策略：一是把学习者放在继续教育和技能体系的中心，为各个类
型和层次学习者提供其所需要的从基础技能到高级技能的各层次、全面的
培训机会；二是使雇主充分参与到技能人才培训体系中，确保技能培训的
适切性，满足行业不断变化的技能需求；三是开发适应性强的重点培训项

---

① UK Commission for Employment and Skills. Ambition 2020：World Class Skills and Jobs
for the UK［R］. 2009.

② Department for Business，Innovation and Skills. Skills for Sustainable Growth：Strategy
Document［R］. November 2010.

目和资格，增加重点行业的学徒位置，提高学习者的就业能力；四是废除、减少、合并一些对继续教育部门进行管理的政府机构，撤销对培训机构的不必要管制，增强培训机构及技能培养体系的自主权和灵活性；五是实行更加简单、有效的经费拨款制度，增加对重点技能开发领域的拨款数额；六是进一步加强对继续教育机构硬件的投资，促进其设备设施的更新、现代化及合理运用；七是加强继续教育与技能培训体系的质量保障、透明性和数据管理，加强学生指导，使学生做出明智的培训选择；八是加强继续教育体系的创新性，向学生和雇主提供高质量的继续教育；九是提升继续教育的国际化水平，支持相关继续教育机构开发国际市场，加强技能培训，特别是雇主导向和工作本位学徒制向中国、印度等发展中国家的出口。[①]

在全面改革战略的基础上，2013 年 4 月，英国企业、创新和技能部与教育部共同发布新的技能战略《增强技能的严格性和响应性》。战略提出，在未来的改革中，要把严格性（rigorous）和响应性（responsive）作为技能体系的核心要求，使雇主和学习者能够主导自己的培训，并为所有的培训机构创造激励机制，使其提供更优异、高质量的培训。报告为实现上述目标提出了六个重要工作领域：提高标准，改革学徒制，创立受训生制，增强资格的适切性、严格性和认可性，提高拨款的适应性，提供更有效的信息和数据支撑服务。[②]

（三）美　国

表 2 - 5　美国近几年发布的技能战略及政策行动

时间	技能战略及政策行动
2009	《技能战略：确保美国工人和行业形成具有竞争力的技能》
2010	"为了美国未来的技能"的政策行动
2012	《投资美国的未来：生涯和技术教育改革蓝图》
2013	《支持知识和终身技能投资法案》

---

① Department for Business, Innovation and Skills. New Challenges, New Chances: Further Education and Skills System Reform Plan—Building a World Class Skills System [R]. December 2011.

② Department for Education, Business, Innovationand Skills. Rigour and Responsiveness in Skills [R]. April 2013.

2009 年，美国第 112 次国会通过《技能战略：确保美国工人和行业形成具有竞争力的技能》。这一战略主要围绕行业伙伴（Partnerships）、生涯路径（Pathways）、根据劳动力市场需求的合理投资（Proportionate Investment）发展而来。战略提出，每个美国工人都应有机会获得至少两年的高中后教育与培训——并通过此获得职业资格证书及进入高等教育机构的学习机会。报告提出如下政策建议：

首先，加强各部门间的合作伙伴关系，满足所有行业企业对技能型劳动力的需求。针对劳动力市场上面临的雇主很难找到适合特定岗位的技能型工人，以及工人缺乏雇主需要的特定行业技能这一困境，必须确保对教育与培训的投资能够全面指向行业的技能需求，以及与这些行业相联系的所有利益相关者都能够参与到培训中，从而确保工人、企业和行业获得最大收益。具体措施包括：一是根据《劳动力投资法案》的相关规定，创立新的行业伙伴关系，使地方相关利益群体共同制定行业劳动力发展计划；二是在立法范围内为特定行业培养足够的技能型工人，如交通、设施和能源等行业，以满足其最近和未来的技能需求。

其次，确保每个美国工人都能通过完善的生涯路径获得 21 世纪需要的技能。使在各种培训项目和培训机构间的过渡更加顺畅，扩大对教育与培训的投资，提供相关支持和服务，使进入教育与培训体系的个体都能获得成功，最终目标是提高教育与培训系统满足工人和雇主需要的能力。具体政策建议为：一是改善目前法律规定的一些培训项目——《劳动力投资法案》《高等教育法案》《行业调整法案》《贫困家庭短期资助法案》等，加强这些项目间的联系；二是为州相关部门提供拨款，使其将成人教育、工作培训与高等教育政策联系起来；三是创立联邦跨部门工作小组，关注各行业的劳动力教育与培训。

再次，实现联邦技能投资与劳动力市场需求的匹配。发展一个资源筹集及技能投资的国家战略，培养各行业需要的各种类型的技能型人才。具体政策建议有：一是不再削减对劳动力教育和职业培训项目的拨款；二是建立年度"人力资本投资"指标或报告卡，向总统和国会定期报告对于劳动力教育与培训的各种类型的经费使用情况；三是采取新的措施，开发中等水平技能证书，形成新的标准和数据收集机制，以评估各种联邦培训项目的效益，以及他们与劳动力市场需求之间的关系。①

　　为促进《技能战略》中各项政策的有效落实，美国分别针对社区学院和生涯教育发布具体的改革方案。2010 年 10 月 4 日，美国总统奥巴马启动名为《为了美国未来的技能》的政策行动。这一行动的直接目的是加强行业与社区学院的伙伴关系，确保社区学院学生获得劳动力市场需要的技能和知识。2012 年 4 月，美国教育部发布题为《投资美国的未来：生涯和技术教育改革蓝图》的政策报告。改革蓝图提出，要以联合（Alignment）、合作（Cooperation）、责任机制（Accountability）和创新（Innovation）为基本原则，扩展生涯和技术教育项目，并提出了一系列计划，激励学校和雇主之间加强合作，培养出适应经济社会发展需要的技能型人才。具体改革策略包括：在职业教育项目与劳动力市场需求间建立有效的联系，为学生进入高增长行业作准备；在中等和中等后教育机构、雇主及行业间建立密切的合作关系，提高技术教育的质量；建立有意义的责任机制，在对生涯和技术教育项目成就标准进行共同定义的基础上，改善生涯和技术教育项目中所有学生的学术成就，并提高其技术水平和就业能力；通过政策和实践的改革创新，支持生涯和技术教育项目在各地的有效实施。②

　　2013 年 3 月，美国国会发布《支持知识和终身技能投资法案》。法案强调，要改革和加强国家的劳动力投资体系，培养更加强有力的技能型劳动力，增强美国的竞争力。

三、澳、英、美国家技能战略的特质分析

　　通过对美国、澳大利亚、英国技能战略的比较可以看出，尽管这些国家相关技能战略的出发点和内容不同，但各国政策的核心理念是一致的，即充分发挥技能人才培养在促进就业、经济振兴、实现社会和谐与包容中的作用，并把职业教育与培训体系的改革发展作为技能人才培养的核心战略。

---

① National Skills Coalition. Toward Ensuring America's Workers and Industries the Skills to Compete：Partnerships Pathways，Proportionate Investment［Z］. 2009.

② United States Department of Education Office of Vocational and Adult Education. Investing in America's Future：A Blueprint for Transforming Career and Technical Education［Z］. 2012.

（一）构建开放、灵活、层次完善的职业教育与培训体系是各国技能战略的核心内容

从各国战略的具体内容来看，建立以学习者和企业为核心的职业教育与培训体系，发展全民的技能是各国战略共同强调的核心内容。其特征体现在三个方面：一是强调以终身教育理念为基础，建设包容性、开放性、灵活性的职业教育与培训体系；二是重视发展完善的包括各种层次和类型技能人才在内的职业资格制度，以及与技能人才培养相配套的人才聘用制度，提高职业教育人才培养及使用的效率和效益，满足各行业发展对技能人才的需求；三是重视加强以提高质量为核心的教育教学改革，重视发展针对学习者的生涯辅导和就业服务体系。

（二）面向全民的技能人才培养已经成为各国经济社会发展的核心战略

从技能战略的出发点来看，英国、美国、澳大利亚普遍将技能人才培养置于人口、劳动力市场、科技进步、气候变化等经济社会发展的综合背景下，把其作为经济社会长期发展战略的重要因素。从这一角度出发，各国普遍将职业教育发展置于更广泛的公共政策视野下，并把其与积极的劳动力市场、健康和社会福利、行业发展、科技及青年政策结合起来，从整体上促进整个社会终身学习、创新性、可持续发展及公民幸福的实现。为此，各国普遍强调如下策略：一是积极促进职业教育与培训规模的发展；二是通过多种形式增加或稳定对于职业教育与培训机构的投资；三是发展面向全民，特别是开发更多面向经济社会地位较低、失业人口、青年人的培训机会，促进他们积极的社会融合。

（三）通过加强多方合作伙伴关系提高培训的社会适应性是各国技能人才培养的核心举措

从各国技能人才培养的实施策略来看，基于企业对技能人才的需求，加强职业教育和培训机构与行业企业的合作伙伴关系，提升技能人才的劳动力市场适应性和就业能力是各国的核心策略。例如，美国技能战略和生涯教育改革路线图的核心改革理念就是"行业伙伴"和"联合"；使雇主充分参与技能人才培养体系是英国技能战略的核心内容；澳大利亚提出，加强政府、行业与企业的合作，采用一个合作性的技能人才开发路径。这表明，加强行业企业等利益相关者对职业教育与培训实施的参与，已经成为国际技能人才培养的基本规律。其具体策略：一是从企业的角度开展技能人才需求的评估及预测，二是重视让学习者体验工作本位学习，三是使行业企业参与教育与培训内容的开发。

借鉴澳大利亚、英国、美国等国的经验，我国也应尽快制定针对更广泛的、动态的、需求本位的，并与政府的经济增长、就业促进及社会发展政策紧密相连的技能培训战略。① 一是从经济社会可持续发展的角度出发，把职业教育作为国家发展战略的重要组成部分，在宏观上适应国家建设小康社会和增强创新能力的要求，关注弱势群体和社会重点发展目标，制定针对行业企业的技能人才培养战略；二是从教育发展的角度，构建层次完善、结构灵活、形式多样的职业教育与培训体系，充分发挥职业教育作为一种教育类型在教育体系构建及满足公民学习需求方面的功能；三是从职业教育自身发展角度来说，全面提高教育教学质量，加强自身管理体制和办学模式改革，解决自身存在的问题，并在此过程中逐步提升自身的社会影响力和吸引力。

参考文献

[1] 李玉静. 关注全民化的技能开发 [J]. 职业技术教育，2012 (25).

[2] UNESCO. Youth and Skills：Putting Education to Work—EFA Global Monitoring Report 2012 [R]. Paris，France：UNES·CO，2012.

[3] Better Skills，Better Jobs，Better Lives：A Strategic Approach to Skills Policies [R]. OECD 2012.

[4] Communication from the Commission to the European Parliament，The Council，The European Economic and Social Committee and The Committee of the Regions. Rethinking Education：Investing in Skills for Better Socio-economic Outcomes [R]. COM (2012) 669 Final Strasbourg，2012-11-20.

[5] SKILLS AUSTRALIA. Australian Workforce Futures：A National Workforce Development Strategy [R]. Commonwealth of Australia，2010.

[6] SKILLS AUSTRALIA. Skills for Prosperity：A Roadmap for Vocational Education and Training [R]. Commonwealth of Australia，2011.

[7] Skills for All Australians：National Reforms to Skill More Australians and Achieve a More Competitive，Dynamic Economy [R]. Commonwealth of Australia，2012.

[8] UK Commission for Employment and Skills. Ambition 2020：World Class

① 李玉静. 关注全民化的技能开发 [J]. 职业技术教育，2012 (25)：1.

Skills and Jobs for the UK [R]. 2009.

［9］Department for Business，Innovation and Skills. Skills for Sustainable Growth：Strategy Document [R]. November 2010.

［10］Department for Business，Innovation and Skills. New Challenges，New Chances：Further Education and Skills System Reform Plan—Building a World Class Skills System [R]. December 2011.

［11］Department for Education，Business，Innovation and Skills. Rigour and Responsiveness in Skills [R]. April 2013.

［12］National Skills Coalition. Toward Ensuring America's Workers and Industries the Skills to Compete：Partnerships Pathways，Proportionate Investment [Z]. 2009.

［13］United States Department of Education Office of Vocational and Adult Education. Investing in America's Future：A Blueprint for Transforming Career and Technical Education [Z]. 2012.

［原文刊载于《职业技术教育》2014 年第 1 期（谷峪　李玉静）］

国际资格框架体系比较研究
——基于对英国、欧盟、澳大利亚的分析

　　当前，我国职业教育已经进入以完善体系、增强吸引力、提高质量为根本目标的发展阶段，而实现职业教育与各级各类教育间的沟通，特别是与普通教育的等值发展是建设现代职业教育体系的关键。从国际视野来看，职业教育发达国家普遍将建立涵盖范围更加广泛、结构更加完善、有利于不同教育间学分转换和学生流动的资格框架体系作为增强职业教育吸引力、构建完善教育与培训体系的重要举措。其中，以英国、欧盟和澳大利亚为代表的发达国家和国际组织已经建立了相对成熟的资格框架体系，值得我国借鉴。

一、国际资格框架体系发展的成熟模式

（一）英　国

　　英国的资格框架在国际享有盛誉，其以优质灵活的特征成为英国教育体系的重要特色之一。英国国家资格框架（National Qualification Framework，NQF）的早期发展可以追溯到 20 世纪 80 年代中后期国家职业资格证书（NVQ）制度的建立以及 1997 年"资格和课程委员会"（QCA）的成立。但直到 21 世纪之前，英国的资格种类还非常繁杂，包括普通中等教育证书（GCSEs）、国家职业资格（NVQs）、普通国家职业资格（NVQs）等。为了对不同资格进行比较，英国在 2000 年建立了国家资格框架，将除了高等教育外的所有资格纳入这一框架中。当时这个框架分为 5 级，具体为从入门级到 4 级。到 2004 年，为了使国家资格框架与英国的高等教育资格框架（Framework for Higher Education Qualifications，FHEQ）对接，对资格框架进行了修订。修订后的国家资格框架将原来 5 级资格发展为 9 级，即从入门级到 8 级。其中，入门级至 3 级保持不变，原来的 4—5 级分解为 5 个级别，变成 4—8 级。经过这次改革，国家资格框架已经基本能够对所有资格进行较为明确的定位，并使各类资格有了比

较的平台①。为进一步增强资格框架在推进终身学习中的作用，促进学习者的学分转换及对先前学习的认可，2011 年 10 月，英国政府在国家资格框架的基础上又全面推行了资格与学分框架（Qualification and Credit Framework，QCF）。新的资格与学分框架在框架体系、结构要素、运行管理等多方面进行了改革创新，其最大的特点是包容性。如图 2 - 10 所示，这一新的框架包括 9 个不同的层次，涵盖中等教育、继续教育、职业养成（如学徒制）以及职业和专业高等教育。这一框架虽然没有把学术性高等教育课程（如研究生学历）纳入进来，却与高等教育资格框架（FHEQ）建立了广泛的联系，从而使各层次教育成就都能进行互相比较。教育机构所提供的课程必须得到认证，并成为国家资格框架的一部分，才能获得政府拨款，如学徒制资格，这从客观上保证了资格框架的有效实施，能够切实发挥资格框架对教育实践及学习者流动的促进作用。从图 2 - 9 可以看出，每种资格都从入口水平到水平 8 共 9 个层次，处于同一水平的资格在需求和难易程度上相当，其内容主要根据学科进行划分。其中，入门级别最低，8 级最高。如，高级教育证书相当于新资格框架 3 级水平，硕士相当于新资格框架的 7 级水平，博士相当于新资格框架的 8 级水平。

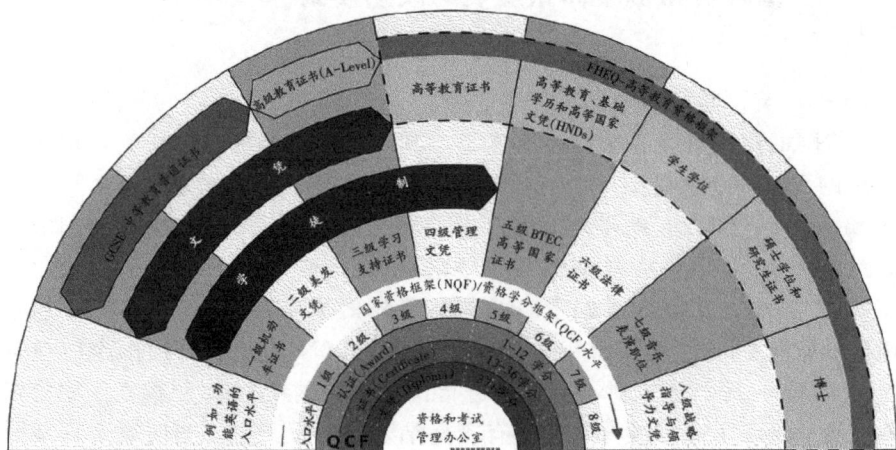

图 2 - 9　英国的国家资格框架

资料来源：Dr Susan James，Professor Ken Mayhew，Dr Andrea Laczik，Ms Marta Mordarska. Report on Apprenticeships，Employer Engagement and Vocational Formation in England ［R］. Oxford University Consulting，2013.

①　关晶. 从 NQF 到 QCF：英国资格框架改革的新进展 ［J］. 江苏技术师范学院学报，2009（10）：77－80.

在具体评价标准上，资格与学分框架以职业岗位需要的能力为基础，主要衡量一个人能做什么，而不仅仅是他知道什么，这是资格与学分框架的核心①。处于资格学分框架上的每个资格都有一定的学分值，表示该资格的大小以及获得该资格需要的时间。学分下还有学习单元，学分是按照学习单元授予的。每个学分代表 10 个小时的学习时间，即学习者完成学习单元所有学习结果的平均时间，而不管学习是在何时何地、以何种形式发生的。资格学分框架上有三种资格系列：认证（Award）需要 1—12 个学分，证书（Certificate）需要 13—36 个学分，而文凭（Diploma）需要 37 个以上学分。如保健护理三级认证、职业安全三级证书、时尚零售采购与销售四级文凭。学习者通过学习单元学分的累积，根据组合原则完成所需的学习单元，并通过严格的证书认定来获取资格。总体来看，英国资格与学分框架就是将所有的资格分为难度和学习量两个维度来考量，并将所有的资格都置于这一框架中的相应位置。由于所有资格的命名都已经包含了资格与学分框架这两个维度的信息，因此，不需要再进行专门比较，使用者就可以对某资格的情况非常清楚。这一创新大大简化了资格比较的复杂性，使一般学习者和雇主能更容易做出判断和决定②。

（二）欧　盟

2008 年 4 月 23 日，欧洲议会和理事会正式通过欧洲资格框架，其目的是在欧盟范围内建立一个共同的资格互认参照标准，在尊重成员国多样性的基础上提高各国资格体系之间的透明度、兼容性和可比性。欧洲资格框架覆盖各教育阶段颁发的各级资格，重视对正规、非正规和非正式学习结果的认证。

欧洲资格框架以学习结果为基础把资格分为 8 个层次，这 8 个资格层次跨越各个教育阶段，能够有效认证正规、非正规和非正式的学习成果，从而促进公民在不同国家之间、不同工作之间和不同教育机构之间的流动，推动终身学习的实现。每一层次分别描述了学习者在学习结束后知道什么、理解什么、能做什么，即学习者掌握的知识、技能和能力。③　具体

---

① Dr Susan James, Professor Ken Mayhew, Dr Andrea Laczik, Ms Marta Mordarska. Report on Apprenticeships, Employer Engagement and Vocational Formation in England [R]. Oxford University Consulting, 2013.

② Ofqual. Comparing Qualifications Levels [EB/OL]. http：//ofqual. gov. uk/help－and－advice/comparing－qualifications/.

③ The European Qualification Framework for Lifelong Learning [EB/OL]. http：//ec. europa. eu/education/pub/pdf/general/eqf/leaflet _ en. pdf.

见表 2 - 6。

表 2 - 6　欧洲资格框架各层级标准描述

	知　识	技　能	能　力
资格层次	在欧洲资格框架的背景下，知识被描述合理论或事实性知识	在欧洲资格框架的背景下，技能被描述或认识性能（涉及逻辑、直觉和创造性思维的应用）和实践技能（涉及手工操作以及运用方法、材料、工具的能力）	在欧洲资格框架的背景下，能力主要从责任和自主性的角度来定义
层次 1	基本普通知识	从事简单工作需要的基本技能	在有组织的背景或直接监督下开展工作或学习
层次 2	关于某一工作或学习领域的基本事实知识	运用相关信息完成任务以及运用简单创造和工具解决常规问题所需的一系列认知和实践技能	在别人监督下还具有一定自主性地开展工作或学习
层次 3	某个工作或学习领域的事实性知识、原则、过程和基本概念	选择和应用基本方法、工具、材料和信息解决问题和完成任务所需的一系列认知和实践技能	在完成工作和学习任务中独立承担责任，在解决问题的特定情境中调整自己的行为
层次 4	具有某个工作和学习领域广泛背景的事实和理论知识	解决某人工作和学习领域具体问题所需要的一系列认知和实践技能	在可能发生不可预知变化的工作和学习情境下，进行自我管理；对他人的工作进行监督，在工作和学习活动的评价及改进中承担责任
层次 5	具有某个工作和学习领域的全面性、专业化、事实性的理论知识，以及某些跨学科的认识	具有创造性地解决抽象问题所需的一系列综合性认知技能和实践技能	能够在不能预知的工作或学习活动中进行管理和监督，审查自己和他人的工作业绩

	知　识	技　能	能　力
层次 6	具有在特定工作或学习领域中的高级知识，包括对理论和原则进行批判性理解	具有在特定工作或学习领域中解决复杂和不可预测问题所需的高级技能和创新能力	管理复杂的技术性和专业性的活动，在不可预知的工作或学习环境中做出决策。能够负责管理个人和集体的专业发展
层次 7	具有关于特定工作或学习领域的高级专业性知识和前沿性知识。能够批判性地认识其他某一领域中知识以及跨学科领域的知识	能够在研究和创新工作中运用相关技能解决专业性的问题，并发展新的知识和程序，以及对不同领域知识进行整合	应对复杂和不可预知的工作或学习环境，能提高专业性的知识水平和实践水平，负责检查团队的战略性业绩
层次 8	具有特定工作或学习领域的最前沿知识，以及跨学科领域的交叉性知识	在研究工作中，能够运用最高级、最专业的技能创造性地解决关键问题，并扩展已有知识和实践	在研究中能表现出真正的权威性、创新性、自主性、学术性和专业性，并能不断发展新知识和新方法

　　欧洲资格框架作为一种推动终身学习的手段，涵盖了从义务教育到高等教育阶段的各级教育资格，并包括普通教育、成人教育、职业教育与培训以及高等教育在内的各种教育类型。其中 6、7、8 等最高的三级资格与欧洲高等教育区（European Higher Education Area）中规定的学士、硕士和博士学位相对应，这三个层次也作为高级职业资格的参照标准。由于欧洲资格框架以学习结果为基础，个体即使没有接受过正规的学校教育，其在工作中获得的知识、技能和能力也可以通过相应的学分转换系统进行转换和积累。

　　在欧洲资格框架的基础上，欧盟还制定了一系列学分和资格认证体系，其中，"欧洲职业教育和培训学分体系"实施框架包括单元学习成果、在相关机构间建立合作伙伴和学分转换三方面主要内容。

（三）澳大利亚

　　从 1995 年开始，澳大利亚逐步建立了全国统一的教育与培训资格框架体系，即澳大利亚资格框架（Australian Qualification Framework，AQF）。澳大利亚资格框架将基础教育、职业教育与培训、高等教育等不同阶段和类型的教育资格整合在一个体系中，整个框架从高中阶段一直贯穿到博士学位教育，实现了大学、职业教育与培训以及中小学教育的相互衔接。

澳大利亚资格框架是对个人通过学习和培训所获得的学习结果的认可，以证明个人所获得的知识和技能。如表 2-7 所示，澳大利亚资格框架用 12 级资格规定了中等教育、职业教育与培训、高等教育的分立与贯通，为各教育系统之间的资格确认、学分转换、课程衔接、学生在不同教育系统之间的流动，以及行业企业对个体教育资历和能力水平的确认提供了权威性标准。资格框架中每一级证书的要求不同，但在内容上互相衔接。职业教育与培训体系通过一级证书和二级证书与中等教育相衔接，通过文凭和高级文凭与高等教育体系相衔接。以此为基础，资格框架允许人们稳定地从一种资格逐步晋升到另一种层次更高的资格，职业教育体系的学生想进一步深造，包括进入其他教育机构中获得更高层次的资格证书或升入高等教育系统获得本科层次以上学历，其学分可以得到相应转换和认可①。

表 2-7　澳大利亚最初的资格框架及其在各教育领域间的衔接

普通中学 （10、11、12 年级）	职业教育与培训 （TAFE）	高等教育 （大学）
	高级专科文凭	博士学位 硕士学位 研究生文凭 研究生证书
		学士学位
		副学位/高级专科文凭
	专科文凭	专科文凭
	四级证书 三级证书	
二级证书 一级证书 高中教育证书	二级证书 一级证书	

资料来源：芮小兰. 澳大利亚职业资格框架（AQF）对我国的启示 [J]. 中等职业教育，2008（5）.

---

① 芮小兰. 澳大利亚职业资格框架（AQF）对我国的启示 [J]. 中等职业教育，2008（5）：46—49.

为进一步增强资格框架的灵活性，实现资格框架与国际接轨，并在促进公民终身学习中发挥更大作用，近年来，澳大利亚资格框架理事会对资格框架进行了多次修订，到 2013 年 1 月，发布了最新版的澳大利亚资格框架。新的资格框架将原先的 12 级资格变成了 10 级，并适应国际社会学习结果导向的发展趋势，从知识、技能及应用能力等方面对每一层次的学习结果进行了具体描述①。如表 2 - 8 所示。新版资格框架的制定主要基于如下原则：适应澳大利亚现在和未来教育与培训体系的多样化发展趋势；通过支持适切、现代化及国家统一的资格结果，促进国家经济发展；促进人们在不同教育与培训部门以及劳动力市场间的转换；通过加强对先前学习经历的认可来支持个体的终身学习；加强对教育与培训的管理和质量监控；使澳大利亚资格框架与国际社会接轨，增强毕业生和劳动力的国际流动性②。新版资格框架特别重视学生在不同教育部门间的流动和学分转换，并特别就这一方面制定相关的支持政策。

表 2 - 8　澳大利亚资格框架的资格层次和类型

资格层次	资格类型	指标描述
1 级	一级证书	这一层次的毕业生具有进入初始工作、社题参与及继续学习的知识与技能
2 级	二级证书	这一层次的毕业生具有进入一个特定背景工作或继续学习的知识与技能
3 级	三级证书	这一层次的毕业生具有参加工作或继续学习的理论和实践知识与技能
4 级	四级证书	这一层次的毕业生具有从事某一专业化或技能型工作或继续学习的理论和实践知识与技能
5 级	文凭	这一层次的毕业生具有从事技能型或专业化工作或继续学习的专业性知识与技能

---

① Australian Qualifications Framework Council. Australian Qualification Framework［S］. Second Edition，January 2013.

② Australian Qualifications Framework Council. Australian Qualification Framework［S］. Second Edition，January 2013.

续　表

资格层次	资格类型	指标描述
6级	高级文凭/副学士学位	这一层次的毕业生具有从事专业性或高技能工作或继续学习的广泛的知识和技能
7级	学士学位	这一层次的毕业生具有从事专业性工作或继续学习的广泛的、系统的知识和技能
8级	荣誉学士学位/研究生证书/研究生文凭	这一层次的毕业生具有从事专业性高技能工作或继续学习的高级知识和技能
9级	硕士学位	这一层次的毕业生具有从事研究、专业性实践或继续学习的专业化知识和技能
10级	博士学位	这一层次的毕业生具有对某一复杂学习领域系统性和批判性知识，以及推动该领域专业性实践进步的专业化研究技能

资料来源：Australian Qualifications Framework Council. Australian Qualification Fraumework ［S］. Second Edition. January 2013.

（四）比较与分析

总体来看，英国、欧盟和澳大利亚等国家和地区的资格框架体系虽然不完全相同，但各国和地区的资格框架不是一个单纯的职业教育或高等教育资格框架，而是与整个教育体系结合在一起的，把整个教育包括职业教育、基础教育、高等教育与成人培训等各种类型的教育与培训统筹在一起，这是这三个国家和地区资格框架体系的共同特点。其最终目标是实现各级各类教育的贯通和协调发展，为公民构建一个无障碍、可以自由流动的终身学习体系。此外，这三个国家和地区的资格框架都把学习者作为核心，以学习者的学习结果为导向和标准，将资格分为从低到高的不同级别，消除了职业教育和普通教育作为不同教育类型的差异，把两者纳入平等的视野下。而且，在资格框架的基础上，这三个国家和地区还形成了具体的学分累计和转换制度，以促进学习者从一个资格层次进入另一个资格层次，切实发挥资格框架在促进个体发展及终身学习中的作用。

二、我国资格框架体系改革发展路径选择

（一）我国资格框架体系的现状与问题

目前，我国教育资格框架体系包括学历证书与职业资格证书两种类型。学历证书由教育部门管理，主要根据教育层次的差异分为不同的学历和学位证书。我国的职业资格证书则由劳动、人事部门综合管理。劳动部门负责以技能为主的职业资格鉴定及证书核发与管理工作，人事部门负责专业技术人员职业资格评价和证书的核发与管理工作。我国现行的职业资格证书体系共分为五个等级：国家职业资格五级（初级）、国家职业资格四级（中级）、国家职业资格三级（高级）、国家职业资格二级（技师）、国家职业资格一级（高级技师）。目前，我国的教育资格认证制度存在两方面问题：首先，我国的学历证书与职业资格证书两个系列属于平行而互不联系的两个系统，不利于对学习者统一认证，职业院校的学生在获得必要的教育学历的同时，还要参加专门的职业资格证书考试，造成学习时间和资源的浪费。此外，由于两个资格系统属于不同的部门管理、分属不同的系统，它们在劳动力市场上的地位也存在很大差异，社会和劳动力市场普遍存在重学历认证系统、轻视职业资格认证系统的问题，这反映到教育体系上，就导致人们重视以提升学历为目标的普通教育体系的发展，而忽视以提升职业技能水平为目标的职业教育与培训的发展。其次，我国的学历证书资格系统中也存在发展不平衡、僵化的问题。主要表现就是学术性资格系列较为完善，职业或专业性学位系列相对不完善，而且学生在各个资格层次和教育类型间的转换不流畅，没有建立学分转换和积累机制，这也导致人们过于追求学术教育资格，轻视职业性资格的获得，不利于学习者的个人发展及终身学习，更不利于教育体系的良性发展，对于以培养技能为主的职业教育的发展更是造成了很大障碍。

（二）改革路径选择

《国家中长期教育改革和发展规划纲要（2010—2020年）》提出，要"搭建终身学习'立交桥'。促进各级各类教育纵向衔接、横向沟通，提供多次选择机会，满足个人多样化的学习和发展需要"。"建立继续教育学分积累与转换制度，实现不同类型学习成果的互认和衔接"。无论从我国终身教育目标的实现来说，还是从建设现代教育体系以及技能型人才培养的

角度而言，我国都应借鉴国际社会资格框架体系建设的经验，建立完善、统一、灵活、有利于学习者发展的资格框架体系，以促进教育体系可持续发展，从根本上增强职业教育吸引力，这应是我国教育基本制度及现代职业教育体系建设的重中之重。

第一，消除部门壁垒，建立集职业资格证书系列与学历学位系列于一体的国家资格框架体系。实行国家政策干预，建立全国统一的资格证书体系是发达国家的一个显著特点。如英国的资格和学分框架将通过学徒制培训获得的职业资格系列完全纳入资格框架中，实现了学历教育与职业资格的一体化。目前来说，我国两个资格系列分属不同部门管理是一个很大障碍，在这方面，可借鉴澳大利亚和英国的经验，成立由不同部门代表组成的独立的国家资格框架理事会，专门负责对不同部门要求和利益进行协调，开发全面的国家资格框架体系。如英国的资格和考试管理办公室（OFQUAL）是一个独立的国家政府部门，其直接向议会和国会提供关于资格发展方面的建议。澳大利亚负责资格框架的是澳大利亚资格框架理事会（Australian Qualifications Framework Council），其由来自教育、技能和就业部门的代表组成。借鉴其经验，我国资格框架的制定也应突破单纯学校教育的局限，建立独立的资格框架开发和管理机构，扩大资格框架体系的覆盖范围，把面向成年人等包括工读结合在内的各种形成的学习及资格证书纳入一个资格体系中，使学生可以按照自身条件和社会需要灵活选择不同等级的资格培训，分层次分阶段地获取资格证书，以从根本上促进终身学习的实现。

第二，全面推行学分制，促进资格框架的灵活性、一致性与贯通性，通过资格框架促进教育的均衡发展。目前，我国学历资格体系的问题表现在两个方面：一是普通教育与职业教育以及各层次教育间的衔接性较差，学生缺乏交流转换的渠道；二是职业或专业性学位体系不健全，导致不同类型教育发展不均衡。根据英国、澳大利亚的资格体系改革历程，国际社会解决该问题的路径是，新世纪以前，普遍强调建立学术与职业双元的资格体系，而近来的改革强调以学习结果为标准建立统一的资格系列，如澳大利亚 2013 年的新框架把所有的资格都纳入一个体系中，不对职业和学术学位进行区分，英国和欧盟也采取了相似的模式，主要根据学习结果的难易程度形成不同的资格等级。根据我国的现实，我国可采取渐进式的改革路径，先建立与学术学位体系平行的专业性学位资格体系，然后逐步将两者进行整合，最终达到促进教育均衡发展的目的。但改革过程中的关键一点是全面推行学分制，形成具体、明确的学分转换和累计制度，实现各层次、各类型资格的无缝衔接和贯通，这是资格框架实施的根本问题。

第三，在发展资格框架的过程中，形成以学习结果为导向的资格认可机制。而从国际教育评估的趋势来看，学习结果导向也已经成为大势所趋。因此，我国在资格框架的发展过程中，也应以学习结果为导向制定适应我国国情的各种资格等级标准，在此基础上，逐步形成各个学科领域基于学习结果的学分要求。只有这样，才能发展与国际接轨、同时促进终身学习以及学习者流动的资格框架体系，切实发挥资格框架在构建现代职业教育体系及促进经济发展中的作用。

参考文献

[1] 关晶. 从 NQF 到 QCF：英国资格框架改革的新进展 [J]. 江苏技术师范学院学报，2009（10）.

[2] Dr Susan James，Professor Ken Mayhew，Dr Andrea Laczik，Ms Marta Mordarska. Report on Apprenticeships，Employer Engagement and Vocational Formation in England [R]. Oxford University Consulting，2013.

[3] Ofqual. Comparing Qualifications Levels [EB/OL]. http：//ofqual. gov. uk/help-and-advice/comparing－qualifications/.

[4] The European Qualification Framework for Lifelong Learning [EB/OL]. http：//ec. europa. eu/education/pub/pdf/general/eqf/leaflet _ en. pdf.

[5] 芮小兰. 澳大利亚职业资格框架（AQF）对我国的启示 [J]. 中等职业教育，2008（5）.

[6] Australian Qualifications Framework Council. Australian Qualification Framework [S]. Second Edition，January 2013.

［原文刊载于《职业技术教育》2013 年第 25 期（谷峪　李玉静）］

技能战略的行业和地方维度：路径与机制
——以 OECD 成员国为例

技能战略是引导技能发展的重要手段。OECD 研究认为，技能战略的实施不仅应从国家层面展开，也必须在行业和地方两个层面进行。尤其是在幅员辽阔、地区差异较大的国家，不同行业部门的发展差距较大，地方层面也呈现出多样性和独特性的特征，在技能发展水平、技能需求、技能发展等方面均存在较大的差异。因此，行业和地方战略是一个国家技能战略运行的关键维度。

一、技能战略行业维度及其路径

不同行业部门面临不同的技能挑战和需求，适合行业发展的政策也各不相同。从行业部门视角审视技能供给、需求和使用问题，有助于国家更好地把握影响劳动力能力提升的复杂因素，并鼓励行业以更正式的形式参与技能开发，有助于技能战略以更大容度解决具体问题。

（一）建立由雇主领导的行业机构并满足相关行业的技能需求

行业层面技能发展的关键是建立由雇主领导的行业机构。工作场所是技能开发和使用的场所，雇主职责是确定需补充的职位、雇用哪些人以及如何对职员进行管理。因此，确保雇主的有效参与非常关键。与国家层面的参与相比，雇主参与往往更容易通过其自身建立的特定关系网络，将相关行业联系在一起，以满足相关行业的技能需求。雇主在了解需求的基础上，能促使伙伴关系发挥作用，激发雇主对技能的投资、需求和使用。从这一意义上讲，强调雇主在行业机构中的作用实际上是鼓励以需求为主导的方法，行业机构通过为雇主提供机会，与其共同确定技能需求，使之在技能战略中越来越具有影响力。

以新西兰为例，新西兰共有 38 个行业培训机构负责组织职业技能培训，与雇主共同确定技能发展需求，制定与行业相关的、以能力为基础的技能标准及职业资格，每年为近 10％的新西兰劳动力提供正式工作场所，并组织相关培训。[①] 在荷兰，由行业引领的 17 家全国职业教育与事务专家中心机构负责收集和分析劳动力市场信息，制定能力标准，集聚主要行业合作伙伴，并通过一个在线门户网站将资格、课程与现实劳动力市场紧密结合在一起。

总体来看，行业机构为雇主提供了一个独一无二的平台，使雇主能够表达其所在行业的相关技能和生产力需求。这些行业机构强调雇主的领导力，为政府与雇主的共同参与提供了一种有效方式和途径。

（二）发挥行业部门与社会伙伴对技能发展的重要作用

不同行业部门与社会伙伴的具体职能各不相同，但也存在一些共同关注的领域，例如本行业劳动力市场信息、行业部门技能共识、国家职业标准、职业生涯指导、产学伙伴关系、继续教育和高等教育合作伙伴关系等。在英国，行业技能委员会是独立雇主导向型机构，其作用在于：分析本行业所需技能；明确表达雇主在技能方面的需求；制定创新技能解决方案，满足行业需求；激励雇主的发展志向，对技能进行投资；制定国家职业标准，确定职业能力，为职业资格设计提供支撑；制定和颁布学徒制度框架。荷兰的初始培训和终身学习主要由行业部门主办，社会伙伴在其中扮演了重要角色。雇主的责任主要在于为学生提供津贴、组织培训、找寻学校客座教师、提供设备及规划学校课程等。学徒制体系由政府和企业共同出资，终身学习由行业技能培训与发展基金会提供支持，主要依据行业内社会伙伴之间的集体协议进行资金分配和使用，这对不设专门培训人员的中小企业来说尤为重要。[②] 澳大利亚行业技能委员会的主要职责包括提供劳动力发展和技能需求的行业信息及建议，开发、实施及持续改进培训项目，为企业提供技术和培训建议，与企业、就业服务提供者、培训提供者和政府共同分配培训场所[③]。

可见，行业部门与社会伙伴在人才需求预测、专业建设、培养标准制定、质量保障以及密切与工作场所之间的联系等方面发挥着关键作用。在

① SUNG J, RADDON A, ASHTON. Skills abroad: a comparative assessment of international policy approaches to skills [R]. Leicester: UKCES, 2006.
② ILO. A skilled workforce for strong, sustainable and balanced growth: the G20 training strategy [R]. Geneva: ILO, 2010.
③ TOM BEWICK. PHILLIPA ABBOTT. Think global, act sectoral [R]. Manchester: International Network of Sector Skills Organizations, 2010.

承担这些角色和任务中，行业技能委员会需利用广泛的行业关系网并调动利益相关者的积极参与。

此外，行业部门还需根据所在部门存在的具体问题，制定切实可行的解决方案。例如，有些部门由于报酬少等因素存在技能短缺现象。行业部门需针对这些具体问题制定策略，积极组织营销活动以改善负面形象，同时与雇主和利益相关者共同协商，采取措施提高生产率和工资水平。

（三）组建行业技能联盟，提高技能供给能力

行业技能机构是连接教育与产业的桥梁和纽带，其能改变由政府主导的技能供给模式，为国家和企业提供熟练的技能型人才储备并使之更具效率和竞争力。在国际行业技能组织（The International Network of Sector Skills Organizations，以下简称 INSSO）成员国中，行业技能机构之间已联网结盟，如加拿大行业委员会联盟、英国行业技能委员会联盟、澳大利亚行业技能论坛、新西兰行业培训联盟、荷兰职业教育协会等。行业技能联盟的组建，使雇主、工会、国家和教育机构联合起来共同确定技能需求，帮助部门和供应链在全球范围内取得成功。在澳大利亚，2006 年成立的行业技能论坛联合了 11 个行业技能委员会，每年至少召开 4 次会议，主要讨论对澳大利亚行业具有广泛影响力的议题，分享信息、经验和知识，发挥行业优势，支持国家职业教育与培训体系的有效运营。加拿大行业委员会联盟建立了认证委员会，与加拿大标准协会联合制定指导方针，以支持建立行业认可的标准，开发国家认证的培训项目和课程。联盟还十分注重弱势群体的参与。加拿大行业委员会通过与包括小学、中学和中学后教育机构在内的各级教育机构合作，提供行业经验和培训，并将之整合到正规教育课程和计划中。

行业技能联盟集结了政府、行业、企业、社会团体和其他利益相关者，一方面，其促进了行业间的有效交流，有助于缩小教育、职业培训和劳动力市场之间的差距；另一方面，行业技能联盟密切了政府、行业企业和教育之间的关系，既满足了教育与培训的发展要求，又使行业依托教育与培训获得了更好的发展。

二、技能战略地方维度及其路径

技能战略地方维度是国家技能战略至关重要的组成部分。不同地区的经济结构、经济条件和地理位置具有特殊性，其技能问题也存在差异。欠

发达地区面临较多低技能平衡问题，而经济发达地区则要应对技能两极分化的问题，因而技能战略需考虑地方维度。此外，地方层面的利益相关者更为关心当地企业的技能需求，并能够将教育与培训活动整合到更广泛的地方发展战略之中。

（一）行动策略与当地经济、劳动力市场和技能状况紧密联系

技能供应、需求和匹配在地区之间存在明显差异。在劳动力市场和学习市场中，职位、员工和学习者均具有本地性质，尤其在中、低级技能水平层面。因此，面向地区或地方劳动力市场的行动策略是实现技能战略目标的关键，具体路径包括建立地方劳动力开发体系以及形成地方企业合作伙伴关系等。

美国依据 1997 年制定的《劳动力投资法案》建立了劳动力开发体系，形成了约 550 个以本土命名、以企业为主导的劳动力投资委员会。它们作为地方劳动力市场战略的服务成员，根据当地需求提供一系列诸如工作岗位和职业培训服务等资源，与当地技能培训机构、教育和经济发展利益相关者之间建立了紧密联系。

2010 年，英国在就业和技能委员会的帮助下，构建了地方政府和企业之间的合作伙伴关系，主要采取整合方法，确定地方经济发展重点，通过举办活动来促进经济增长，增加就业机会。目前，英国已经宣布的地方合作企业共有 39 家，并逐渐形成了一个地方性网络[①]。

（二）地方战略侧重于吸引人才、整合与开发劳动力和提升技能水平

从 OECD 成员国技能战略来看，地方战略侧重于从以下三个方面展开行动：吸引并留住人才，将弱势群体整合并纳入劳动力开发框架，提升较低职业资格群体的技能水平。[②] 其中，吸引并留住外来人才是地方技能战略的一个重要方面，其在国家技能战略中很少被提及。在许多地方劳动力市场中，外来人口是促进地方发展的重要力量，其有助于形成熟练劳动

---

① CAMPBELL M. Skills for prosperity? a review of oecd and partner country skill strategies [EB/OL]. (2012－12－28) [2014－11－05]. http://www.llakes.org/wp－content/Mike－Campbell.pdf.

② FRANCESCA FROY. Local strategies for developing workforce skills [M]. IN FROY F. GIGUERE S. HOFER A. Designing local skills strategies. Paris：OECD Publishing. 2009：23－56.

力储备，但单就自身而言是不够的，因为它主要是面向供方的劳动力市场。

经济合作与发展组织的 LEED 项目基于 30 年地方就业和经济发展政策的研究和实践，确定了地方层面技能战略实施的五大原则。一是形成熟练的、适应性较强的劳动力储备。采取兼顾方法，在现有劳动力和新加入移民之间，以及青年人和成人之间保持一种均衡发展。二是提升工作品质，更好地使用技能。三是支持职业晋升和提供更好的就业机会。四是培育和预测新的增长点，如医疗保健、成人和儿童的社会关怀、能源、运输和建设、绿色工作等。五是形成良好的地方治理机制，最大限度地确保相关政策之间的有效协同。① 由此，坚实的实证基础、合作伙伴构建以及领导力建设等对落实地方战略行动来说至关重要。

（三）将利益相关者组成一个广泛的地域性跨行业联盟

技能战略地方维度应基于劳动力市场技能供应和需求两个方面，将技能和教育与雇主需求相匹配，以确保当地技能型人才的供应。由于一些行业机构在由供应商、企业、渠道和买方构成的价值链系统中是相互关联并相互影响的，因而行业机构可通过协同工作，将利益相关者组成一个广泛的地域性跨行业联盟，进而在其所在部门中产生更大的影响。

美国密歇根州实施了一项在州范围内提升地区劳动力发展和教育体系的项目。通过开发"地区技能联盟"，即从该州不同地区、不同行业范围选择联盟成员，由每个联盟采取企业主导的方法，与当地雇主共同开发基于地区发展战略的宗旨和目标。同时，召集私立部门代表，与学校、雇主和劳动力机构形成合作伙伴关系，定期开展专题交流，共同开发联合培训项目。② 地域性跨行业联盟组建有助于将当地各种资源组合起来，利用各自的资源优势，发挥协同增效作用。

三、行业和地方技能战略运行机制

经济合作与发展组织成员国的案例为技能战略的行业和地方维度发展

---

① FROY F. GIGUERE S. Breaking out of policy silos: doing more with less [R]. Paris: OECD Publishing, 2010.

② RANDALL EBERTS. KEVIN HOI I ENBECK. Michigan regional skills alliances: a statewide initiative to address local workforce needs [M]. IN FROY F. GIGUERE S. HOFER A. Designing local skills strategies. Paris: OECD Publishing. 2009: 129—154.

路径提供了重要参考和启示，也为制定更有效的国家层面的技能战略奠定了基础。保持国家、行业和地方战略的一致性，确保战略间的协同十分重要。

（一）战略运行基石：研究、获取信息的能力和制度

建立完善的劳动力市场信息系统，并促使其有效地传播和使用，有助于引导技能发展方向、协调技能供给和需求，并将所有参与者如个体、雇主、技能教育与培训机构、中介机构和公共机构的利益结合在一起，形成合作和发展的基础。[①] 国际行业技能组织网（INSSO）在对澳大利亚、加拿大、荷兰、新西兰、法国和美国等国技能政策进行回顾和反思的基础上，认为支撑战略运行的重要基石是行业机构的研究能力、获取信息的能力以及确保问责和持续改进的绩效监控制度。为此，需考虑以下五大要素：①雇主发挥核心作用，确定技能需求并设计所需能力。部分公共培训经费由行业机构管理和支配。②员工具有话语权，确保员工能积极参与并保障其合法权益。③使用财政激励措施、国家财政拨款或补贴分担培训费用。④政府通过对行业机构进行资助，确保行业机构考虑政府较为长远的目标，并利用政府的杠杠作用，激发雇主志向，使其转向更高附加值的生产和服务。⑤针对政府、行业和地区之间存在的不同需求和不同发展重点，积极采取应对措施。

（二）基于强势原则制定技能型劳动力政策

地方技能战略的制定应考虑竞争环境的差异性，确立并巩固自身竞争优势。选取具有地区竞争优势的产业及其相关联的产业和支撑配套产业，形成产业族群，并将其作为地区竞争优势的重要载体。美国马里兰州采用产业族群的方式进行了人力资源开发，由不同族群顾问委员会负责不同的产业族群，以此开发学徒制和实施工作场所学习计划。新泽西州的劳动和人力资源发展部门建立了六个独立的州级人才网，主要选取未来十年有就业增长潜力的重点行业进行拨款，这些重点产业包括运输、物流与配送、生命科学等行业。德国也采取了增强现有空间优势和行业强势的劳动力发展战略。其中，勃兰登堡地区关注的领域包括绿色技术、现代能源等。梅托普列区族群采取的策略是巩固优势，将卢肯瓦尔德和普利希尼茨县作为

---

① 岑艺漩，谷峪. 经济合作与发展组织技能战略探析［J］. 外国教育研究，2014（6）：14－22.

当地的经济增长极，并确保技能型劳动力开发成为地方发展战略的重要内容。

（三）成立专门的监管机构，服务于行业与地方需求

战略的成功运行离不开良好的经营和监管。监管机构的功能是确保市场能够公平、公正运行并且维护每个人的权益，且防止市场失灵或对技术需求不充足的地区进行干预。以英国为例，英国 21 个行业技能委员会的运行需获得由英国商业、创新与技能国务大臣授予的证书，该 证书每 5 年更新一次以确保有效性。英国就业与行业技能委员会为其提供资金和绩效管理，它也是最高决策机构，向全英范围的部长提供技能和就业问题相关的建议，其主要负责监督行业技能委员会的再次认证过程，并按照严格程序评定每个行业技能委员会的履职情况，以督促其持续改进。类似案例还有，荷兰职业教育协会的职责是促进行业与教育机构之间的合作，同时监督教育部管辖的 17 家全国职业教育与事务专家中心机构；加拿大人力资源与技能发展部主要监管 30 多个由加拿大政府资助的行业理事会等。

（四）将各种要素联合在一起，打造一个创新体系

技能战略应通过组建战略联盟，与更广泛的发展要素相联系并加以整合，开展整体协调行动，克服各种政策的分散性，平衡和协调各部分之间的关系。确保地方、行业战略与国家战略基本一致以形成合力，以此理顺纵向治理关系。重视网络和伙伴关系的作用，在所有利益相关者诸如政府、企业组织、行业联盟、雇主和职业团体、公共和私立培训机构、社区组织及非政府组织间建立合作关系，形成一种创新性合作共同体。

澳大利亚行业驱动职业教育与培训框架，其特征是使所有利益相关方均参与其中，其行业内的利益相 关者既包括雇主协会和工会，也包括政府及其下属部门、州或领地的认证机构和授权机构、培训机构、职业监管机构或许可机构、当地州或领地行业培训咨询机构等。荷兰行业和职业技能开发则采取了整合方法。专家中心机构代表指出，自 1954 年以来，荷兰政府、雇主、工会和教育工作者联合打造了一个创新体系，使得全国 40％的劳动力具有职业资格。因此，荷兰的技术和职业教育受到各界和各阶层高度重视。在所有 INSSO 成员国家中，荷兰的失业率最低，失业人口也最少。

总体来看，运转良好的战略联盟建立在各参与者互相理解且广泛关注

各方利益有效实现的基础之上。通过明晰利益相关方的角色和职能，能消除利益相关者合作的不确定性，形成良好的合作伙伴关系。通过跨界组织协调并缓解利益相关者之间的潜在冲突，能使其交互作用更具可持续性和自组织性。

四、技能战略中的行业视角和运行重点

随着各国人力资本积累水平的不断提高、资本与技能的愈益互补以及技术在国际上的有效扩散，技术进步日益复杂化、高级化，越来越表现出技能偏向性特征，这对劳动力素质和技能水平提出了更高要求。[①] 技能在技术和标准层面也日益呈现出全球化趋势。2010 年 3 月，英国文化委员会在"走向全球化"的会议中组建了国际行业技能组织网（INSSO）。该机构认同联合国教科文组织（UNESCO）关于"培养工作所需的技能"这一新的教育发展重点，对需求主导方法给予了更多关注，认为行业和企业应在技能教育与培训中发挥更大的作用。

（一）从行业部门视角审视技能教育问题的关键因素

哈佛商学院教授迈克尔·波特曾对提升国家竞争力的驱动因素进行了一项长期的实证研究，他认为一国生活水平提升的关键驱动因素是企业，其是通过创新、创业精神的培养、技能开发和提高生产率等活动来实现的，而政府则在打造一个正确的监管框架方面发挥作用，在这一框架下，企业能够获得成功发展，并提供良好的教育与培训。[②] 那么，如何提高企业竞争力和个人就业能力呢？OECD 研究认为，鼓励行业的积极参与不失为一种解决问题的有效途径。从行业部门视角审视，国家能够更清晰地聚焦于竞争力提升和技能发展的关键因素。

进入全球技能竞赛时代，大规模人力资源迁移和资本流动正在重塑国家经济和劳动力市场的参与方式。众多国家经历了经济滞缓和无就业增长，大量青年由于歧视、民族矛盾和低技能水平而徘徊在劳动力市场边缘。许多国家的行业部门已纷纷采取措施解决这些难题。例如，在教育与行业之间建立更好的关系，培养工作所需技能；提供学校本位和工作本位

---

① 刘兰，肖利平. 技能偏向型技术进步、劳动力素质与经济增长 [J]. 科技透步与对策. 2013（24）：32—35.

② PORTER M E. The five competitive forces that shape strategy [J]. Harvard Business Review，2008，86（1）：78—93.

的有效晋级途径，并确保选择职业教育与培训课程的学生有较多进入高等教育的机会；在职业教育与培训理念和提供方面形成强大的参与力，在教育机构、主要行业利益相关者和行业组织之间建立稳固合作关系，由一些部门雇主和工会成立教育组织等。

（二）成员国中的行业融资方法

行业机构在运行过程中需在教育工作者、雇主及工会之间进行沟通和联系，其运行特性决定了资源是这些成员国面临的重大挑战。因此，对行业组织机构的资助是一个需要持续关注的问题。在众多成员国中，行业机构一般由政府提供大部分资助，但这些行业机构的运行相对独立且几乎不受国家的直接控制。如，在新西兰的行业培训机构（ITOS）中，约有35000个企业成员负责为10％以上的第三级教育（中学后的各种形式的大学或非大学教育与培训）提供经费支持。此种方式不仅降低了政府购买培训的成本，还强化了行业培训机构的商业模式，促使其获得可持续发展能力。

在英国的"战略核心资助"模式中，行业技能委员会（SSCS）获得了更多的公共资金以及行业和政府的支持，同时受到国家层面的严格监管，即英国就业和技能委员会的监督。而其他国家则大多是自我监管，或是由国家政府部门直接资助。在澳大利亚，联邦政府教育、就业及劳资关系署（DEEWR）负责向行业技能委员会提供资金，对每个行业技能委员会所提供的资助金额需考虑其所属部门的大小、数量以及所涵盖的职业范畴等因素。荷兰的行业技能培训与发展资金支持大多是根据行业内社会伙伴之间的集体协议达成的，通常这一比例维持在公司工资总额的0.5％—1％之间。

（三）致力于打造以雇主需求为主导的行业技能体系

在众多OECD成员国中，基于行业的方法被普遍认为是确保以需求为导向的教育与培训体系有效运行的关键。行业参与逐渐成为众多国家推进现代职业教育与培训体系发展的一部分。行业技能机构在职业教育中提供了非常独特的成果：雇主更多地参与到教育中并对教育施加影响，个体获得了更多的正式学徒岗位和基于工作的培训，资格及课程能够更好地适应特定部门或行业的需求，行业技能组织使国家和企业拥有熟练技能并更具效率和竞争力。

英国的技能体系正转向一种更为简化、更趋于市场主导的发展路径。

行业机构运作成为提升标准的关键，这种满足行业需求的路径具有成本效益。目前，英国致力于打造以雇主需求为主导的技能体系，并逐渐取消复杂的、自上而下的驱动流程和目标体系。英国行业技能委员会在国家与市场运作之间发挥着关键作用，其在提高效率、增加行业参与率的同时，为行业技能委员会进入不同的劳动力开发领域提供了更多有利因素。

澳大利亚正致力于建立一个全面而包容的劳动力技能开发体系。行业技能委员会是澳大利亚各行业领域提供技能和劳动力发展的最新组织形式，其有效支撑了澳大利亚国家职业教育与培训体系的运营。20 世纪 90 年代中期，澳大利亚进行了一次重大变革，即引入国家行业培训包。这些"培训包"是由能力单元形式组成的行业资格群组，全部由行业决定并通过。这种转变使行业成为职业教育与培训体系预期结果的主要提供者。培训机构的角色是继续将这些结果和标准转化为课程和对学习者的评估标准。

五、结　语

本文通过对 OECD 成员国技能战略进行分析发现，行业和地方是国家技能战略运行的关键维度。国家层面技能战略治理决策倚重的是雇主主导的行业技能联盟的影响力，依靠的是地方维度广泛的受众基础，而研究、获取信息的能力和制度为决策制定、实施和调整提供了参照和依据。

行业和地方技能战略必须与国家层面的技能战略相一致并形成战略间的协同。同时，不同地区和不同行业的技能战略必须有自己的发展重点和策略特点，这样才能形成自己的发展空间。战略策略的制定应充分利用一切可利用的知识资源和物质资源，注意战略的顶层设计，构建一个有效的运行机制。

对我国而言，笔者认为，很多行业协会也是行政机构，雇主群体不但不是主导者，甚至也不是广泛的参与者，行业协会与雇主需求结合度不高，未能有效发挥社会伙伴的作用。从技能战略发展环境上，可考虑加快行业协会去行政化力度，在加强政府监管的同时，广泛吸纳各行各业的雇主，借鉴 OECD 行业技术联盟构建机制，提升联盟影响力和信息获取能力，使联盟既能发挥满足相关行业现实与潜在技能需求的作用，又能共同制定行业标准和规范，积极参与行业技能型人才的培养。

就地方维度技能战略而言，国内目前人才流动的总趋势是从东北和西北流向中心城市和沿海城市，这种流动是个体在环境影响下自由选择的结果。一方面，吸引人才的区域大多是经济发达地区，人才流失的区域大多是经济落后地区；另一方面，发达和落后不可能是一成不变的，尤其在当前我国区域产业转移背景下，落后地区有强烈快速发展的愿望和机遇。就技能战略而言，OECD 地域性跨行业联盟在密切地方经济、洞悉劳动力市场、加强行业教育与培训、吸引人才等方面所发挥的作用及因地制宜采用的路径和机制有望引起相关领域学者的关注，尤其是技能型劳动力政策和创新体系的建立。

参考文献

[1] SUNG J, RADDON A, ASHTON. Skills abroad：a comparative assessment of international policy approaches to skills [R]. Leicester：UKCES, 2006.

[2] ILO. A skilled workforce for strong, sustainable and balanced growth：the G20 training strategy [R]. Geneva：ILO, 2010.

[3] TOM BEWICK. PHILLIPA ABBOTT. Think global, act sectoral [R]. Manchester：International Network of Sector Skills Organizations, 2010.

[4] CAMPBELL M. Skills for prosperity? a review of oecd and partner country skill strategies [EB/OL]. (2012－12－28) [2014－11－05]. http：//www. llakes. org/wp－content/Mike－Campbell. pdf.

[5] FRANCESCA FROY. Local strategies for developing workforce skills [M]. IN FROY F. GIGUERE S. HOFER A. Designing local skills strategies. Paris：OECD Publishing, 2009：23－56.

[6] FROY F. GIGUERE S. Breaking out of policy silos：doing more with less [R]. Paris：OECD Publishing, 2010.

[7] RANDALL EBERTS. KEVIN HOI I ENBECK. Michigan regional skills alliances：a statewide initiative to address local workforce needs [M]. IN FROY F. GIGUERE S. HOFER A. Designing local skills strategies. Paris：OECD Publishing, 2009.

[8] 岑艺漩, 谷峪. 经济合作与发展组织技能战略探析 [J]. 外国教育研究, 2014 (6).

[9] 刘兰, 肖利平. 技能偏向型技术进步、劳动力素质与经济增长 [J]. 科技进步与对策. 2013 (24).

[10] PORTER M E. The five competitive forces that shape strategy [J]. Harvard Business Review, 2008, 86 (1).

[原文刊载于《科技进步与对策》2015 年第 24 期（岑艺漩　谷峪）]

20 世纪 90 年代以来美国新职业主义
教育改革的特点

20 世纪 90 年代以来，美国进行了一场旨在从根本上改变美国教育体系、提升教育质量的改革。这场改革是对传统职业教育观念、范式和方法论的变革，它以整体性哲学为教育理念，运用整合与衔接方法，将课程整合、真实性教学和课程衔接统一起来，并设计了三个互相关联（生涯学院、技术准备计划和全面的行业课程）、以整合形式为基础的职业教育发展模式。

一、以整体性的理念进行教育体系的观念变革

美国新职业主义的整体性教育思想，萌芽于 20 世纪初学者们关于未来教育愿景的社会效率范式和社会民主范式之争，到 20 世纪六七十年代，有研究者提出了学术教育和职业教育一体化的观点，1992 年查尔斯·本森（Charles Benson）向美国国会提出了"新职业主义"这一拓展的教育观，国会接受了本森关于职业教育的整体性概念框架，由此形成了以整合形式为基础的职业教育发展模式。

（一）关于美国教育愿景的社会效率范式和社会民主范式之争

20 世纪初，美国经历了世纪之交的工业革命及随之而来的社会动乱，其传统教育也开始遭到人们的严厉批判。这一时期三位影响力较大的学者大卫·斯内登（David Snedden）、查尔斯·普罗瑟（Charles Prosser）和约翰·杜威（John Dewey）均提出，学校教育要加强与工业时代的社会和经济发展的联系，在传统的教育课程尤其是中学阶段的课程中增加职业教育的内容。但他们在关于学校教育目的、课程与教学组织方面持不同观点。

斯内登和普罗瑟倡导基于社会效率的职业主义教育观。他们指出，新工业社会以顺利流动的生产线为特征，个体在现代化工厂中从事着相对独立和专门的任务。因而应当为学生提供针对性强的培训，同时传授相应的

职业伦理，使其成为特定的社会角色并愿意配合那个角色进行工作的人。基于此，斯内登和普罗瑟倡导根据学生的认知水平实行两个独立中学教育体系：一个是为学生提供通识课程，使之具备通向大学学习的学术性学校体系；另一个是为学生提供职业培训课程，使之进入工业生产的职业学校体系。

约翰·杜威不赞同这两位学者的观点，他提出了以社会民主为支撑的职业主义教育观。杜威认为，一个有效率的社会将为其公民提供有意义的工作和发展其可以"选择自己职业生涯的能力"。学校应该培养民主的精神和反省的能力，注重学生的价值观、态度和责任养成，使他们能够理智地做出决定并为之付诸行动。倡导"通过职业进行教育"（Education through Occupation）的方式建立学生的内在兴趣，鼓励学生实践其智慧，积极参与政治和社会活动。[①]

（二）社会效率模型获得了广泛支持以及对其有效性的质疑

经历了 20 世纪之交的教育愿景之争，斯内登和普罗瑟推崇的、以专门化职业教育为特征的社会效率模型获得了广泛的公众和政治支持，成为20 世纪上半期职业教育政策的主导方向，相关主张被纳入《1917 年史密斯休斯法》中，在实践中开办了双轨制的综合中学。但杜威的教育观并没有因此销声匿迹，其思想一直影响着部分教育决策者和教育工作者。20 世纪 60—70 年代，有研究者提出了学术教育和职业教育一体化的观点。

20 世纪 80—90 年代，教育决策者和商界代表逐渐对传统工业教育的有效性提出怀疑。支持杜威思想的学者呼吁纠正"碎片化的现代主义"，并将国家经济生产力不断下降的原因归结于"民主的失败"。他们认为社会效率的范式是不道德的，忽略了"人作为人的整体性"以及在一个民主社会中人的多重角色。民主社会的公民应是相互尊重的，应当保障个体充分发挥其潜能的权利。[②]

为从根本上改变和提升美国的教育体系，1983 年全国卓越教育委员会发布《国家处于危机之中》报告，引发了国家教育体系一系列的变革。全国中等职业教育委员会提交的《未完成的议程》报告中提出，职业教育

---

① DEWEY J. Democracy and education [M]. New York：Macmillan, 1916：152.

② KINCHELOE, JOE L. Toil and trouble：Good work, smart workers, and the integration of academic and vocational education [M]. New York：Peter Lang, 1995：147.

作为职业培训工具的观念应扩大到充实所有学生的整个教育经验。职业教育应当关注个体的发展，即个人的技能和态度、通信和计算的技能及技术素养、就业技能、广泛而具体的职业技能和知识以及职业生涯规划和终身学习的基础。

（三）美国国会接受了本森的整体性概念框架

美国国家职业教育研究中心（the National Center for Research in Vocational Education，NCRVE）主任查尔斯·本森于 1992 年向国会提出了"新职业主义"这一拓展的教育观，主要体现为三个方面：学术学习和职业学习的整合，即理论的、抽象的学习与实际的、应用性的技能掌握相结合；中等教育和中等后教育的整合，尤其是课程的相互衔接；整合教育与工作，两者互相提升，共同促进。[①] 在实践中，他致力于将课程整合、真实性教学和课程衔接统一起来，并设计了三个互相关联、以整合形式为基础的职业教育发展模式。国会接受了本森的整体性概念框架，将其理念纳入 1994 年的《从学校到工作机会法案》（STWOA）中。诺顿·格拉布（Norton Grubb）进一步提出了新职业主义的五个构成要素：①改革学分制；②具备获得必要技能秘书委员会提出的技能（SCANS skills）；③拓展教育内容，包括科学的以及更多一般技能内容；④整合学术教育和职业教育；⑤通过职业进行教育，将理论教育（科学教育）和职业教育（实用教育）相结合。[②] 随后，本森提出了新职业主义教育改革的六项指导原则：①重视就业能力；②面向全体学生整合学术和职业教育；③强调职业教育项目的可获取性及结果；④与中等后教育和成人职业教育建立衔接；⑤将职业教育实践者纳入研究活动，并鼓励研究人员参与实践；⑥与教育和社会科学的主流研究相结合。[③] 这些指导原则为研究中心推行新职业主义教育改革提供了方向。

二、通过建立生涯学院进行学术教育与职业教育的一体化改革

生涯学院是 NCRVE 推行新职业主义改革的第一组成部分，目标是整

---

① CHARLES S BENSON. New vocationalism in the United States：Potential，problems and outlook [J]. Economics of Education Review，1997（6）：201—212.

② GRUBB W N. The new vocationalism：What it is，what it could be [J]. Norton Academic journal article from Phi Delta Kappan，1996（8）：535—545.

③ JEFFREY LAURANCE DOW. The New Vocationalism：A Deweyan Analysis［D］. University of Florida，2002：27—28，95—96.

合学术的和职业的知识和技能，使之形成规范的学校经验并能够直接迁移到工作世界。NCRVE 将生涯学院作为整合项目的实施机构。生涯学院是以"紧密结合的学习型社区""与企业界的合作伙伴关系"和课程与教学的"整合"为特色。[1] 其运作主要体现在以下方面：

（一）小型的校中校

生涯学院是美国学校内部结构改革的产物，它是在普通高中内为11—12 年级、10—12 年级和 9—12 年级的学生开设的小型学校。最初其目标群体是学习困难、有逃课和辍学倾向的学生或经济上处于不利地位的人群。后来，生涯学院将目标群体拓展到更广泛的学生群体，致力于构建一个小型学习社区，为学生未来的职业选择做准备。学校组织跨学科教学团队负责课程开发、共同规划、教学进度控制以及教学策略开发。课程一般包括数学、语言和科学或社会科学三个核心科目，还有依据劳动力市场需求设置基于学院主题的技术类课程。课程设置整合了学术和技术的内容，强调学院与工作世界之间的联系。

（二）形成伙伴关系

生涯学院与企业界建立紧密伙伴关系，旨在为学生提供更多的工作本位学习机会，帮助学生从学校到工作的顺利过渡。企业以多样化的方式参与实质性教学，或对生涯教育项目进行协助和指导，比如，费城学院的合作伙伴包括信诺基金会、美联银行、国际商用机器公司、普华会计师事务所和美国联合航空公司等，在学期间这些合作伙伴为学院提供实地考察场所、带薪兼职或暑期全职的工作机会，提供特邀发言人、学生指导师和高级项目主管，同时支持学生参加各种学术比赛。

（三）开发整合课程

生涯学院提倡在中学阶段为学生提供跨越学术和职业学科的学习背景和基础知识，将多个科目领域的相关知识进行融合，整合到语言、数学、科学和社会研究等核心科目中。通过重组课程实现横向整合，如生涯学院的数学课程强调应用，通过整合代数、几何和三角法来解决主题活动的相

---

[1] JEFFREY LAURANCE DOW. The New Vocationalism: A Deweyan Analysis [D]. University of Florida, 2002：27—28，95—96.

关问题。一些主题课程增加了技术规范、图表、统计资料和生产计划等内容，要求学生学会使用计算机制作业务备忘录、生产报告、流程图、电子数据表格和学期论文。[①] 同时，加强科目知识与实际知识和职业技能之间的联系。一些学院课程以专题的形式、在"问题"的层面将学术课程与职业类课程进行有机组合，联合了来自家长、企业界、教育机构和社区的力量，共同参与课程活动的开发设计，承担部分课程活动的组织和实施。

（四）发展高阶思维

高阶思维是高阶能力的核心。新职业主义者认为，现代工作体系要求劳动者具有创造性思维、推理、决策和问题解决的能力。生涯学院尤其强调学生分析问题、解决问题、制定和实施计划、反思和调整行动等方面的能力培养，如，商学院的学生"每天都在解决业务问题，通过给货品定价、存货管理、撰写报告和商业信函、计算并申报税金、对模拟场景进行解释、与政府打交道，并参与模拟的和真正的求职活动"[②]。高阶学习模式主要以学习者为中心，学习者在探究式和开放式的学习环境中生成知识，在基于过程的具体学习中发展高阶思维能力。高阶思维不是生涯学院单独开设专门的课程，而是与各学科具体的课程和教学整合起来，并融入情境化的教学活动之中。

（五）基于行动的项目方法

生涯学院要求开发真实的项目课程以整合知识和技能。比如，医学生涯学院鼓励学生针对地区预算削减而导致医护人员缺乏的问题，组建健康专责小组，调查社区的健康问题，招募医院的相关合作伙伴成立学校卫生所，同时招募志愿者做卫生所的义工，组建卫生事务委员会，定期出版关于健康问题的时事通信。在这一过程中，学生需要运用调查技术，对流行病学、药物滥用和少女怀孕等问题展开研究，学习并掌握写作技巧和规

---

① ERIKA NIELSEN ANDREW. As Teachers Tell It：Implementing All Aspects of the Industry：The Case Studies ［EB/OL］. ［2014－09－20］. http：//files. eric. ed. gov/fulltext/ED401465. pdf.

② RABY M. The Career Academies ［M］// W. N. Grubb （Ed.）. Education through Occupations in American High Schools. New York：Columbia University，Teachers College，1995：82－96.

范，以历史的视角分析社区的需求，明确社会责任。[①] 通过参与完整的工作过程，学生将工作中所需的学术知识与其职业领域的技能、态度和真实问题等联系起来，从而在情境化的工作场所中获取技能并提升对技能的使用。

三、通过实施技术准备计划进行中等教育和中等后教育的衔接改革

技术准备计划是 NCRVE 推行新职业主义教育改革的第二组成部分，它不仅是改革中学的一种革命性方式，也是把中等职业教育，特别是技术培训与更专业化的社区学院和大学相连接的一种机制。1984 年，《未完成的议程》报告明确支持"技术预备课程"作为垂直衔接的模式，通过应用学术和技术课程学习，使学生顺利过渡到中等后教育。1991 年，在技术准备教育法案的专项资助下，该计划在全美各地迅速蔓延，并以校企联盟的形式获取资助。技术准备计划的运作主要体现在以下几个方面：

（一）签署正式的衔接协议

每个校企联盟一般包含若干所中学、中等后教育机构及企业，校企联盟成员之间须签署正式的衔接协议，以确保学生在结束高中阶段课程之后，进入中等后教育机构接受专业水准的培训或私营部门的就业培训。大多衔接协议与社区学院相关，学习结束后获得副学士学位或 2 年学制证书，也有的校企联盟签署了满足大学入学要求的应用性课程协议，以及一些技术准备课程，具有大学先修课程认证，可获取大学学分。

（二）设计衔接课程

衔接课程是技术准备教育的核心。一方面，校企联盟为学生在 11—12 年级开设数学、科学、通信（包括应用学术）和技术等核心必修课程。之后是两年制的高等教育课程或在企业进行两年的学徒制学习。另一方面，校企联盟提供"实践性学习"和"以项目为基础"的跨学科课程。课程要素基于职业分析，衔接职业教育培养目标和劳动力市场需求，确保课

---

① RABY M. The Career Academies ［M］ // W. N. Grubb（Ed.）. Education through Occupations in American High Schools. New York：Columbia University，Teachers College，1995：82－96.

程的职业导向功能；以不同能力层级的要求为依据，确保课程内容和目标的连贯性和发展性，旨在为学生升学或进入职业生涯提供有效而畅通的途径。

（三）发展教师团队

新职业主义者认为，教职人员是最有创意和最有效的课程开发者和实施者。融合学术性和职业性的课程要求职业和学术等多学科教师协同合作，因此校企联盟联合了培养课程实施的所有联盟成员，为其提供相应的培训。培训内容不仅包括特定学术和职业领域中特定的知识和技能，领导力培训也是重要内容。大多数技术准备联盟配备协调员负责领导，而且要求所有教师都学习如何成为教育变革的推动者，因而联盟十分重视在沟通、促进性领导和团队建设方面的培训。

（四）培训指导师

指导师的培训着重强调招生、项目完成和就业安置方面，包括向学生提供个性化的职业指导、教育计划、指导方案以及职业生涯的探索活动。指导师运用人格量表和相应的学习手段来帮助学生开发其元认知意识和职业兴趣，通过向学生传达课程要求、提供职业信息来协助教师的教学活动。指导师通常率先推广技术准备计划，并为学生和家长用多媒体演示可能需要的额外培训。因此，指导师被视为新职业主义改革的推动者、职业类和学术类教职人员的协调员、企业和行业的实习员、人力资源的开发者以及职员培训的参与者。

（五）确保公平与使用权

技术准备计划遵循平等主义价值观，面向所有群体提供预备服务，推介技术准备计划，同时考虑特殊群体的需求，为他们提供平等获取所有项目的机会，并重点防止辍学情况的发生。一些校企联盟还拓展了行动范围，将技术准备计划项目纳入9—10年级，创立了4+2直到最后2年的学士课程，形成了2+2+2或4+2+2课程模式。

四、通过制定全面的行业课程计划进行教学的广度和深度改革

全面的行业课程（All Aspects of the Industry，AAI），意指职业教育课程要涉及行业的所有方面。AAI 课程项目是在卡尔·帕金斯职业教育法案的支撑下运行，并由国家职业教育研究中心的项目提供资金支持。AAI课程成为美国新职业主义教育改革中学术课程与职业课程整合、学习与工作整合的基本机制，是内容、情境和方法的整合，为职业教育教学提供了深度和广度。

（一）AAI 涉及广泛的行业内容

AAI 的教育意义在于让学生从整体上探索一个行业以及他们即将在这一行业承担的各种角色。传统的职业教育模式是针对特定的职业或职业群对学生进行教育和培训的，当技术或经济发展方式发生变革，这样的教育与培训则会遭遇发展瓶颈。

AAI 课程旨在将这些挑战转化为一种学习的机会，让学生从中分析导致变革的因素，以及行业中不同的人和机构是如何应对变革的。AAI 不仅为学生成为雇员做准备，而且鼓励学生成为经济和社会活动的参与者，并在活动中做出自己的决定和选择。

美国联邦职业教育法和学校到工作过渡法案均对行业的内容进行了规定，大致涵盖八个方面：规划、管理、金融、技术和生产技能、技术原理、社区问题、劳工问题以及健康、安全和环境问题。这些内容共同构成了一个行业内不同方面的功能分析框架，师生可以依据这一框架探讨行业的不同方面是如何相互关联、相互影响的。关于产业集群的研究为 AAI 不同学科内容的整合提供了良好的基础背景。在宽泛的产业集群中，学生可以逾越技术和特定的职业技能要求，考虑社会问题、劳工问题、环境影响、金融问题等。鼓励学生整合文学、历史、政治、政府、社会学和经济学的知识去发展研究的、分析的和沟通的技能，而在传统的综合中学课程中这些科目是不整合在一起的。[①]

---

① ERIKA NIELSEN ANDREW. As Teachers Tell It：Implementing All Aspects of the Industry：The Case Studies ［EB/OL］. ［2014－09－20］. http：//files. eric. ed. gov/full text/ED401465. pdf.

（二）AAI 强调情境化学习

新职业主义者认同认知科学家关于学习的观点，即把学习融入将要应用的场所中，这样的学习将会更有效果，并提出了"学校应成为工作场所，工作场所应成为学校"的倡议。全面的行业课程实施要求将学生的学习与更多的学校外活动建立直接联系。一是在工作场所开展学习活动，如学徒制和合作教育；二是尝试变革学校自身，让学生能够获得更广泛的活动经历。[①] 美国奥克兰健康与生命科学学院提供的序列式、结构化的工作本位学习增加了学生对医疗行业各个方面的理解和经历。通过与 25 家卫生保健和生物科学机构建立合作关系，学生可以在这些机构的不同部门进行轮换实习，每周参加由管理者、医生、护士、技术员和其他人员组成的医务研讨会，完成由教育者、家长、行业伙伴共同开发的工作本位项目和学习档案袋记录等。

特定行业提供了应用知识和技能发展的特定情境，学生参加某个特定行业的实际工作，可以避免仅仅学习过于抽象的内容。AAI 提出，技术原理的学习要通过操作、使用相应的设备加以巩固，在此基础上，进一步将技术原理应用到制造新产品或解决实际的生产问题。关于统计学的学习，AAI 提倡采用调查的形式学习，在调查的基础上获得数据、生成数据以及以此对行业问题及相关社会问题进行研究和分析。这样，在整合工作与学习的活动中，学生习得的技能大多是通用的、可迁移的。工作场所的情境化学习具有真实性和关联性，它有助于激发教师和学生更好地参与。

（三）AAI 提倡建构主义教学法

AAI 是改革者试图通过课程和教学革新，强化实际经验的教育价值来加强学校与工作场所之间的联系。作为一种旨在促进学生更有效地学习的教学策略，其推行建构主义教学法的前提是强调学生接受教育的自主性。教师需要考虑学生应掌握什么内容，能够做什么，什么条件促进这些认知。教师需要设置学科问题和主题活动调动学生的兴趣，在基于学生已经获得的知识的基础上帮助学生打造个体学习经历，强调个体学习方式和学生的需求。这要求教师改变以往的单干状态，联合多学科教师形成团队共

---

① THOMAS BAILEY，etc. Education for All Aspects of the Industry：Overcoming Barriers to Broad-based Training ［EB/OL］ ［2014－08－20］. http：//files. eric. ed. gov/full text/ED387644. pdf.

同工作，围绕学院主题整合技术的和学术的、中等和中等后教育的课程，致力于将学生培养成为积极的学习者、思考者以及意义的建构者。

AAI 不仅是一种课程序列或教学技术，它要求教师成为学习的促进者和指导者。学生是主动的学习者，他们要了解相关背景、收集和分析数据、发展和执行行动计划以及反思执行结果。合作学习成为一种普遍的方式，学生围绕项目开展合作，重视学习的过程和解决问题的过程。在一个实践共同体中，学生和教师均对问题带来各自独特的背景经验，通过共同协作来构建经验，并建立联系促进集体理解的重构。[①]

（四）AAI 以促进公民全面发展为最终目的

AAI 在某种意义上等同于学习如何生活，其理念是把学生培育成社区积极分子，强调公民责任和社会行动，促进公民的全面发展，提升他们为社区发展服务和建设的能力。对于企业和社区来说，随着高绩效工作场所逐渐替代以往"决策由上级做出，员工负责执行"的工作场所，学生需要具备更多的经验，了解行业的各个方面以及参与高绩效工作场所的决策。因而，AAI 注重公民的全面发展，包括目标设定、自我价值感、工作质量、道德准则、责任、主动性和可靠性，以及作为一个团队成员的发展和态度等。在全面的行业课程设计中，教师鼓励学生参与微型企业发展和社区服务项目，通过开设创业课程，让学生学会创立并管理企业，培养学生的企业家精神，引导他们在所属社区创建可行的企业实体，同时参加社区问题解决活动的课程，将课堂活动和涉及社区经济发展的服务学习结合起来。全面的行业课程激发了学生探索实际生活问题的内在兴趣，符合终身学习的理念。

五、运用整合与衔接的方法进行职业教育的机制改革

整合与衔接的方法是美国推行新职业主义教育改革的基础，是打破一种旧的教育范式、建立一种新的教育范式的武器。整合与衔接的方法，分析了美国教育愿景的社会效率范式和社会民主范式之争的问题、质疑和互补关系，建立了整体性的现代职业教育观。

---

① LESLIE P STEFFE，JERRY GALE. Constructivism in education ［M］. NJ：Lawrence Erlbaum，1995：280.

（一）以整合与衔接的方法建构整体性的教育发展模式

美国新职业主义教育改革的理论与实践研究，主要以整合与衔接为主要方法论基础。它是通过生涯学院整合学术教育与职业教育，通过技术准备计划整合中等教育和中等后教育，通过全面的行业课程整合工作和学习。生涯学院、技术准备计划和全面的行业课程之间是阶层式的和相互依存的关系。

生涯学院作为美国新职业主义改革的第一组成部分，是整合项目的实施实体和组织结构，其目标是整合学术教育与职业教育，通过横向的整合重组课程，并提供围绕职业主题的个别课程；技术准备计划是新职业主义改革的第二组成部分，是连接中等教育与中等后教育的机制，通过跨年级的垂直整合使之通向高等教育并延伸至工作场所；全面的行业课程是改革的第三组成部分，它是通过行业的所有方面整合课程并实施建构主义教学，要求教师和企业合作伙伴共同联合设计有意义的教育经验，创设真实的情境，与学生一起合作解决社区问题。

（二）以整合与衔接的方法推动利益相关者形成整体运行机制

20世纪90年代以来，新职业主义支持者在商界领袖和政治家的推动下迅速开展一系列的工作，建立了数以百计的实验生涯学院和技术准备计划。他们认为，工作场所需要更多的整合和团队建设，同时要密切教育与现实中不断变化的工商业界之间的联系。在查尔斯·本森以及随后的大卫·斯特恩的指导下，国家职业教育研究中心在全美各地设立了附属机构，采取激励措施推动职业教育联合企业教育联盟引领经济走向高技能和高效绩的发展道路。

在新职业主义教育改革中，所有利益相关者是作为一个整体实施联合行动的。教师与企业合作伙伴共同开发应用性的课程教材，学术和职业教师联合进行跨学科的团队教学，共同设计项目，使学生参与到真实的工作和研究活动中，同时共同设计评估学生的新形式。高水平的教师是新职业主义改革的关键，教师被视为新职业主义教育环境的设计者、学习的指导者、促进者、评估者和行动研究者，他们需要与学生、家长、同事以及企业合作伙伴建立良好关系。

（三）以整合与衔接的方法最大限度地扩大学生的课程选择

新职业主义者认为，民主的教育是要为所有学生配备合格的教师，融合古典学术和现代职业知识及技能的课程，最大限度地扩大学生的选择并为其提供希望和可能性。民主立场的支持者提出要面向全体学生提供严格、整合的课程，将职业的研究作为促进智力和社会发展的手段。

针对不断变化的工作场所需求，政府报告《工作场所的基本要素：雇主所需的基本技能》和《学校需要做什么工作》提出了新的技能组群和新的工作环境布局，对雇员提出了"智能和创造力"的要求。还有其他相关的教育报告强调了"灵活性、责任感、自我管理、团队合作以及终身学习或连续的培训"。这些要求促使学校强调应用学习并扩大课程内容的覆盖面，通过制定全面的行业课程计划，开设更贴近工作和生活的整合课程。

（四）以整合与衔接的方法改变传统意义的职业教育观

新职业主义教育改革是克服传统职业教育问题和缺陷的一种尝试，以应对新经济社会发展所带来的挑战，旨在改变传统意义上职业教育过于强调严格的技能导向的训练过程，及其活动与思想分离、职业教学与理论教学分离的做法。它主张理论与实训的结合，学校教育的目标与经济实体的职业教育目标紧密联系，以及中等教育与中等后教育以及大学之间的沟通与衔接，是现代职业教育在不同水平和不同层面的体现。[①] 新职业主义不局限于一个阶段的行动计划或教育改造，它更是一系列构建这一教育类型的、包含不同层面、不同阶段的变革。

与之前的教育政策制定者相比，美国国家职业教育研究中心的领导者反思并汲取了杜威的哲学观。贝克、本森、格拉布等研究中心的学者倡导基于整合和社区建设的职业教育方法。同时，一些认知领域的科学家强化了杜威关于内在动机、从做中学和解决真实性问题的理念并将之作为提升所有学生学业成就的关键。新职业主义者认为当代社会不断变化的社会和技术特征，使得新一代的劳动者需要掌握社会的、技术的和传统的学术知识和技能才能获得成功。

参考文献

[1] DEWEY J. Democracy and education [M]. New York：Macmillan，1916.

[2] KINCHELOE JOE L. Toil and trouble：Good work，smart workers，and the

① MARJANI B，ZIBA KALAM F. New Vocationalism and Its Epistemological Foundations [J]. Journal of Educational Innovations，Winter 2008（22）：73—82.

integration of academic and vocational education ［M］. New York：Peter Lang，1995.

［3］CHARLES S BENSON. New vocationalism in the United States：Potential，problems and outlook ［J］. Economics of Education Review，1997 (6).

［4］GRUBB W N. The new vocationalism：What it is，what it could be ［J］. Norton Academic journal article from Phi Delta Kappan，1996 (8).

［5］JEFFREY LAURANCE DOW. The New Vocationalism：A Deweyan Analysis ［D］. University of Florida，2002：27－28.

［6］ERIKA NIELSEN ANDREW. As Teachers Tell It：Implementing All Aspects of the Industry：The Case Studies ［EB/OL］［2014－09－20］. http：//files. eric. ed. gov/full text/ED401465. pdf.

［7］RABY M. The Career Academies ［M］// W N GRUBB (Ed.). Education through Occupations in American High Schools. New York：Columbia University，Teachers College，1995.

［8］THOMAS BAILEY，etc. Education for All Aspects of the Industry：Overcoming Barriers to Broad-based Training ［EB/OL］［2014－08－20］. http：// files. eric. ed. gov/full text/ED387644. pdf.

［9］LESLIE P STEFFE，JERRY GALE. Constructivism in education ［M］. NJ：Lawrence Erlbaum，1995.

［10］MARJANI B，ZIBA KALAM F. New Vocationalism and Its Epistemological Foundations ［J］. Journal of Educational Innovations，Winter 2008 (22).

［原文刊载于《外国教育研究》2015 年第 5 期（岑艺璇　谷峪）］

试析"生涯发展"理念指导下的
美国学校综合辅导项目

    美国政府一直颇为关注学校辅导，这突出反映在相关的教育法案中。伴随着知识经济时代的到来，美国政府进一步明确了学校辅导的目的、细化了学校辅导的要求。以"生涯发展"为核心理念的学校综合辅导项目在美国小学、初中及高中里普遍开展。为了更好地认知美国学校综合辅导项目的发展现状以及生涯发展理念在这些项目中的核心地位，有必要对美国学校综合辅导项目的起源、发展历程进行回顾及梳理。在此基础上，根据美国学校中综合辅导项目开展的情况对生涯发展理念的核心地位进行分析、探讨。

一、美国学校辅导起源及发展历程

    美国学校中的辅导项目起源于 20 世纪初帕森斯教授提出的职业辅导理论。1914 年，美国教育局提出："要重视、强调改变学校办学方法和组织形式，从而使童工在工厂中的不合理劳动形式得以控制。"[①] 职业指导在学校教育中的开展，拉开了学校综合辅导项目在美国中小学中发展的序幕，使得学校辅导成为美国教育的重点关注内容。

    1910 年，哈佛大学名誉校长埃利奥特向国家教育联盟递交了名为"探究生涯教育价值"的演说，指出："现在许多美国学校中的学生，或是学着一些他们根本不感兴趣的课业，或是根本看不到他们所学的课业在以后能够成为改变他们生活质量的工具的希望，从而导致他们自愿辍学或者对其父母让他们停止学业的愚笨行为没有进行有效抵抗。"[②] 埃利奥特认为，如果学生想要在其生活中真正明确他们的目的和方向，需要"职业生

---

①   United States Bureau of Education. Vocational guidance: Papers presented at the organization meeting of the Vocational Guidance Association [C]. Washington, DC: U. S. Government Printing Office, 1914: 3.

②   Ashcroft K B. A report of the invitational conference in implementing career development theory [R]. Washington, DC: National Vocation Guidance Association, 1996.

涯辅导的规划"。

当时美国的学校辅导更为关注教育指导。这种学校辅导侧重点的出现，主要原因在于美国当时的教育理论对学术辅导的大力支持。学者布威尔于1918年为教育辅导下了定义："作为一种有意识的努力去辅助个人的智力增长，任何工作都要根据教育指导的要求来围绕教育和学习展开。"①

20世纪30年代，关注学生心理健康成为美国教育界的热点问题，注重个人与社会问题的衔接，成为当时美国学校辅导理论和实践研究的主流。学者汝蒂认为："在1930年之前，学校中的职业辅导及教育引导并没有对学生个体职业发展产生足够的重视，学生个体咨询顾问的出现，标志着美国学校辅导开始对学生个体与社会职业的衔接、学生个体的生涯发展产生了关注。"② 美国学校辅导人员发现，越来越多的学生为一些个人问题所困惑，例如：对政府怀有敌意、混乱的性关系、矛盾的家庭局势以及财政紧张等。面对如何解决健康、信仰、娱乐、家庭和朋友、学习及工作中出现的问题，尤为引起了学校辅导的关注。因而，职业指导被定义在一个较为具体的范围内，即如何选择工作，如何准备工作，如何进入职场，如何在职场中取得进步。学者米勒在文章中指出："在20世纪30年代，辅导与普通的课程整合，尤其是在普通教育成果展示方面发展的不尽如人意。一些国际的教育调研委员会也不能够认识到指导在教育中的作用。"③ 此外，这时咨询指导作为解决个人问题的关键越来越受到大家关注，许多专家和顾问进入了学校。1935年，学者迈尔斯建议学生发展辅导工作由专家、顾问负责，在学生中心挑选一些人员并由他们监管这些专家、顾问。④

20世纪40年代，学校辅导颇为强调职业辅导的开展，职业辅导开始在美国的学校辅导中展现其重要性。1946年美国联邦政府职业教育法案的颁布为美国学校中职业辅导的开展提供了充足的资金支持。20世纪五六十年代，联邦政府公布了一条重要的法令以加强和明确辅导在学校中的

① BREWER J M. The vocational guidance movement [M]. New York：Macmillan. 1918：233—234.

② RUDY W S. Schools in an age of mass culture [M]. Englewood Cliffs：Prentice-Hall，1965：106.

③ MYERS G E. Coordinated guidance：Some suggestions for a program of pupil personnel work [J]. Occupations，1935（13）：804—807.

④ MILLER C H. Foundations of guidance [M]. New York：Harper Roe，1961：298—300.

目的。1958 年的国防教育计划中明确规定："学校辅导的目的在于辨别和科学地引导有天赋的学生。"

20 世纪 60 年代末，学校中辅导组织的职责和服务显示出了"疲态"，学校辅导需要改革。正如美国学校辅导协会指出的那样："学校辅导需要更有计划的辅导组织，学校辅导项目应该成为学校中和其他的项目管理和协商服务机构一样的有组织的机构。可以为所有的学生提供适合他们特性发展的服务，如提供个人的规划、辅导和咨询以及举荐服务。大家需要的是一个综合的整合了各项职责和服务的指导项目。"[①] 至此，学校综合辅导项目在美国应运而生。

二、美国学校综合辅导项目发展现状

"20 世纪 80 年代，在终身教育理念的影响下，职业教育增添了新的内涵，即对于学生个体发展的关注。"[②] 美国学校综合辅导项目正是充分体现了这一思想的转变。尽管在 20 世纪 90 年代，美国学校对学术指导、个人指导的关注颇为突出，但是生涯指导在学校辅导中一直占有重要地位。其原因在于美国政府对学校生涯指导的关注和支持，这在美国的联邦职业生涯教育法案中有所体现。2003 年，美国"全国生涯技术教育协会"提出："美国的学校辅导应该强调对学生个体生涯发展的关注，并将生涯指导作为学校辅导工作的重点。"[③] 当前，学校综合辅导项目是美国学校组织辅导行为及服务最为主要的方式，在美国学校综合辅导项目中，对生涯发展理论及实践的关注成为项目开展的核心。

金斯伯格和汉德森指出，学校综合辅导项目由内容要素、组织框架及资源构成。内容要素是指学生通过学校的综合辅导项目，获得学校认为其学生必须掌握的各种重要能力及必备素质的主要途径。组织框架主要包括定义、基本原理、理论假设，其中含有辅导课程、学生个性规划、服务反馈及系统支持。资源要素主要由人力资源、财政资源、政策资源组成。

---

① JUDY BONERS, TRISH HATCH. The ASCA national model: A framework for school counseling programs [M]. Alexandria: American School Counselor Association, 2003: 165.

② 陈禹. 美国 STC 职业教育理念对我国高校就业指导工作的启示 [J]. 东北师范大学学报：哲学社会科学版, 2010 (5): 223.

③ Association for Career and Technical Education. The role of the guidance profession in a shifting education system [J]. Alexandria: Association for Career and Technical Education, 2003: 5.

美国学校综合辅导项目对学生个体生涯发展的指导行为、服务及绩效关注主要体现在三方面。首先，在美国各州及地方所有学校的综合辅导项目上对学生的生涯指导都颇为关注。其次，学校综合辅导项目的辅导课程注重生涯指导行为，其目的在于让学生获得终身的生涯发展能力。最后，学校综合辅导项目中的学生个性规划部分，面向所有学生，强调个性化、针对性服务，让每一位学生具备了制定个人规划的能力，进而形成个体生涯发展所需的生涯规划能力。

进入 20 世纪八九十年代，教育界不断对学校辅导内容进行基础性研究。生涯发展更加受到重视，成为学校辅导内容中不可缺少的部分，并且突出对能力的关注，学生可以通过参与辅导课程及学生个性规划等活动获得相关能力。美国学校综合辅导项目对学生能力的要求，根据年级水平的不同而制定。

三、生涯发展在美国学校综合辅导项目中的核心地位

21 世纪初，美国政府通过了生涯发展指导方针，生涯发展已经成为美国学校辅导的核心内容。通过课程贯彻生涯发展思想在美国可谓由来已久并且相对完善。学者戴维斯早在 1914 年就曾提出过这种课程类型；1966 年全美职业指导协会发起了"在课程中贯彻生涯发展理论和研究"的活动，使得生涯发展思想在课程中获得重视和深入开展的基础。经过多年的发展、完善，生涯发展理念在美国学校的课程实施中得以体现和贯彻。

如今，在美国所有州及地方的学校综合辅导项目中，通过辅导课程强化生涯发展理念都是其不可缺少的重要组成部分。在美国的小学、初中及高中，对生涯认知、生涯探索、生涯规划、生涯信息的合理使用等生涯理念的重视成为学校综合辅导项目的核心内容。

学校综合辅导项目中的学生个性规划目的在于：通过为所有学生提供辅导，帮助综合辅导项目中的每一位学生规划、监控、管理其个人的教育、社会环境及其生涯发展。学生个性规划极为注重学生个人终身发展的生涯规划，对各个时期的生涯目标有较为明确的认知，并可根据实际情况反馈做出调整。

美国学校综合辅导项目中的生涯发展规划，对在校的学生而言，既是一种过程，又是一种工具。作为过程，学生个性规划通过对学生在校期间生涯发展意识的全程关注，提升综合辅导项目中各种学习行为的效率。对

学生的短期目标、长期目标乃至终身的生涯发展目标的制定以及生涯探索、决策提升都有助推作用。作为工具，学生个性规划重视学生更为合理、有效地整合、分析、架构自身教育及职业信息，完善自身生涯发展。

美国学校综合辅导项目，颇为关注学生个性规划，强调其具体、连续地开展。在小学阶段，辅导课程的主题内容包括关注学生的自我认知能力、学会学习能力、决策制定能力、人际交往能力以及探索职业趋向能力①。通过系统地开展这些辅导内容为学生个性规划奠定基础。初中阶段学校综合辅导项目，一方面继续通过辅导课程支持、指导学生学习个性规划；另一方面，设定相关的毕业标准，强调学生根据现实状况对自身生涯发展进行个性规划实践。高中阶段学校综合辅导项目的学生个性规划指导，突出使用生涯发展目标、决策制定等技巧，注重学术课程与生涯辅导密切相关，结合过去的经历、当前的实际情况更为合理地为自身生涯发展、完善做好准备。

从 20 世纪 70 年代至今，美国学校辅导一直关注学生个体的生涯发展。生涯发展理念对美国学校综合辅导项目的形成和发展具有重大影响，开展学校综合辅导项目的一个重要目的就在于让生涯发展理念在学校教育中进一步深入和完善。以"生涯发展"理念为核心的学校综合辅导项目，是当前美国小学、初中及高中开展辅导行为最为重要的途径。学校综合辅导项目一方面强调系统、可持续发展的辅导课程设立及实施，另一方面注重学生个体生涯发展规划能力的培养。其目的在于帮助学生客观、谨慎地认知自身、社会职业，从而更为合理地设计生涯发展路径。

参考文献

[1] United States Bureau of Education. Vocational guidance：Papers presented at the organization meeting of the Vocational Guidance Association [C]. Washington，DC：U. S. Government Printing Office，1914.

[2] ASHCROFT K B. A report of the invitational conference in implementing career development theory [R]. Washington，DC：National Vocation Guidance Association，1996.

[3] BREWER J M. The vocational guidance movement [M]. New York：

---

① GYSBERS N C. Comprehensive guidance and counseling programs：The evolution of accountability [J]. Professional School Counseling，2004（8）：1—14.

Macmillan，1918.

[4] RUDY W S. Schools in an age of mass culture [M]. Englewood Cliffs：Prentice-Hall，1965.

[5] MYERS G E. Coordinated guidance：Some suggestions for a program of pupil personnel work [J]. Occupations，1935 (13).

[6] MILLER C H. Foundations of guidance [M]. New York：Harper Roe，1961.

[7] JUDY BONERS，TRISH HATCH. The ASCA national model：A framework for school counseling programs [M]. Alexandria：American School Counselor Association，2003.

[8] 陈禹. 美国 STC 职业教育理念对我国高校就业指导工作的启示 [J]. 东北师大学报：哲学社会科学版，2010 (5).

[9] Association for Career and Technical Education. The role of the guidance profession in a shifting education system [J]. Alexandria：Association for Career and Technical Education，2003.

[10] GYSBERS N C. Henderson P. Developing and managing your school guidance program [M]. Alexandria：American CounselingAssociation，2000.

[11] GYSBERS N C. Comprehensive guidance and counseling programs：The evolution of accountability [J]. Professional School Counseling，2004 (8).

［原文刊载于《东北师范大学学报》2011 年第 02 期（陈禹 谷峪）］

美国高校就业指导模式及特征分析

——以爱荷华州立大学为例

　　20 世纪中期以来，美国经济持续高效、稳定发展的一个重要原因就在于对人力资源开发的高度关注。在美国，教育尤其是高等教育作为一个根本的、相对容易为政府所掌控的重要因素对于其人力资源开发效率的促进功不可没。就业指导作为高校教育的一个重要组成部分，对人力资源的合理、有效开发及利用具有积极作用。因而，在 21 世纪的美国，高校就业指导越发受到政府、高校及社会的重视。在政府、高校、社会的多方关注和大力支持下，经过多年发展，已形成了相对完善的高校就业指导体系，提升了美国人力资源的开发效率和质量。当前，美国高校的就业指导形成了以职业生涯教育为核心思想、以关注学生个体"发展"为内涵、注重"服务"质量的高校就业指导模式及突出系统化、专业化、实效性的高校就业指导特征。

　　爱荷华州立大学作为一所历史悠久的美国州立大学在很多方面的排名都位于美国前列，其就业指导的开展以学生"发展"为本位、注重"服务"的质量，形成了相对完善的高校就业指导模式，对其毕业生的求职、就业起了积极有效的促进作用。爱荷华州立大学就业指导颇具代表性地反映了当前美国高校就业指导的状况及发展趋势，对客观认知、研究当前美国的高校就业指导模式及特征是有价值的个案。

一、美国高校就业指导的起源

　　就业指导起源于 20 世纪初期的美国。当时由于受到工业革命的影响，美国的产业结构发生了变化，工业化进程发展迅速，大批农业生产者及移民开始涌向城市以寻求生存和发展的机会。为了指导民众合理就业，1908年，美国波士顿大学教授弗兰克·帕森斯（Frank Parsons）在波士顿设立了职业局（Vocational Bureau）来指导民众选择职业，1909 年，其在《选择一个职业》（*Choosing a Vocation*）一书中第一次运用了就业指导（Vocational Guidance）的概念，并进一步提出了著名的以"人职匹配"为核心理念的

"特质因素论"，就业指导就此在美国开展起来。从 20 世纪初至 20 世纪 70 年代，经过发展和完善，美国的就业指导理论从关注"人职匹配"的职业指导阶段逐渐转移到了关注个体终身发展的生涯辅导（Career Guidance）阶段。[1]在此过程中，相应地产生了几种职业指导理论，萨伯（Super）的发展性理论、霍兰德（Holland）的类型学理论、派特森（Peterson）的认知信息加工理论①都是其中的经典代表。20 世纪 50 年代初，美国爆发经济危机，产业结构的调整引发了大规模的结构性失业，高校毕业生的就业率大幅下滑。20 世纪 70 年代，美国联邦教育总署署长马兰德（Marland）把 50 年代出现的失业人数增加、社会学校的不安定等现象都归结为学校教育的失败，并据此提出了"生涯教育"（Career Education）的理念，以期解决现实的社会、经济及教育问题。生涯教育理念的提出使得终身教育理念实实在在地应用于美国高校的就业指导中，并在其后的一系列高等教育改革中越来越受到重视。当前，职业生涯教育理念已经成为美国高校就业指导的核心思想。受此影响，美国高校就业指导强调学生个体终身、全人的"发展"，注重就业指导的"服务"，重视理论与实践的紧密结合，进而形成了当前美国高校就业指导的高效性、系统化及专业化的特征。

　　经过不断完善和改进，当前，美国高校就业指导形成了相对稳定、完善的运行机制，对美国大学生的就业发挥了积极的指导作用。

二、美国高校就业指导的模式分析

（一）以强调"发展"为核心——美国高校就业指导模式的内涵

　　职业生涯教育最早出现于企业的入职人员培训及员工管理领域，在美国已有百余年的历史。这一理念转入高校教育后，得到了重视和认同，为

---

　　①　"特质因素论"是美国职业指导专家帕森斯提出的最早的职业指导理论，强调个人特质与职业选择的匹配关系。"生涯发展理论"是美国学者萨伯在 20 世纪 50 年代提出的。萨伯认为生涯发展是一个终身的概念，因而生涯辅导应该根据个人生涯发展的不同阶段具体设计。萨伯将个体的生涯发展分为五个阶段：成长期、探索期、建立期、维持期、衰退期。"类型学理论"是美国职业指导师霍兰德提出的经典职业生涯指导理论。霍兰德认为，个体具有不同的人格特征，个体的职业生涯选择应符合人格特征的导向。经过大量研究，霍兰德总结出六种典型的个人职业类型：R（实际型）、A（艺术型）、S（社会型）、E（企业型）、I（研究型）、C（传统型）。美国学者派特森提出的认知信息加工理论由三个阶段构成：①认知要素阶段，包括个人、行业等基本认知理念；②信息加工阶段，包括沟通、分析、整合、价值判断、执行技能的整合；③执行阶段，包括行动方案的设计和具体实施。

美国高校就业指导工作的开展指出了更为明确的方向。在美国，高校就业指导的目的并非仅指导学生选择职业，更重要的是让大学生对"职业生涯"的概念产生认知，使之具备对职业生涯可持续发展的规划及决策能力。[2]当前，职业生涯教育思想已经成为美国高校就业指导的核心思想。在此思想的影响下，注重学生终身、全人的"发展"成为美国高校就业指导模式的核心。

美国高校的就业指导颇为关注在校学生的职业生涯发展意识的建立，在日常工作中，美国高校的就业指导机构十分注重培养学生对自身及社会职业认知、对自身与职业的匹配状况认知以及对自身职业生涯可持续发展认知的意识。主要内容包括以下几点：

1. 对自身及社会职业的认知

受到帕森斯"人职匹配"理念的影响，美国高校的就业指导注重大学生对自身和社会职业的客观认知和准确定位。一方面，高校就业指导机构通过调查问卷、各种测量量表、咨询服务等方式帮助学生认知、澄清自身的兴趣爱好、性格特点、能力倾向、职业价值观等客观情况，使学生对自身产生较为清晰、明确的了解。另一方面，美国高校就业指导机构设置相关课程及实习帮助学生了解社会职业，其目的在于：让学生对社会和职业有直观、准确的认识，使其对社会各种职业的需求状况、就业现状、职业发展趋势等动态变化有更深入的了解并具备适时调整的能力，以便在就业求职时更为冷静和从容。

2. 对个人与职业匹配的认知

重实践是美国高校就业指导取得成功的关键，美国高校的就业指导特别关注学校与社会的"接轨"。在对自身、社会职业有了客观认识和准确定位后，美国高校的就业指导机构会为学生提供较多的职业实习的机会，并设定学分。实习一方面使学生能更为客观地认识适合自身的职业类型，另一方面使得学生自身的职业生涯发展具有更为现实的目标及更为长远的规划。[3]

以爱荷华州立大学为例，各学院的就业指导中心都设有"生涯管理服务"（Career Management Services，CMS）系统，在 CMS 系统中，就业指导中心为学生提供了丰富的调查问卷和量表，通过 CMS 系统，爱荷华州立大学的学生可以随时在网站上对自身、社会职业以及个人与职业的匹配状况进行客观的测评。在此基础上，还可以得到专业就业指导人员的在线指导，从而合理、高效地规划、决策适合自身的职业生涯发展途径，并做出适时调整。

3. 对自身职业生涯可持续发展的认知

突出学生本位，注重学生终身、全人"发展"是美国高校就业指导模式的内涵。在职业生涯教育思想的影响下，美国高校就业指导十分重视培养学生的职业生涯发展意识。通过开设职业生涯教育课程，让学生对职业生涯产生认知并对自身职业生涯发展进行合理的规划、决策及调整。美国高校的就业指导不仅要让学生找到一份工作，更要让学生具备不断完善自身职业生涯使其得到持续发展的能力。从某种意义上讲，高校就业指导也提升了人力资源开发的绩效。

（二）以突出"服务"为理念——美国高校就业指导模式的外延

美国实行的是大学生自主择业的就业体制，政府没有设立专门的机构统一管理、指导全国大学生的就业，对高校毕业生的就业问题，主要是由劳工部、学校、中介机构和用人单位协同承担。美国高校就业指导在关注学生职业生涯"发展"的同时，颇为注重就业指导的"服务"质量。其主要在以下几个方面有所体现：

1. 政府方面的全国性服务

美国政府在高校毕业生的就业过程中主要提供法律保障及相关信息服务。劳工部主要负责制定宏观就业政策和相关就业调查，从而为大学生提供各种就业信息并对高校的就业指导课程设置起到宏观调节的服务作用。由劳工部根据调查资料撰写的《岗位需求手册》，很受美国大学生欢迎，几乎人手一本。

2. 社会方面的全方位服务

美国的社会组织一方面为高校的就业指导机构提供指导标准、测量工具等服务，另一方面为大学生提供就业机会及就业保障等服务。例如，1913 年成立的"职业指导协会"（National Vocational Guidance Association，NVGA），1984 年更名为"全国生涯发展协会"，对美国高校就业指导的发展起到很大的推动作用。[4]成立于 1956 年的"全美高校和雇主协会"（National Association of Colleges and Employers，NACE）是美国最著名的非营利性就业组织，其会员包括 800 多家高校和 1900 多家企业单位，形成了学校与用人单位共同协作，每年为 100 多万大学生和毕业生提供就业服务，在大学毕业生寻找职业过程中发挥了相当重要的作用[5]。该协会出版的期刊《择业》（*Job Choices*），对就业市场的现状、发展趋势以及求职和招聘过程中遇到的法律问题等进行调查和分析，被许多美国高校列为学生就业和求职的指导用书。

3. 高校方面的具体化服务

受到美国政府及社会组织的影响，美国高校就业指导机构对就业指导的"服务"质量颇为重视。在社会竞争激烈的美国，高校毕业生的就业率直接影响到高校的声誉及招生情况，因此美国高校十分重视就业指导。

以爱荷华州立大学为例，其学院式的就业指导模式十分注重就业指导的细节服务。在爱荷华州立大学并没有设立校级的就业指导机构，就业指导工作在各院系中展开，注重细节，提升了就业指导的服务性。爱荷华州立大学就业指导的网络管理完善，大学生可以很容易在学院内的就业指导网页中获取有效的就业指导和就业信息。爱荷华州立大学的就业指导管理服务系统（Iowa State University Career Management Services，ISUCMS）强调实效性和人性化的服务。ISUCMS 是爱荷华州立大学根据六所较大的学院（生命科学学院、农学院、设计学院、工程学院、人文学院及商学院）的就业指导资源而整合出来的就业指导系统，可以为大学生提供更多的就业机会和高效的就业指导。大学生可以随时通过自己的学生 ID 登录 ISUCMS，很方便使用。通过 ISUCMS 系统，学生可以轻松地找到自己所需要的信息，如简历、求职信制作系统，除了介绍正规、详细的格式外，对具体的段落设置和每段的内容也有很清晰的介绍。对学生的求助邮件，学院就业指导中心的工作人员会在 48 小时内给予详尽的回复，并且具有针对性。此外，学院的就业指导中心会在其网页上公布详尽的调查统计数据，包括参加就业实习的人员比例、各职业的薪资水平等，根据客观数据来反映和呈现相关的就业形势。

综上所述，美国高校的就业指导模式强调学生本位，注重学生的个人发展，突出对学生终身、全人"发展"的关注。其定位于学生整个人生的职业活动规划，通过高效、细致的就业指导"服务"帮助学生认识自我，发展和接受自我形象，将自我发展与社会发展需要相结合，完善自我发展。

三、美国高校就业指导的特征分析

（一）美国高校就业指导的专业化

美国高校十分重视就业指导，几乎所有的高校都设有就业指导机构。

美国高校的就业指导机构资金充足，据统计，高校学生学费总额的5%会拨给高校就业指导机构，占就业指导活动经费的60%，另外的40%来自社会资助。[6]高校就业指导机构的设施健全、完善，就业指导中心一般设有专门的职业办公室（为学生系统地介绍各种职业）、就业心理咨询室（提供心理测量及就业心理辅导）、就业指导接待室（学生可与用人单位洽谈、会晤）、实习办公室（为学生提供职业实习的服务）、证件办公室（为学生提供相应的学历证明）以及专门的就业指导机房（学生可以搜集和发布就业求职信息）。为了进一步提高就业指导的绩效，美国高校就业指导机构开设了较为专业的就业指导课程，对就业指导人员的要求也颇高，因而也就形成了美国高校就业指导专业化的特征。

美国高校就业指导的专业化特征主要体现在两个方面：

第一，就业指导课程专业化。在美国的高校中，就业指导机构为学生提供不同类型的就业指导课程，并将其设为必修课程。就业指导课程一般由专业的就业指导人员或职业生涯教育专家担任讲师，专业性较强。

第二，就业指导工作人员专业化。在美国，高校对从事就业指导的专业人员要求很高，一般要求具有心理学、教育学或管理学硕士以上的学历、专业职业资格证书，并且要求具有相关工作经历。美国高校就业指导机构的主要工作人员包括就业指导师、外联人员、指导助理、秘书等，分工明确且数量充足，就业指导师与学生的平均比例为1∶200，保证了就业指导工作的有效开展。[7]

以爱荷华州立大学为例，其就业指导中心设施完善、就业指导人员充足，配置合理。爱荷华州立大学的就业指导中心并非隶属于学校，而是隶属于各个学院。每个学院都拥有独立、完整的就业指导机构。学院就业指导中心的人员配置一般为4—8人，就业指导中心的工作人员专业性很强且分工明确。以商学院（College of Business）为例，其就业指导中心有5名工作人员，有着明确的分工。主管（Director）、生涯指导师（Career Coordinator）、招聘应聘协调者（Recruiting Coordinator）、办公室主任（Office Coordinator）以及就业指导助理（Graduate Assistant）各司其职。[8]爱荷华州立大学商学院就业指导中心每年的经费在25万美金左右，除去工作人员的工薪，直接用于就业指导工作的经费为50%左右。[9]就业指导中心设有专业的就业咨询室、就业指导接待室、证件办理办公室、就业实习办公室及就业指导报告室（Presentation Classroom），完善的设施提高了服务的效率及质量。爱荷华州立大学的学生可以通过各自院系的就业指导中心得到针对性较强的专业化的就业指导，也可以通过网络或实地的途径，预约专业的就业指导师获取单人或团体的就业咨询辅导服务。其具体内容包括：就业优势的分析，专业以及学位的甄别，个人价值与风格的评估，研究求职方向，制定求职规划，帮助思考是否继续深造，提高自己寻求职业的能力，建立短期、长期乃至终身持续的发展目标等。

（二）美国高校就业指导的系统化

美国是最早开展高校就业指导的国家，其就业指导模式的核心是对学生职业生涯"发展"的关注。从入学开始，在每一年，就业指导都有阶段性的培养目的和培养任务，从而形成了美国高校就业指导的系统化特征。以爱荷华州立大学为例，各学院的就业指导中心通过 ISUCMS 系统为学生提供大学四年的职业生涯规划（Four Years Career Plan）的具体实施模板。[10]大学一年级（Freshmen Year）强调职业生涯探索（Explore）。具体内容包括：①对可能获得的职业路径进行搜集、分析及评价；②熟悉学院就业指导中心，了解可能得到的就业指导服务；③考虑符合自身职业发展路径的主要专业及第二学历的选择；④尝试完成第一份简历。大学二年级（Sophomore Year）强调职业生涯研究（Research）。具体内容包括：①根据自身的兴趣及生涯指导师的建议参加至少三次与个人专业有关的实习；②加强专业课程的学习研究，与专业人士交流并参加校内社团活动；③在生涯指导师的推荐下，至少阅读一本关于职业生涯的书籍。大学三年级（Junior Year）强调职业生涯决策（Decisions）。具体内容包括：①继续探索和参与就业实习活动；②在社团活动中，进一步锻炼自身的领导能力和人际交往能力；③与生涯指导师合作完成模拟面试。大学四年级（Senior Year）重点关注寻找职业（Job Search）。具体内容包括：①完善个人的就业简历；②和生涯指导师探讨自身的可行性职业选择机会；③搜集就业信息，包括实际的职业薪金调查；④参加求职面试，并在面试后总结自己的表现。[11]

美国高校的就业指导针对的不仅仅是即将毕业的大学生，而是全部的在校学生以及已经毕业的学生，通过系统化的就业指导服务，美国高校就业指导开展得颇为顺畅，效果明显。

（三）美国高校就业指导突出实效性

美国文化强调实用主义，这一点在高校的就业指导中也有所体现。为了使高校毕业生能更早更好地展开自己的职业生涯道路，美国的高校指导颇为关注社会实践。高校为学生提供丰富的企业实习、社会实践等就业前的实践机会，并在学分设置上占较大比例。实习的场所由学生自主选择，从而更具针对性和实效性。

爱荷华州立大学就业指导的开展同样凸显实效性。由于隶属于各个学院的就业指导中心要对雇主和大学生双方面负责，因而，爱荷华州立大学的就业指导很注重就业前的实习锻炼及面试技巧（Interview Tips）的培养。实习、合作项目（Internship/Coops Program）及模拟面试（Mock Interviews）的开展就是典型的例子。[12]各个学院的就业指导中心根据自身情况的不同，开展颇具针对性的就业指导服务。在爱荷华州立大学商学院，学生从大学一年级开始，就一直有实习的机会，每个学生都至少参加过一次以上的就业实习。实习、合作项目包括实习项目（Internship Program）与合作项目（Coops Program）。实习项目为在校的大学生提供种类多样的就业实习机会，使学生获得了专业的职业技能和丰富的工作经验。就业指导中心为学生提供有偿或无偿的就业实习（Internship）机会，并算作学分（Credits），时间一般为一个学期或更长。根据学生个人状况的不同，就业指导中心会为其安排全日制（Full-time Job）或非全日制（Part-time Job）的实习机会，操作很灵活。合作项目主要面对的是校内机构或校企合作的企业，一般为全日制，但不算学分。就业指导中心会根据学生的不同要求进行协调，对于学生而言，实习、合作项目颇具实效性。

此外，爱荷华州立大学商学院的就业指导中心会统计出历年实习的人数和选择不同职业类型实习的人数比例并公布在就业指导中心的网页上，以供学生参考和选择。

爱荷华州立大学商学院就业指导中心对学生面试技巧的培养颇为全面。首先是一般性问题。包括和我谈谈自己，你最喜欢的课程是什么，你觉得我们公司怎么样，你喜欢自己工作还是与人合作，你从自己的错误中能看到什么，是什么让你觉得你会在这个领域中成功等。其次是针对性问题。包括：①计划完成任务的能力：告诉我一个你曾经在学院中策划过的活动。②领导能力：告诉我一个你负责让别人协助你完成的项目。③协作能力：你有过帮助集体解决问题的经历吗。④人际交往能力：告诉我你会如何与你的上司共事。⑤解决问题的能力：告诉我你在学校中曾面对的最大难题等。再次是可以问面试官的问题。比如，在我最初的六个月，我会有什么样的任务；描述日常工作的一天；能描述一下团体工作的情况吗；你理想的候选人应具备什么素质等。最后是面试时需准备的东西。如简历副本、专业的记事本和笔、你认为一定要回答的问题的准备概要、招聘资料等。此外，爱荷华州立大学的模拟面试（Mock Interviews）项目对于就业指导工作的开展颇具实际效果。大学生可以通过网上预约或电话预约的方式获取模拟面试服务。模拟面试由学院就业指导中心的就业指导师、已工作的毕业生和行业中的优秀代表共同参与，为学生提供全面的指导服务。

参考文献

［1］CAMPBELL C A. Sharing the vision：The national standards for school counseling programs ［R］. Alexandria，VA：American School Counselor Association，1997.

［2］吴志功，乔志宏. 美国大学生生涯发展与就业指导理论评述［J］. 比较教育研究，2004（6）.

［3］WERBEL J D. Relationships among career exploration，job search intensity，and job search effectiveness ingraduating college students［J］. Journal of Vocational Behavior，2000（57）.

［4］［5］贾友军，綦群高. 美国政府、社会与学校在解决大学生就业中的角色定位与借鉴［J］. 中国大学生就业，2007（1）.

［6］［7］［9］申万兵，谢芳琳，李华生. 美国高校生涯辅导的特点与启示［J］. 职业教育研究，2007（8）.

［8］ISU business Career Planning Office［EB/OL］. http：//www. business. iastate. edu/careers/about us，2009－09－11.

［10］Iowa State University Career Management Service，What is ISU Career Management Service?［EB/OL］. http：//www. business. iastate. edu/careers/isucms，2009－09－12.

［11］［12］Equip Yourself For a Bright Future［EB/OL］. http：//www. business. iastate. edu/careers/about business careerservice，2009－09－01.

［原文刊载于《外国教育研究》2011 年第 2 期（陈禹　谷峪）］

第三部分

日本职业生涯教育理论与实践研究

日本的职业生涯教育及其启示

进入 21 世纪以来，日本在全国开展了职业生涯教育。它与传统意义上的职业教育既有联系又有区别，它与终身教育的目标相一致但内涵更加丰富。职业生涯教育把人的生涯看成"职业生涯"，它所追求的是对人的一种人文关怀，根据不同人树立不同的职业理想，把在不同职业、不同岗位上的成功看成人生价值的实现。

随着产业结构的调整，职业结构也随之上移，产生了大量新的、较高层次的、对劳动者知识和能力要求更高的应用性岗位，而且职业变换性增大，同一职业的知识更新速度加快，职业技能培训不可能一次性完成，人的一生要做好职业变动不居的思想准备，要做好职业技能不断充实提高的知识储备。日本的职业生涯教育就是在这样的背景下提出来的。

一、日本职业生涯教育的理论与实践

职业生涯教育着眼于终身教育，但并非终身学习意义上的成人继续教育，而是在各个阶段的学校教育中进行"职业生涯观念"和"职业生涯准备"的教育。

（一）职业生涯教育的理论探讨

日本学者对"职业生涯教育"做如下定义：职业生涯教育是培养学生劳动观、职业观的教育。具体地说，是指在使学生具有劳动观、职业观及相应的职业知识和技能的同时，培养学生了解自己，积极主动地选择人生道路的能力和态度。日本教育学家高桥诚指出，这是一种高度重视每个人与生俱来的创造性，并考虑如何发挥每个人的个性的教育。这种教育的关键之处在于要使受教育者"学会自主思考"，如对个体的人来说，自己的人生主题到底是什么，将来想做、能做些什么，应该有一个怎样的职业生涯，等等。职业生涯教育强调在从幼儿至成人的整个教育过程中，不是单纯地传授知识，而是要将知识与个人将来的工作和生存方式相结合，并且这种教育要贯穿于人的一生。

日本国立教育政策研究所中小学生指导研究中心认为，中小学生的劳动观、职业观应该由四个方面构成：人际关系的形成能力（自己与他人的相互理解、交流能力）、信息活用能力（对与人生道路、职业等相关的信息的收集、探索能力和职业理解能力）、对将来的设计能力（对生活和工作状态的认识、把握能力及对人生道路的设计、执行能力）、计划与决定的能力。他们强调这不是人生中某一阶段性的教育，而是贯串于人的一生的职业教育，故名"职业生涯教育"。

（二）职业生涯教育的实践探索

目前，职业生涯教育在日本越来越受到重视，无论是小学、初中还是高中、大学，都认识到它的重要性，并根据其理念付诸实践，开设了相应的职业生涯教育课程，开展了相应的教育活动。

日本正由工业化社会向知识化社会转型，又有家庭少子女、人口高龄化的特点，经济结构的重组、雇用方式的多样化和不确定性，致使升学、就业的社会环境发生了很大变化。为了应对社会的这种变化，处于基础教育阶段的日本中小学校也逐渐开始重视从小培养学生作为社会人、职业人的基本观念和技能，使他们具备将来进入社会的"生存能力"和"劳动能力"，学会自主决定自己人生前进的方向。在这一思想指导下，基础教育注重根据学生的不同发展阶段特点，从职业生涯发展的角度，确定基础教育每一阶段的教育目标。职业生涯教育的内容包括学生的自我理解，对自己人生发展的关心和愿望，树立劳动观、职业观，掌握与未来职业和出路相关的知识与信息，学习对自己人生道路的选择和决定能力，养成与将来的职业生活相关的习惯和行为方式，学会必要的技术技能等。

如何将职业生涯教育贯串于中小学校教育过程？通过日本各阶段教育的教学大纲所规定的职业生涯教育内容可见一斑。

1. 小学阶段

小学教学大纲强调通过学校的整体教育活动对小学生进行生活方式的指导，培养他们的劳动观和职业观，并做出具体规定。在"特别活动"课中，以年级为单位开展解决年级和学校生活中各种问题的活动，建立年级内的各种学生组织并由学生分担处理相关工作，形成充满希望和目标的生活态度、基本的生活习惯、理想的人际关系、身心健康安全的生活意识；通过儿童会开展旨在充实和提高学校生活质量而进行的学生间的各种合作活动；由学校组织积极开展各种与生产劳动相结合的勤劳体验活动等。在道德课中进行对劳动的重要性理解的教育，积极组织学生参加劳动，让学生理解劳动的意义，体会服务于社会的快乐。在综合学习时间让学生掌握学习方法和思考方法，培养学生自主、创造性地探寻与解决问题的意识和能力，让学生参加具有体验性的志愿者活动等。通过生活课、家庭课的学习，让学生理解并分担家庭事务。在社会课的学习中，让学生调查、参观当地的生产销售情况，或者运用资料进行调查分析，选择适当的学习课题开展学习活动，促使学生思考未来。

2. 初中阶段

初中教学大纲侧重于指导学生适应集体生活，提高学生的判断能力、选择能力，并做出具体规定。在"特别活动"课中，通过开展解决年级和学校生活中各种问题的活动，进行"做合格的社会成员"的教育，其中包括克服青年期的迷惘不安和苦恼，理解和尊重自己与他人的个性，确立良好的人际关系，理解学习的意义，形成独立自主的学习态度，树立人生理想和劳动观、职业观，以积极态度选择人生出路和设计未来。在道德课中，让学生进一步深入理解自己所属团体的意义，认识自己的作用和责任，努力提高集体生活的水平，尊重劳动并理解劳动的意义，学会为公共福祉事业和社会的发展服务。对其他课程的规定与小学类似，只是根据年龄段不同提出高一层次的要求。

3. 高中阶段

高中阶段的职业生涯教育，要求学生从被动的学习状态转变为自我选择、自我管理、自我负责的自主学习，进行自立精神的教育，促使学生成为适应不断变革、多样化社会要求的合格社会成员，让学生形成自己的人生观、职业观。培养他们具备职业人的基本素质和能力，为此开展灵活多样的职业教育。

第一，按照1999年3月开始启用的《高中学习指导要领》，加强职业基础课程的教学，严格把握各门课程内容的筛选。在教学方法上提出明确要求和具体指导，削减基础课程的数量。同时，增加职业课程的选修科目，便于学生的选修。为适应科技进步与产业升级，增加了生物、生命科学、制造业、通用技术类科目；为适应国际化、信息化的需要，大幅度削减了农业、工业、商业等传统职业课程的比例。并且修改了教材，增添了新的内容；为培养知识经济所需要的设计与管理人才、高水平的多媒体制作人才；为适应高龄化社会需要和为残疾人服务，新开设了信息专业与福利专业。为培训担任这些新专业的教师，文部省从2000年起，用3年时间开展教师培训。

第二，加强与地区产业界的合作。1998 年 7 月，日本政府公布了《理科教育及产业教育审议会咨询报告》。该报告强调了中等职业教育机构加强与地区、产业界之间合作的重要性。为此，文部省要求职业高中加强实习课，学校职业教育要向企业开放。另外，为广泛增进国民对产业教育的理解，全国每年定期召开全国产业教育交流会，发表并交流职业学校学生的研究成果，展示科研作品。2000 年，日本全国产业教育交流会在德岛县召开，38 个都、道、府、县分别召开了本地区的产业教育交流会。

第三，以职高与普高综合科毕业生为对象选拔大学生。1999 年 5 月的日本全国调查显示，职业高中、普高综合科的毕业生学习积极性高、理解水平高、动手能力强，这些学生毕业后成为生产、管理工作的中坚力量。鉴于此，文部省表示，今后将选拔推荐更多的职业高中、普高综合科毕业生上大学，加强高级职业技术人才的培养。

第四，振兴产业教育的经费补助措施。为振兴产业教育，文部省按照公立高中和私立高中产业教育设备配备标准提供部分经费，以及职业高中和普高综合学科职业教育课程必要的职业课实习与实验经费。

4. 大学阶段

大学由于和人才市场的联系更为紧密，因此其职业生涯教育的观念体现得尤为明显。日本厚生劳动省与文部科学省于 2004 年 4 月就全国的大学、短期大学、高专、专门学校的就职情况进行了联合调查，结果表明："培养专业能力学校"的毕业生就业率正在提高，有专业能力的学生更容易就业。同时，有研究表明，现代社会对人才的要求更高。以前，"T"字形人才受社会的欢迎（"T"字的横表示教养、竖表示专业能力），但是在当今社会仅具备这两种能力是不够的，需要的是"大"字形的人才（"大"字的一撇的下部表示专业，而且每个人都需要掌握两门专业；一撇的上部表示创造力。"大"字的一捺表示外语，一般指的是英语，但汉语等其他语言也可以。"大"字的一横的左半部表示教养，右半部则表示沟通能力。IT 能力已是社会对人才普遍的要求）。日本的大学以培养"大"字形人才为目标，以取得职业资格为目的，"就职第一主义"的学生大幅度增加。在本科教育中强化职业专门教育的同时，如何确保教养教育的进行，成为当前本科教育教学改革的重大课题之一。

在研究生院阶段，近几年开设了专门职业学位课程。这是以大学毕业生和社会人为对象，培养特定的高层次专门职业人才。其课程内容和研究方法与专业团体、行业协会进行沟通。联合进行理论和实际相结合的教育，称为"桥梁课程体系"。

知识经济时代的到来，促使日本对大学使命的认识发生了重大变化。从职业生涯教育观点出发，站在学术前沿的、作为学习型社会中高水准的学习组织而存在的大学，人们当然期待它承担起直接为社会做贡献的使命。因此，日本大学的改革在向着主动与各种社会体系相协调，自觉承担社会责任，构筑起"良好的社会关系"，为毕业生就职创造条件的方向发展。一方面是培养高科技人才，推进科学技术的研究开发，加强与产业界的信息交流，推动科研成果转化为现实生产力；另一方面是克服办学经费不足的困扰，尽可能向全体国民开放高等教育，使他们都具有接受高等教育的机会，为人力资源素质的整体提高而努力。

在实施职业生涯教育之前，日本教育各个阶段的连贯性，只是表现为学历教育下的各个阶段的教育都必须真正关注学生，和每个学生的人生出路相联系，这样以"职业生涯准备"为线索，体现出培养综合素质的系统性和递进性。

（三）职业生涯规划的制定

在日本，提倡人们制定"职业生涯规划"，即在对一个人的主客观条件进行测定、分析的基础上，确定其最佳的职业奋斗目标，并做出行之有效的安排。职业生涯阶段以年龄层次划分，每十年作为一个阶段。

导入期：20—30 岁。这一阶段的主要任务之一是选择职业。在充分做好自我分析和内外环境分析的基础上，选择适合自己的职业，设定人生目标，制定人生计划。在接受职业培训的基础上，在所能找到的最好的环境里参加实际工作，获得实际体验，学习技术常识，增强职业自信心。比起创立一个良好的职业基础来说，报酬并不重要。导入期是职业生涯的关键时期，有多深的地基就有多高的楼层。在导入期奠定的职业发展基础，可以对未来职业生涯有一个粗略的预见。

发展期：30—40 岁。这个时期是一个人风华正茂之时，是充分展现自己才能、获得晋升、事业得到迅速发展之时。此时的任务，除发奋努力、施展雄才、拓展事业以外，对很多人来说，还有一个调整职业、修订目标的任务。人到 30 多岁，应当对自己、对环境有更清楚的了解，看一看自己所选择的职业生涯路线和所确定的人生目标是否符合现实，如有出入，应尽快调整。

成熟期：40—50 岁。这一阶段，是事业上获得成功的人大显身手的时期。到了这个年龄仍一无所得、事业无成的人应深刻反省一下原因何在。只有正确认识自己和环境，找出主客观原因，才能解决人生发展的困阻，把握努力方向。成熟期的另一个任务是继续"充电"。很多人在此阶段都会遇到知识更新问题，如不及时充电，将难以满足工作需要，甚至影响事业的发展。

退隐期：50—60 岁。退隐阶段是人生的转折期，无论是在事业上继续发展还是准备退休，都面临转折问题，做好晚年生涯规划十分重要。日本的职工一般在进入 45 岁以后就开始做晚年生涯规划，以继续学习的姿态求得最后的发展。

类似规划的制定，在校期间由学校指导，进入社会后由社会组织通过再培训来指导。职业生涯教育把职业生涯规划的指导列为重要内容，学生在对职业生涯的选择和决定的过程中难免会有苦恼和困惑，学校设专门教师进行辅导，为他们提供信息，帮他们分析主客观条件，让他们按照自己的意志负责地选择或决定自己未来的人生蓝图。

二、日本职业生涯教育对我国的启示

日本的职业生涯教育是通过教育促进人的人生价值实现从而为社会提供优质劳动者的一种新探索，为我国全面推行素质教育、大力发职业教育提供了有益的启示。

（一）以政策为导引，将职业教育贯串于人生的每个阶段

日本的职业生涯教育是自上而下由政府主导推行的，政府相关部门担负组织、指导、协调的责任，并制定了一系列相关的政策、法规，推动学校与企业等社会组织共同配合实施。如文部科学省在 2005 年 4 月发布的"第三期科学计划的基本政策"中，提出要构筑长期的、可持续的产学官联合体制，根据人才培养目标由学校和产业界协同制定教育计划，实施承认学分的长期的实践性的实习制度；规定要建立大学、公共研究机构、企业之间互相协同的研究基地，建立在各个专业领域和职业种类中大学和产业界之间情报交流机制；设立促进人才投资的税制，由 2005 年开始，对于积极进行人才培养的企业的教育训练费用，按一定比例从法人税额中扣除。此外，从小学、初中到高中、大学以至研究生阶段，每一阶段的教育教学大纲都对职业生涯教育内容做了相应规定，这为有效开展职业生涯教育指明了方向。

日本政府的政策导引在系列的教育活动中体现出强制性、系统性和递进性，为化解政府、社会与学校三者之间的矛盾提供了指南。鉴于此，我国在大力发展职业教育的过程中，政府应协同各部门共同组织、规划职业

教育，在教育的每个阶段都以"职业生涯准备"为线索，以政策为导引，将职业教育真正贯串并落实于各部门的行动中。

（二）树立正确的人才观，摒弃鄙薄职业教育的陈腐思想

日本的职业生涯教育是以现代人才观为立论基础的。知识经济时代脑力劳动与体力劳动紧密融合，凡是在职业生涯中能成为优秀劳动者的都是人才，相信人人都能成才，鼓励人人成才，造就各级各类人才，使整个社会形成宝塔型、结构合理的人才"集合体"，是职业生涯教育的出发点和归宿，也是职业生涯教育能够推行的认识基础和舆论氛围。

社会分层是客观存在，分工不同是社会需要，在各个层次、各种职业、各自岗位的优秀劳动者都应得到社会的尊重，教育不能只为培养和选拔"精英"服务，而要以提升国民素质，使全体受教育者成人、成才、成功为目标，这是实施人才强国战略、构建和谐社会的必然要求。

（三）落实以人为本的科学发展观，关怀受教育者的职业生涯

日本的职业生涯教育充满对受教育者的人文关怀，在教育的各个阶段都关注学生的出路、前程与未来，以帮助他们走一条成功之路为己任，既与学生的切身需要和终身利益相吻合，又符合社会发展的要求，这种教育观念和教育实践值得认真借鉴。以人为本的科学发展观，落实到教育中就是要致力于人的全面发展，把教育和人的成长、人的价值实现、人的幸福联系起来，尊重人的个性发展，满足人的潜能开发的需要，提升人对时代和社会的适应能力，从而提升其生活品质。承认人的天赋、造诣、性情、爱好、生长环境以及际遇的差异，帮助受教育者正确认识差异，不受宿命论的羁绊，自信"各有各的成长路径"，并把这种关怀直接与做职业生涯准备联系在一起。

参考文献

[1] キャリア教育の推進に関する総合的調査研究協力者会議「报告书」[Z]. 2004.

[2] 中央教育审议会. 新时代の大学院教育「中间报告」[Z]. 2005.

［原文刊载于《职业技术教育》2006 年第 10 期（谷峪）］

日本"职业生涯教育"观察
——贯串从幼儿至成人的整个教育过程

在日本，人的一生要做好职业变动不居的思想准备，要做好职业技能不断提高的知识储备，这些内容贯串于所有学校教育的全程，把学校教育与成人教育有机衔接起来。

职业生涯教育是在各个阶段的学校教育中进行职业生涯观念和职业生涯准备的教育。其要义，根据日本学者的论述可归纳为：职业生涯教育是培养学生劳动观、职业观的教育，是高度重视每个人与生俱来的创造性、发展人的个性的教育，旨在使学生具有相应的职业知识和技能的同时，培养学生了解自己，积极主动地选择人生道路的能力。它要求从幼儿至成人的整个教育过程中，都要将传授知识与学生将来的工作和生存方式相结合。

一、并非某一阶段的教育

日本国立教育政策研究所中小学生指导研究中心认为，中小学生的劳动观、职业观由四个方面构成：人际关系的形成能力（自己与他人的相互理解、交流能力）、信息活用能力（对人生道路、职业等相关信息的收集、探索能力和职业理解能力）、对将来的设计能力（对生活、工作状态的认识、把握能力和对人生道路的设计、实行能力）、计划与决定的能力。并强调这不是人生中某一阶段性的教育，而是贯串于一生的职业教育。

目前，在日本，无论是小学、初中还是高中、大学，都认识到职业生涯教育的重要性，并根据其理念付诸实践。日本的小学教学大纲，强调通过学校的整体教育活动对小学生进行生活方式的指导，培养他们的劳动观和职业观，形成充满希望和目标的生活态度、基本的生活习惯、身心健康安全的生活意识。

初中教学大纲强调指导学生适应集体生活，提高学生的判断、选择能力，克服青年期的迷惘不安和苦恼，理解和尊重自己与他人的个性，确立良好的人际关系，理解学习的意义，以积极的态度选择未来。小学和初中的教学大纲对特别活动课、道德课、生活课、家庭课、社会课等的内容都做出了具体规定。

高中阶段要求学生从被动的学习状态转变到自我选择、自我管理、自我负责的自主学习，培养学生在社会上自立的精神、做适应变革的社会合格一员，形成自己的人生观、职业观，培养他们具有职业人的基本素质和能力。按照《高中学习指导要领》，基础课程的数量削减两成，扩大了职业课程的选修科目，加强了生物、生命科学、制造业、通用技术类科目，对农业、工业、商业等传统职业课程进行了修改。日本文部科学省从2000年起，用3年时间开展了专业教师培训，还为普通高中和职业高中提供了职业教育课程所必需的设备、实习与实验经费。

二、从"T"到"大"

大学由于和人才市场的联系紧密，对职业生涯教育更为重视。日本厚生劳动省与文部科学省于2004年4月就全国的大学、短期大学、高等专科学校、专门学校的就职情况进行了联合调查，结果表明培养专业能力学校的毕业生的就业率明显提高，现代社会对人才素质的要求提高了。以前，"T"字形人才受社会欢迎（"T"字的横表示教养、竖表示专业能力），但如今仅具备这两种能力是不够的，需要的是"大"字形的人才（"大"字一撇的下部表示专业，一撇的上部表示创造力，一捺表示外语，一横的左半部表示教养，右半部表示沟通能力）。至于"T"能力，已是普及的要求。现在日本的大学以培养"大"字形人才为目标。在研究生院阶段，近几年开设了专门职业学位课程，以大学毕业生和社会人为对象，培养特定的高层次专门职业人才，其课程内容和研究方法与专业团体、行业协会进行沟通，联合进行理论和实际相结合的教育，称为桥梁课程体系。

三、贯串各个教育阶段

实施职业生涯教育之前，日本教育各个阶段的连贯性，只是在学历教育下各个阶段的知识衔接。而现在，各个阶段的教育都和学生的人生出路相联系，以"职业生涯准备"为线索体现出培养综合素质的递进性。学生在对职业生涯的选择和决定过程中难免会有苦恼和困惑，因而学校又设专门教师进行"职业生涯辅导"，对学生进行个别的或是小组的引导帮助，为他们提供信息，让他们按照自己的意志负责地选择或决定自己未来的人生蓝图。在日本，提倡人们制定"职业生涯规划"，即在对一个人的主客观条件进行测定、分析的基础上，确定其最佳的职业奋斗目标。把指导这种规划的制定列为职业生涯教育的重要内容，在校期间由学校来辅导，进入社会后由社会组织通过再培训来促进。

　　日本的职业生涯教育是自上而下由政府主导推行的，政府相关部门担负组织、指导、协调的责任，并制定了一系列相关的政策、法规，推动学校与企业等社会组织共同配合实施。比如，由 2005 年开始，对积极进行人才培养的企业的教育训练费用，按一定比例从法人税额中扣除。

[原文刊载于《职业技术》2006 年第 17 期（谷峪）]

日本高中阶段的职业生涯教育

日本经济进入高速增长时期以后，经济产业结构的变化、雇用方式的多样化使升学、就职的社会环境发生了巨大变化。随着企业对求职者要求的提高，高中阶段越来越重视培养学生作为社会人、职业人的基本技能，使他们具备将来进入社会的"生存能力"和"劳动能力"，学会自主决定自己人生前进的方向。无论是小学、初中还是高中、大学阶段的教育，都意识到了职业生涯教育的重要性，并根据职业生涯教育的理念开设了相应的课程，对学生进行职业生涯意识和职业生涯设计的教育。[①] 特别是高中阶段，尤为重视职业生涯教育的课程改革，积累了许多可供借鉴的经验。

一、日本高中阶段职业生涯教育的背景

（一）社会就业环境的激变

1. 失业群体的"壮大"

随着全球经济一体化的飞速发展和竞争加剧，日本的整体就业形势也变得异常严峻。据日本总务省统计局公布的数字，2009 年日本的完全失业者人数为 361 万，失业率为 5.4%。在这些失业者中，主动辞职的人数为 105 万，占 29.0%；被公司裁员的人数为 136 万，占 37.7%；毕业后未就职的失业人数为 19 万，占 5.3%；另外，其他原因导致的失业人数为 136 万，占 37.7%。

2. 企业的影响

为了应对全球经济一体化的竞争，日本的企业采取了一系列应对措施，如削减成本、经营合理化、制造业向海外转移、重新构筑销售营业部门等。其中调整雇佣政策是其中的重要内容，具体表现为以下几方面：

---

① 日本キャリア教育学会. キャリア教育概説 [M]. 東京：東洋館出版社，2008：18—23.

（1）企业招聘员工人数减少

日本不少企业为了降低生产成本不得不将自己的制造业转移至中国、东南亚等劳动力低廉的第三世界国家，而这所带来的最直接的后果则是企业在国内招聘员工数量的减少。根据日本厚生劳动省的调查，1992 年企业对高中毕业生的需求数量是 167 万，到 2009 年这一数字下降至 17.5 万，仅为 1992 年的 10.5％，就业形式愈发严峻。

（2）企业更加重视员工的素质

日本多数企业和公司在将自己的制造业部门转移至海外的同时，在国内更加重视所招聘人员的科研创新能力及专业技能和整体素质。这一变化显然对高中毕业生提出了更高的要求。日本经济团体联合会（经团连）曾就企业需要大学刚毕业的学生具备哪些能力进行了调查，结果排在前三位的分别是"交流能力"（68％）、"挑战精神"（58％）、"自主性"（46％）。这表明企业需要的是既具有自主性，又能够关注周围并积极工作的人才。另据东京经营者协会对 270 家公司的调查，日本企业采用高中毕业生的标准的前三位依次是"基本的生活态度"（66％）、"交流能力"（56％）、"合作性"（54％）。

从上面两家日本机构的调查不难得出这样的结论：无论是高中毕业生还是大学毕业生，企业都要求他们具备交流能力。

3．企业在减少招聘正式员工的同时，增加临时工的招聘

据日本总务省"劳动力调查"显示，从 1997 年到 2007 年的十年间，非正规雇佣者就增加了 580 万人，而正规雇佣者（正社员）人数则减少了 371 万人。依据《日经新闻》对工厂雇用情况的调查，在工厂生产方面充分采用非正式员工的企业竟达到 97％。企业为了自身的生存而减少正式员工的招聘是应对经济形势变化的必要措施，但这在无形中增加了毕业生就业的难度。

（二）学生自身存在的问题

日本各级学校推进职业生涯教育的另一个背景是日本学生的劳动观、职业观还不成熟，具体表现在如下几方面：

1．学力和专业技能的低下

笔者认为，导致学生学力低下的因素有很多，其中学生的"学习欲望"不高是一个很重要的原因。实际上，现在日本无论是小学生、初中生还是高中生，其学习时间较以前都大大减少了。全国学校图书馆协议会进行的"读书调查"表明，初中生、高中生以及大学生的读书时间明显减少了。日本学生的"学习欲望"低下使得他们欠缺专业知识和专业技能，这直接影响到他们将来在工作岗位上的表现。

2. 劳动观、职业观的不成熟

如今的日本年轻人因少子化、小家庭、繁忙的学业等而出现了缺少与人交流的经验、思维方式单一等问题。他们不会建立人际关系，到了高中阶段还不能自立的年轻人在不断地增加。社会性的缺失致使很多孩子感受不到人生的意义，体验不到劳动的喜悦，不能选择自己的人生道路，生存能力不强。很多日本家长和学校问学生最多的话就是，将来"打算进入哪一所学校？打算进入哪一家企业？"笔者认为这充分表明了他们关注的只是孩子的考试和就业，而不是孩子自己的人生目标、人生道路。这样做的结果便是很多学生在毕业之后不愿意就业，不愿意融入社会，使社会出现了很多"无固定职业者"。

二、日本高中阶段职业生涯教育的内容及实施

（一）高中阶段职业生涯教育的学习计划及内容

1. 高中阶段职业生涯教育的发展课题和内容

在日本，主要由文部科学省颁布的《学习指导要领》对相关的职业生涯教育的内容做出规定。《学习指导要领》指出，高中阶段是实际探索、尝试和进入社会的准备时期，要让学生能够更深入地认识自己和认可自己，确立作为选择标准的职业观和劳动观，设计将来的人生蓝图并为进入社会做准备，考虑人生出路并努力实现。为此在高中阶段设置特别活动、综合学习时间等职业生涯教育内容。

其中特别活动包括课外活动、学生会活动、学校活动。课外活动注重开展解决年级和学校生活中的各种问题、建立年级内的各种组织并分担处理相关工作的活动，教会学生作为个人及社会成员的生活方式，帮助学生解决青年期的苦恼和问题，理解和尊重自己与他人的个性，认识到自己在社会生活中所起到的作用和自己应承担的责任，培养学生形成交际能力和确立人际关系，理解志愿者活动的意义并形成国际视野、国际理解和国际交流能力等。此外还帮助学生充实学习生活，决定合适的人生道路和出

路，理解学习的意义，确立积极主动的学习态度，选择合适的学科，理解合适的人生出路并充分利用出路信息，确立理想的职业观和劳动观，积极地决定人生出路和设计将来。此外，学生会活动主要开展能够充实、改善、提高学生学习生活的活动及志愿者活动。而学校活动则开展有助于职业观的形成和决定出路选择的体验活动和志愿者活动等。

综合学习时间注重教会学生掌握学习方法和思维方式，培养学生积极、创造性地解决问题、探求活动的态度，思考自己的未来；让学生进行与自己的兴趣、出路相关课题的学习，以使这方面的知识得以深化、系统化；对自己未来生活方式和人生出路进行研究探讨和学习；通过参观、调查、讨论、模型制作、生产活动等实践活动进行学习。

除了特别活动和综合学习时间之外，在高中阶段开展的职业生涯教育内容还包括：与职业相关的各学科的实习和"产业社会和人"等科目的学习；引导学生适应集体生活，充实与科目和出路选择相关的指导功能；设置高中普通科目、专业科目方面的课程和选择科目，设置综合科目方面的系列提示和多样选择科目等。①

2. 日本国立教育政策研究所中小学生指导研究中心开发的学习计划框架

日本国立教育政策研究所中小学生指导研究中心开发的《培养劳动观和职业观的学习计划框架（例）》作为推进职业生涯教育方面众多学习计划的代表，得到了各个学校的重视并被充分运用。② 这个学习计划框架将形成"职业观""劳动观"的相关能力大致分为"人际关系形成能力""信息活用能力""将来设计能力""志向决定能力"四部分。同时，学习计划框架又按照小学低、中、高年级和初中、高中阶段详细规定了学生在这些阶段分别应该具备的"能力"和"态度"。其中高中阶段应具备的"能力"和"态度"如表 2-9 所示。③

---

① 文部科学省. 学習指導要領［EB/OL］.（2003－03－01）［2010－05－03］. http：//www. mext. go. jp/b_menu/shuppan/sonota/990301. htm.

② 国立教育政策研究所生徒指導研究センター. キャリア教育のススメ小学校・中学校・高等学校における系統的なキャリア教育の推進のために［M］. 東京：東京書籍，2010：33－35.

③ 国立教育政策研究所生徒指導研究センター.「児童生徒の職業観・勤労観を育む教育の推進について」調査研究報告書.

表 2 - 9　《培养劳动观和职业观的学习计划框架（例）》
高中阶段应具备的"能力"和"态度"

职业发展需要的各种能力			为促进职业发展所期待养成的具体的能力和态度
领域	领域说明	能力说明	
人际关系形成能力	尊重他人的个性，并发挥自己个性的同时，寻求与各种各样人的交流和沟通，并合作进行努力	【理解自己和他人的能力】加深自我理解，理解他人的多样个性，在重视互相认同的前提下行动的能力	1. 理解自己在职业上的能力、适应性，并去提高它们 2. 理解并接受别人的价值观和特点 3. 找到互相帮助、互相理解的朋友
		【沟通能力】在多样的集团和组织当中进行交流和构筑丰富的人际关系的同时，实现自我成长的能力	1. 正确地传达自己的思想和意见，准确地理解把握他人的想法打算 2. 采用合适的交际方式与不同年龄的人、异性、形形色色的人在不同的场合交流、沟通 3. 提高团队合作能力 4. 有效利用新环境和人际关系
信息活用能力	理解学习和工作的意义、作用及多样性，活用各方面的信息，来发展自己的未来道路和生活方式	【寻找并收集信息的能力】寻找并收集关于未来道路和职业的相关信息，选择并活用必要的信息，不断思考自己未来道路和生活方式的能力	1. 多方面、多角度地收集研究有关毕业后的出路、职业和产业动向的信息 2. 探寻有关就业后再学习和升入上一级学校毕业后就职方面的信息 3. 懂得与职业生活相关的权利、义务、责任以及与职业相关的手续、方法 4. 将调查的事情转变为自己的思想并通过媒体发表
		【职业理解能力】通过各种各样的体验，不断了解学校学习内容和职业生活的联系以及现在必须做的事情和能力	1. 参与投入到与就业相关的社会活动中，在上一级学校进行与学习相关的探寻和试行活动 2. 通过体验活动理解、习得社会规范、礼节的必要性和意义 3. 理解各种劳动观和职业观，深化对职业、劳动的理解和认识

职业发展需要的各种能力			为促进职业发展所期待养成的具体的能力和态度
领域	领域说明	能力说明	
将来设计能力	怀着梦想和希望考虑将来的生活方式和生活，以社会现实为基础，以向前看的态度设计自己的未来	【认识和把握职责的能力】理解生活和工作上的多种多样的作用、意义及其联系，不断加深对自己作用的认识的能力	1. 认识自己在学校和社会应承担的职责，并积极地去实现 2. 理解在生活的不同阶段个人的、社会的责任和作用 3. 根据对将来的设计，理解今后应该投入参与的学习和活动
		【执行计划能力】思考目标及要实现的未来生活方式和前进道路，制定实现这些目的的计划，并通过实际的选择等实行计划的能力	1. 从实际考虑有人生意义的生活方式和出路 2. 依据对职业的综合的、现实的理解，拟定出路计划 3. 重新检讨将来的人生设计、出路计划并且努力实现
志向决定能力	根据自我意愿和责任进行更好的选择，同时在选择过程中积极努力克服遇到的问题和矛盾	【选择能力】比较并探讨各种选择或克服各种矛盾，主动积极地进行判断，做出适合自己的选择和决定的能力	1. 要有选择标准且有适合自己的价值观、职业观和劳动观 2. 负责任地选择当前的出路和学习 3. 理解为了实现所希望的出路应具有的各种条件和课题，审视实现的可能性 4. 接受选择结果，尽责任
		【解决课题能力】接受由决定而产生的责任，适应选择结果的同时，努力向着希望的未来道路前进，并设定和努力解决自己的课题的能力	1. 以将来设计、出路愿望的实现为目标，设定课题，积极解决 2. 为了实现自己的价值而研究检讨各种课题和解决的方法 3. 在理想和现实差距的现实中，掌握克服各种困难的技能

（二）职业生涯教育方针下有关课程的变化

1. 各个学校的有特色的教育课程

职业生涯教育的开展、成功，实际上是需要建立在各个学校合适的课程设置上的，并且这些课程的设置是需要计划性和系统性的。日本的高中认识到这一点，在实施职业生涯教育时，积极审视、探讨自己的教育课程设置、编成，这也促进了"特色学校"建设的深入。各个学校在充分地考虑到自身的实际情况、学生的情况以及学校所在地域的特色基础上，重点关注了特别活动和综合学习时间的课程设置。每所学校的教育活动都特色鲜明，并且呈现出"五彩缤纷"的状况。

2. 高中和初高中一贯制学校的新设课程

限于篇幅，高中的新设课程中，笔者只简单介绍比较有代表性的新编"产业社会和人"课程，以及根据学生出路愿望的不同编成的小组。"产业社会和人"是按照高中学习指导要领中规定的学校设定科目的相关内容编成、设置的。学校希望通过这门课程的开设，使学生参与到就业体验活动中和企业参观学习的活动中，与社会及地方上的相关人员展开对话，进行调查研究并发表、讨论其结果。日本学校认为通过这些活动的开展，学生可以切身体会到产业社会的实际情况，同时可以去积极地思考、探寻自己未来的生活道路、将来可能从事的职业，进而明白自己到底为何而学并应该为此选择哪些合适的科目。

日本的很多高中自开设这一科目以来收效显著，调查显示，通过这一科目的学习，学生的学习态度、学习目的都比以前明确、端正了许多。而特别需要指出的是学生的出路意识较之以往得到了极大的提高。

另外，日本高中学校的每个年级的学生在普通学科的学习中，还根据每个人自身的出路愿望组成了不同的小组。这种小组所开展的活动不同于平时的"课外活动"。这种小组活动的开展充分地利用了综合学习时间，学生们在这一时间段内收集、探寻与出路相关的信息，调查研究大学的学院、学科设置和研究方向等。这些活动的开展，实际上也极大地促进了学生学习欲望的提高。

初高中一贯制学校中，为了更好地开展职业生涯教育，学校将能够使学生形成职业生涯的能力和态度分成了三部分，即生活的基础、学习的基础和课程学习的入门基础。初高中一贯制学校以这三部分为基础，开展了丰富多样的课程活动。如各种调查活动，体验学习，与生活道路的探寻、共同生存、和平等相关的主题学习等。

（三）职业生涯教育方针下的出路指导

1. 出路指导的目的和职业生涯教育方针下出路指导的范围框架

出路指导是职业生涯教育的核心之一，目前日本职业生涯教育的出路指导主要集中在高中阶段，通过对学生进行出路指导、帮助，使学生能够深入考虑自己今后的人生之路，对将来有一个明确的目的意识，能够有能力自主、负责地选择自己的人生出路。

职业生涯教育方针下的出路指导主要从两个大的角度开展，即出路发展或者与出路决定相关的指导和以集体或个人为对象的指导。这两个角度又具体分为四个框架（参见图 2 - 10）。

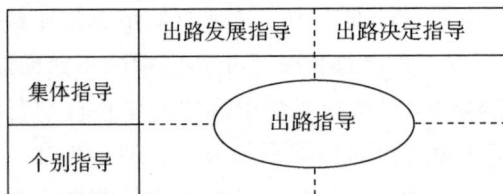

图 2 - 10　职业生涯教育方针下的出路指导框架

需要指出的是，日本高中的出路指导不同于初中，其将指导的重点放在了"出路决定指导"方面，始终关注与个人选择、决定有关的就业方向指导、升学指导、就业指导等。

另外，通过图 2 - 10 可以看出，"出路发展指导"包含集体指导和个别指导两方面，以集体为指导对象的"出路发展指导"主要是在日本的初中开展实施的。这种"出路发展指导"主要是通过开展各种体验活动进行的，包括岗位体验、就职体验、志愿者活动、社会相关人员和职业人员的报告等，其中岗位体验、就职体验是主要方式。个别指导的开展主要是借助对学生开展"出路愿望调查"的时候与学生进行面谈实施的。这种方式的"出路发展指导"无论是初中还是高中都会进行。①

2. 出路指导的具体内容

日本高中在学生的出路指导方面形式多样，但主要是岗位体验、就职体验两种实践活动方式。通过两种实践活动的开展，让学生走出课堂，走进工厂、公司，得以亲身感受工作，体会具体的工作环境。这促进了他们对现实生活、工作的理解，使他们的"劳动观""职业观"能够及早形成。日本高中在开展这两种实践活动时首先要解决的是接收学生进行体验活动的场所。随着日本高中此类体验活动的增加，一些地区曾出现过接收单位数量不足的情况。为了解决这一问题，日本的学校积极与地方的自治团

---

① 石塚謙二. 特別支援教育×キャリア教育―インターンシップ・就労支援はここまで変わる［M］. 東京：東洋館出版社，2009：12―18.

体、企业和相关的行政机关联系，以获得其帮助，并通过各种方法不断开拓新的接收单位。现在为了避免学校在开展这种实践活动时没有接收单位，日本上至国家、下至都道府县都在积极地收集、提供这方面的信息。并且作为国家行政机关，它们身先士卒，和地方上的其他公共团体一起接收学校的学生前来进行体验学习。

三、日本高中阶段职业生涯教育的特点

通过前文的论述，不难看出职业生涯教育思想指导下日本的教育呈现出如下的特点。①

（一）相关各方的支持与配合

1. 教育行政部门的参与指导

近年日本为了提高年轻人的自立精神和应对挑战的能力，从 2003 年开始日本内阁官房长官、文部科学省大臣、厚生劳动省大臣、经济产业省大臣、经济财政政策担当大臣等就此召开了多次相关会议，之后各地方也制定了相关的政策措施。文部科学省及各都道府县的这些举措最终就是希望通过推行职业生涯教育来改变目前日本社会所面临的一些困境，使年轻人能够树立正确的职业观、劳动观，在经济全球一体化的时代能够有自立精神和面对挑战的勇气和能力。

2. 各教育研究机构的不懈努力

2003 年，日本开始实行根据时代变化制定的高中阶段的学习指导要领。2003 年 10 月 7 日，中央教育审议会又向文部科学省提交了《充实、改善当前初等、中等教育的教育课程和指导对策》的报告，旨在推进各个阶段的职业生涯教育。2011 年开始实行的新学习指导要领中，更是明确把提高"生存能力"作为主旨。② 日本国立教育政策研究所中小学生指导研究中心为了使职业生涯教育能够在基础教育阶段获得发展，就推进中小学生的职业观、劳动观的培养进行了相关课题的研究，同时开发了《培养劳动观和职业观的学习计划框架（例）》。此外，该研究中心还于 2005 年 5 月 16 日发表了《〈岗位体验现状把握调查〉调查概要》。

---

① 山崎保寿. キャリア教育が高校を変える―その効果的な導入に向けて［M］. 東京：学事出版，2006：1—20.

② 文部科学省. 新学習指導要領［EB/OL］.（2008—12—23）［2010—05—05］. http://www. mext. go. jp/a_menu/shotou/new—cs/index. htm.

3. 社会各界的关注支持

为了培养学生的职业观和劳动观，使之能够正确认识劳动并具有一定的劳动技能，客观上需要学生除了在课堂内学好专业理论知识之外还要走入公司、企业身体力行进行岗位体验，而这就需要公司、企业的大力协助。事实上日本的公司、企业也确实给予了学校大力支持，每年日本的公司、企业都要吸纳大量的学生进行实习体验，尤其是日本文部科学省实施日本特色的"双轨制学习体系"以来更是如此。日本的各级学校和当地的企业已经形成了一种互助协作的关系。①

除了日本的公司企业与学校的合作之外，各教育委员会、自治团体等设置的相关推进委员会、工商界团体、PTA 等也都为职业生涯教育在高中教育阶段的发展提供了大力的支持。其中最为重要的则是为学生的岗位体验寻求帮助。

（二）重视各个教育阶段的连贯性

在日本相关部门没有实施职业生涯教育之前，日本教育的各个阶段并没有真正体现出系统性和连贯性，只是在表面上显现为学历教育下的各个阶段的一种知识上的衔接。但在职业生涯教育的思想指导下，要求教育必须真正地关注学生，让学生能够不断地正确认识自己，随着年龄的增长能够加深对人生和出路的认识，要求教师在传授知识时要注意和每个学生的人生出路相联系。所以，在这种思想指导下，各个教育阶段的课程设置以及对学生的要求都不能是孤立的，而要体现出内在的系统性和连贯性。

（三）更加关注学生的发展和动态

由于职业生涯教育更加重视学生的劳动观和职业观的培养，重视学生对自己人生道路的选择，所以在这种思想指导下的教育也更加关注学生的发展。

为了对学生的职业生涯发展提供帮助、支持，日本的高中根据各个发展阶段的课题，注意每个发展阶段学生个人的差别，系统性地开展各种教育活动。

学生的职业生涯发展与其对自身新的可能性的发现以及对自己进一步

---

① 経済産業省. キャリア教育ガイドブック—学校と企業・地域をつなぐキャリア教育コーディネート［M］. 東京：学事出版，2009：22—30.

深入的理解是紧密相关的，并且考虑到在学生的职业生涯发展过程中，面对自己的未来生活道路还会有苦恼和困惑，为了解决这些问题，各学校通过各学科、特别活动、综合学习时间等全部的学校教育开展实施职业生涯教育。

（四）重视各种实践体验活动的开展

2003 年，日本高中学校开始实施"双轨制学习体系"，这种学习体系要求学生在一定期间里，一周至少要有三天在企业实习，两天在学校里进行文化技能的学习。2005 年，文部省又规定初中生需要有 5 日以上的时间进行岗位体验活动，这项政策被称为"职业生涯开始周"。为此，很多高中都开展了岗位体验活动和企业实习。日本的高中通过这种活动的开展，使学生正确认识了劳动、学习的意义，对自己人生出路的选择起了积极的推动作用。

参考文献

[1] 日本キャリア教育学会. キャリア教育概説 [M]. 東京：東洋館出版社，2008.

[2] 文部科学省. 学習指導要領 [EB/OL]. （2003 －03－01）［2010－05－03］. http：//www. mext. go. jp/b _ menu/shuppan/sonota/990301. htm.

[3] 国立教育政策研究所生徒指導研究センター. キャリア教育のススメ小学校・中学校・高等学校における系統的なキャリア教育の推進のために [M]. 東京：東京書籍，2010.

[4] 国立教育政策研究所生徒指導研究センター. 「児童生徒の職業観・勤労観を育む教育の推進について」調査研究報告書 [EB/OL]. （2002－11－01）［2010－05－03］. http：//www. nier. go. jp/shido/centerhp/sinro/1hobun. pdf.

[5] 石塚謙二. 特別支援教育×キャリア教育－インターンシップ・就労支援はここまで変わる [M]. 東京：東洋館出版社，2009.

[6] 山崎保寿. キャリア教育が高校を変える－その効果的な導入に向けて [M]. 東京：学事出版，2006.

[7] 文部科学省. 新学習指導要領 [EB/OL]. （2008－12－23）［2010－05－05］. http：//www. mext. go. jp/a _ menu/shotou/new －cs/index. htm.

[8] 経済産業省. キャリア教育ガイドブック－学校と企業・地域をつなぐキャリア教育コーディネート [M]. 東京：学事出版，2009.

［原文刊载于《外国教育研究》2010 年第 12 期（谷峪　崔玉洁）］

日本教师教育改革新动向
——对教师素养和能力的新认识

一、时代对教师素质提了新的要求

在 20 世纪，人类社会创造了任何世纪无与伦比的文明成果，同时，各国无一例外地面临飞速发展的挑战。培养什么样的"未来人"以迎接新世纪的到来成为备受关注的问题。也就是说，教育成为时代的前沿课题。日本在这方面是认识和行动较早的国家。用日本官方的说法是"学校教育的课题堆积如山"，而他们首先从提高教师资质作为教育改革的切入点。

面对新一代孩子们的成长过程中出现的新情况、新问题，于 1985 年，日本临时教育审议会提出了终身教育体系转化的建议，受到日本政府和教育界的重视，以此为转折，各项教育改革措施得以推行。1998 年 7 月，日本第 15 届中央教育审议会在咨询报告中以"展望 21 世纪我国教育的存在方式"为题目，提出了在国际化、信息化急速发展，知识爆炸科技发达，儿童减少、高龄化社会以及威胁人类生存的环境恶化问题等严重的情况下，学校教育应转向以培养下一代"生存能力"为基本方向。应当说，这是教育理念的重大变革。

教师对幼儿、儿童和学生有重大的影响，学校教育的成败与教师的素养和能力有极大关系。为了使学校适应今后的时代发展，就要提高教师素质。当前，在日本的学校中仍有不少体罚学生事件发生，学生拒绝登校的现象也并不鲜见，不论是对学生独立人格的培养、年级管理、课程指导方面，还是类似在对学生着装要求等行为规范养成方面，都存在诸多问题，与上述理念不相适应，必须对教师的素养及能力提出新的要求。

针对这种情况，日本文部大臣就"关于面向 21 世纪教师培养改革的方针策略"问题向有关部门咨询。日本"教职员养成审议会"经过两年多的调查深切感到，鉴于目前学校教育的实际情况和社会上的强烈意见，必须要求尽早改善各级各类学校教师尤其是大学教师的培养现状。

"教师应具备的素质是什么?"这是一个长期存在并常谈常新的课题。"素质"中有不因时代变化的素质。也有因当时社会发展状况而增添的内容或被特别重视的东西。当然，即使在社会急剧变革的今天也必须强调教师的一般素质，即不随时代变化而变化的基本素质的重要性。但从社会发展要求着眼，从正确处理学校面临的各种课题以适应今后时代发展要求的学校教育的观点出发，从新的视角全面提高教师素质显得尤为重要。

二、教师在任何时代都必须具备的素养及能力

1987 年 12 月 18 日文部省"教职养成审议会"在《关于教师资质能力的提高方策》中解释说教师的一般资质能力是"对自己的职业'教职'的热爱，有自豪感，并使许多知识、技能等融为一体的总称"。它与人们通常理解的"素质"有所不同，是可以通过后天努力形成的。这里所说的资质能力，是对每个时代的教师所要求的一般资质能力。以此一般资质能力为前提。根据今天的社会状况和学校、教师面临的诸多问题，今后对教师的资质能力提出的要求具体都有哪些呢?

今后教师被期待着能在激烈变化的时代中能教给孩子们"生存能力"。基于这个观点，可从以下三个方面来考虑:

①站在全球视野上行动的资质能力;

②作为生活在发生急剧变化时代中的社会人的资质能力;

③教师职业所应具备的资质能力.

用最简约的话形容概括 20 世纪后半叶的巨大变革，就是"地球越来越小，人们的世界观越来越大"。因此，教育生活在未来的孩子们的教师，首先，能自我正确认识人类赖以生存的地球和人类社会，并积极把已形成的宽广视野应用到教育活动中。此外，教师这一职业要求其自身要具有高尚的人格和广博的知识。因此，教师必须兼备生活在现代动感社会中的人所应有的资质能力，在这一前提之下，还应具备和教育职业直接有关的各种资质能力。

（1）培养站在全球视野上行动的资质能力

有志于成为教师的人应加深对人类尊重、人权尊重的精神，对地球环境、异域文化理解等人类共同课题的认识，正确理解少子女、高龄化的家庭状况等社会问题，开阔视野，以便对学生加以正确指导。

因此在教师教育的综合演习课程中，应与上述几个问题相关联选择几

个设定题目，进行以讨论为中心的演习形式授课。关于授课方法，根据学生学年的不同，如条件允许尽可能地进行实地考察、参与教学和社会调查等，使有志于成为教师的人正确认识社会现状。还可针对幼儿、儿童、学生指导的实际需要出发编写试行教案和教材，也可以实施模拟课堂的教学形式。

在"与教科相关的科目"及教科指导等科目的教学中，在注意教职课程的整体教育内容统一的同时，各大学（不单指师范类院校）要注意确保国际化、信息化、地球环境等与现代化密切相关的课题的教育内容。

从培养未来的教师具有丰富的人性这一观点出发，奖励大学生在学期间的福利体验义务活动体验、自然体验等。大学还应适当做一些包括在教职课程中开设选择科目之类的事情。

此外，作为福利国家的日本对人口构成中的弱者层已为全社会所关注并制定相应法律，因此，根据对老年人及残疾人看护等做出具体规定的"体验特例法"。1999 年入学的大学新生需要增加上看护体验的课程，各大学应做一些使之顺利实施的工作（如提供必要的情报信息等）。另外还需要各大学在此基础上有所创新，使这项法律的主旨能在改革的教师教育课程中得到充分发挥。

（2）培养适应时代变化的资质能力

根据世界国际化、信息化的进展，在法律上把"外语交流"和"信息机械操作"（暂称）这两个科目作为义务规定下来，这与日本宪法和体育规章等国民必须遵守的法律一样，成为一种制度化的法律规范。特别是后者，在学校教育信息化浪潮高涨之际，教师的微机基本操作是必需的，在教师培养阶段就应使有志于成为教师的人全部正确掌握，并适应软硬件的技术革新，也要适时对这方面的教职课程的教育内容做一些改革。

在此一并指出，日本学校教育中针对"情报化对策"的要求，他们认为仅靠现职教师是不够的，学校当局促进计算机专家在学校教育中的作用也是非常重要的。

从教职课程的讲授科目要培养未来教师解决问题能力的观点出发，学校应积极采用事例研究、学习讨论等学习方法。

还有一点是，希望能在课外得到研究生院学生（特别是现职教员）等的协助，鼓励有志于成为教师的人从事自主研究活动，并能得到教育委员会和学校的支持、协作，这也是重要的一环。

从提高未来教师处理人际关系能力的观点出发，学校要做好充分工作，丰富他们的社会交往，为他们创造参加社交体验、集体活动的机会。

综上所述，每位教师都必须最低限度地具备所有这些品质、知识和技能。但要求所有教师都具备这些较高的资质能力是不现实的。因此，日本政府的教育行政部门和学校当局强调，学校应把具有多种资质能力、个性丰富的人才组成庞大的教师集体，通过教师集体的联合协作，以学校组织整体的身份开展充实的教育活动。此外，面对改善社会教育环境问题和学校教育内部问题，包括时有发生的欺侮事件、逃学现象等重重困难，学校、家庭和地方社区的协力，发挥教师以外的专家（校医、学校督导等）和各界人士的作用联合协作，也显得尤为重要。因此，今后应积极推进专家日常指导、教导和援助体制的整顿，以确保学校和社会各有关专门机构经常化制度化的协作。

此外，每位教师的资质能力绝不是固定的，是具有可变性且在实践中不断提高的。教师能力的提高，日常的教育实践和教师自身的钻研是最基本的，同时，经常研修也极为重要。总之，应根据各自的职能、专业、能力、适应性、兴趣等在一生中不断提高。如果说日本在全体国民中推行终身教育，那么教师的自我教育就更是终身的。

基于这样的情况，考虑今后教师能力时应避免强求划一的教师形象，以一生中不断提高资质能力为前提，在确保以教师整体性要求为基础、作为教师的基本素质能力的同时积极培养个人一技之长和发展个性是很重要的。这将会给学校带来新的活力，有助于提高学校教育水平。

三、教师资质能力的形成过程

正如前述 1987 年文部省的报告中指出的，"作为教师的资质能力，是通过培养、任用、现职研修等各阶段逐渐形成的"，因而"提高教师资质能力的方策"，有"通过各阶段综合构成的必要"，"符合教师职责的资质能力，不仅通过教师培养，也是通过教学生活逐渐形成的"。

1. 教师的资质能力，包括培养阶段在内，终生都要不断提高

为了更清晰地说明，从特别明确以大学为中心对教师培养应发挥的作用这一观点出发，下面对培养、任用、现职研修等各阶段应承担的任务进行整理。

培养阶段	在学习本专业教科内容的同时，通过取得许可制度上规定课程的学分的学习，使其具备教学指导、学生指导的"最低限制的必要的资质能力"（任用开始就担任教学和班级工作以及教学指导、学生指导等职务，在工作中无显著差错，形成实践能力）。
任用阶段	由于开放制在多种教师许可证获得者大量存在的前提下，聘用者选拔拥有优秀资质能力的教师。
现职研修阶段	聘用者基于职业需要或本人愿望，实施根据教龄、职业技能、担当科目、校务分管等的研修，提高教师专业资质能力。其中，让新教师在任用当初就担任年级和教科工作，目的是提高在培养阶段学到的"最低限必要资质能力"，使其灵活运用于自己工作中。现职研修阶段除了这种狭义的研修外，还包括教师小组的自主研修和教师自身的钻研，并通过日常的教育实践形成资质能力的过程。此外，作为研修内容，除了与教师直接相关的内容以外，还包括以开阔视野为目的的社会体验研修。

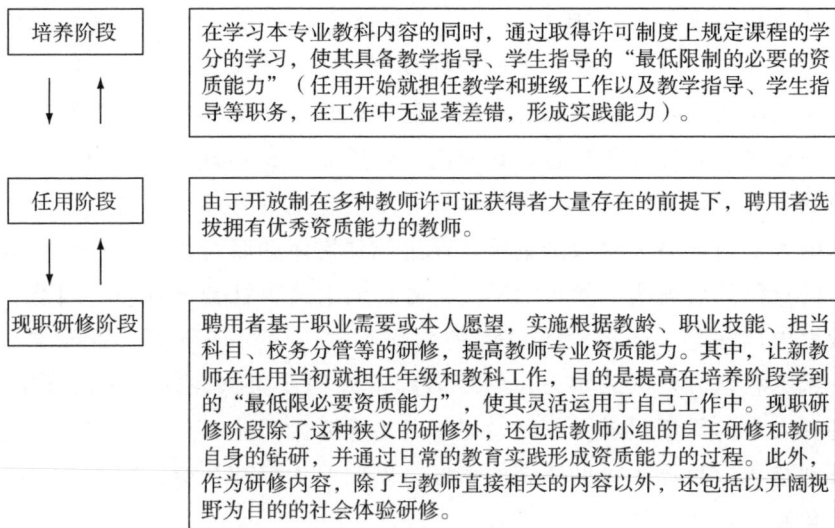

图 3-1　［参考图］与教师资质能力形成有关的各阶段任务作用分担一览表

关于培养和现职研修分担的关系，上图中表示，培养阶段应掌握的标准是"教学指导，学生指导的'最低限度必要的资质能力'"，亦即"在任用当初就开始担任年级和学科工作的过程中……以提高在培养阶段掌握的'最小限必要资质能力'灵活运用于工作中的水平为标准"。

关于培养阶段修得的所要求的知识、技能的水准如何，我们只要设想一下新教师在进行教学指导、学生指导的实践活动和具体情景，就比较容易衡量和理解。

学校教育本来就是对幼儿、儿童、学生的人格形成有很大影响的。在日本，把通过学校在全国提供一定水准以上的教育，看作与国民宪法上规定的国民的权利、义务相关的极为重要的教育行政课题。为了在制度上加以保证，有必要把学校教育内容的大纲基准用法律明确规定下来，根据这一基准实施教育。实际上，因为教师资质能力不够，对儿童学习能力低下，以及欺侮问题和拒绝登校等学生指导上问题处理得往往不恰当、不到位，而常常引起社会反响，甚至动摇了学校和家庭、地方的信赖关系。

从新教师一走上工作岗位，马上就得担任年级管理和学科管理相结合的重任这一点来考虑，很明显，在大学期间教师教育的责任中，有让志愿当教师的人修得一定水准以上的知识、技能等的必要。虽说任用新教师时，努力确保具备最低限度必要的资质能力的教师，是都道府县教育委员会等的责任，但作为其前提，大学要不懈地为培养这种人才做准备。

此外，关于培养阶段和新教师研修等现职研修阶段的任务分担，如上图所示，实际上为了通过一系列过程顺利地提高教师资质能力，大学和都道府县教育委员会要经常进行信息交换和人员交流，相互充分理解有关培养和研修课程的内容，确保每个教师在适当的时候具有恰当的学习机会。

2. 培养阶段应掌握的最低限度的必要资质能力

为便于说明，根据日本教育职员许可证施行规则的有关规定列表如下：

A. 教职必备知识及技能的形成

使之学会、理解并掌握推进教科指导、学生指导等教育活动必要的知识和技能，包括与该教育活动有关的学问性研究基础。

理论知识的教学——关于基础性、理论性内容知识的教授，具有普遍性的课程是教育意义、基础理论以及相关科类的教学。

理论与实践结合——适当加入如事例研究等具体的内容及方法，教授直接关系教育实践的教科指导、学生指导等理论及方法的知识和技能。

实践技能的教授——关于应用性、实践性内容技能的教授，包括教育理论与教育实践相结合的规定性及其这种规定性在实践中相互作用的具体应用。

B. 关于教科等专门知识及技能的形成

按照上述内容使之学习和掌握学校教育中有关教科书内容诸学问领域的专门知识及技能。在大学教育中，可以通过教养教育和专门教育教授给他们这些，但也要特别注意培养他们能根据不同场合，不同学校类别、教科类别在内容上进行适当地加深和扩展的能力，形成必要知识和技能。

在教职课程的实际教育场面中，属于上述"教职必备知识及技能形成"、"关于教科等专门知识及技能的形成"的内容，在特定授业科目中要跨很多学科内容进行教授，很多内容的教授科目往往又相互影响. 这种情况是很常见的。

关于属于"教职必备知识及技能的形成"及"关于教科的专门知识及技能的形成"的内容，在许可制度中对有关教职科目及有关教科科目的学分取得做出了具体的义务性规定。因此各大学都毫无例外地开设了讲授科目。但是以"对教职的志向和一体感的形成"内容而开设的科目非常少。[①]

属于"对教职的志向和一体感的形成"和"教职必备知识及技能的形成"的内容，如基于教师就职后在教育实践上必要的教材研究、教学法、评价与以青少年身心发展理论为基础的对孩子们的理解等基础行识和方法论，原则上是在培养阶段就必须掌握的。与此相反，除此以外的属于"教职必备的知识及技能的形成"内容（如讲授、学生指导技术）的知识和技能，在教师就职后的现职研修和教育实践中也会不断得到提高。在这个意义上，具有培养阶段应修得内容的最低限度的资质能力就可以了。

关于属于"关于教科的专门知识及技能的形成"的内容。考虑到社会日新月异的变化和科学技术的迅猛发展，教师不仅要学习工作所需的常规性知识，还要经常学习和掌握适应社会发展要求的学科指导能力。因此，关于教科专门知识及技能的讲授，不仅限于各自学问领域的研究成果或特定技能的掌握，就职以后，也要根据学问研究的进展和社会变化，独立进行学习。这种基础能力的培养也是被特别强调的。

四、培养与新教师研修的关系

日本对教师的在职培训十分重视与就职前教职教育相衔接，使教师的终身教育落到实处，自1987年以来这项措施的推行逐步走上了制度化的轨道。

1. 新教师研修的目的

新教师研修的目的，实质是在大学教职课程中学习完基础理论和实践指导基础的前提下所进行的进一步深造。前述的1987年文部省报告指出，教师的研修是"以加深对新教师实践指导力和使命感的同时获得广博的见识为目的"，是"在大学培养课程中修得的关于教师教职的基础，理论内容和实际指导力的基础上进行"的。具体如"教职必备的知识及技能形成"中分出的知识和技能，很多都是可以通过任用后的新教师研修和教育实践得到扩展和提高的。

这里所说的"实践指导力"指的是"任用开始就在教科指导、学生指

<hr />

[①] 关于"教职课程中研修计划、内容的指导""深化对教育理解的指导"，多数大学不过是在年度开始时进行1—2次左右的口头说明，或分发一些记载相关内容的小册子。此外，"选择、决定"的指导对一般大学、学部来说，几乎在实习协作学校的教育实习是唯一机会。

导工作方面没有明显的错误的资质能力"。新教师研修制度不是所谓的"试补制度"（相当于我国的试用期）之类的东西，而始终是把被正式任用为教师的人作为对象的 on the job training。此外，考虑到虽是新教师也应对学校教育水准负有很大责任的，因而，毫无疑问，让志愿做教师的人掌握这种意义上的"实践指导力基础"是大学的责任。

2. 培养、研修并行充实的必要性

日本很注重教师任职前培养与新教师研修的并行，互相改善互相合拍，以相辅相成。不仅在培养阶段充分考虑任职后的需要，同时从在职研修过程中吸取反馈意见，对培养阶段的学习内容做必要的继续充实。最关键的是两者在完成各自任务的同时，共同提高教师资质能力。

他们在推行新教师研修措施方面，实行十多年来取得了一定的成绩，但也存在不少问题，还有很多需要改善的地方，如校外研修课程内容和校内研修实施体制如何结合得更好，培养、任用、研修如何合理地衔接，对新教师在职研修究竟采取什么方式为宜等目前也正进行深入的探讨。

［原文刊载于《社会科学战线》2000 年第 3 期（谷峪）］

日本对教师资质的新要求

1998 年 7 月，日本第 15 届中央教育审议会在咨询报告中，以"展望 21 世纪我国教育的存在方式"为题目，提出了学校教育应转向以培养下一代"生存能力"为基本方向。可以说，"学会生存"问题的提出，将给传统的教育观念带来变革。

向培养生存能力"转向"从何入手？日本把提高教师资质能力作为切入点。在早于中央教育审议会提出咨询报告之前的 1987 年 12 月，日本文部省教职养成审议会就提出，今后教师被期待着能在激烈变化的时代中教给学生"生存能力"，因而提高教师资质能力就不仅是指对每个时代的教师要求具有一般资质能力，还要根据时代发展对教师资质提出新的要求。

新的要求是什么呢？根据有关资料和笔者的理解，可以概述为以下几点：

第一，站在全球视野上行动的能力。在当今激烈变化的时代，世界人类的活动已超出国界。这要求生活在 21 世纪的孩子既是"日本国民"又是"地球市民"，因而要求教师必须拓宽视野，具备与此相应的资质能力。教师应该有能力教授诸如人类的互相尊重，人类的人文精神，地球生态环境，对异域文化的理解，民族对立与纷争，人口、粮食、资源危机等世界性的共同问题，也能教授诸如少子女、高龄化、家庭结构变化、社会福利与保障等整体性的社会问题。

第二，对生活在变化中社会的社会人所要求的资质能力。教师是从事教育事业的社会人，而且对学生人格的形成有巨大影响，因而理所当然地要求教师成为具备优秀能力的社会人。这种能力包括：①创造能力、应用能力、解决问题的能力，也就是继续自我教育的能力。随着科学技术和社会的发展，今后不论从事任何专门职业，不确定因素会增加，比以往难以有固定的工作模式和处理问题的方法，需要因时空环境和具体情况随机应变，因而必须培养这种能力，即我们通常所说的创新精神和学会学习。②保持良好的人际关系的能力。教师应能够与学生、家长、上司、同事以及社区居民形成并保持良好的人际关系，并懂得处理好人际关系的重要性及原则、方法。社会任何角落的"封闭性"越来越小，教师要有能力教授学生善于在友人特别是非友人环境中同各种人进行交往与合作，以使之成为合格的社会人。③适应国际化、信息化等社会变化的实际能力。如用外语交谈的交际能力和电脑的基础操作能力，这是要求各级各科教师普遍具备、必不可少的资质能力。

第三，与实践指导相关的资质能力。教师的教育活动涉及课堂内外，除讲授文化知识外还要指导学生"做人"的实践。如指导学生行为养成、课外和社会实践活动，培养学生意志性格，指导身心健康发展，包括性教育、处理突发事件（在日本，凌辱、逃学、乱用药物成为困扰学校教育的问题）等。这就要求教师具有相关的资质能力，如尊重学生人格，理解和正确对待学生，树立正确的学生观、教育观；有丰富的个性和自己的特长，掌握观察、发现、激发学生学习欲望和兴趣爱好的方法，以培养和影响学生的个性与特长的发展；具有同情心和公益精神，以指导学生的道德修养。

当然，提出这些新的要求决不意味忽视热爱教育事业的敬业精神、为人师表的高尚人格、掌握教科业务的广博知识的"一般性资质"。日本的"教育职员许可法"规定，具备资格取得"教师许可证"才可以被聘上岗担任教师。为了实现这一新的要求，把它纳入其中，对未来的教师（称"教师志愿者"）在受业课程的设置及实习、参与社会调查等方面，在制度上做了详细规定。

［原文刊载于《中小学教师培训》2000 年第 10 期（谷峪）］

21 世纪以来日本教师教育课程改革述评

二战后日本通过教育民主化改革，培养了大量高素质国民，为经济腾飞做出了巨大贡献。但是，进入 21 世纪以来，日本中小学校普遍出现了学生厌学、校内暴力等问题，并且问题愈演愈烈，"班级崩溃""学校崩溃"的社会舆论愈发引人关注。日本教育在取得巨大成果之后，为何会出现如此多的问题？日本政府及社会普遍认为，其重要原因之一在于教师。[①]为此，"提高教师水平"成为日本教育改革的重要目标。近年来，日本围绕教师教育实施了多项改革，尤其重视课程的实践性改革和提高教师教育的层次和水平，这可以说是进入 21 世纪以来日本教师教育改革的核心内容和最大特色。

一、本科阶段教师教育的实践课程改革

（一）设置必修课程"教师职业实践演习"

2008 年之前，日本大学本科阶段教师培养的实践性主要体现在教育实习上。2008 年 6 月，日本中央教育审议会决定，从 2010 年入学的本科生开始，在教育实习之外，开设新的必修课程"教师职业实践演习"，同时取消原有的"综合演习"课程。这一实践性课程的开设成为本科阶段教师教育课程改革的第一个重点。

该课程的目的是使学生获得成为教师所需要的专业技能，并从整体上了解学生所拥有的水平和能力，这是对本科阶段所有教师教育课程内容的综合与提高。因此，"教师职业实践演习"主要在本科四年级下半学期开设。与采用课题研究方式进行的"综合演习"相比，"教师职业实践演习"在教学目标上更加注重培养实践经验，在教学过程中则采取角色扮演、团

---

① 久冨善之，長谷川裕. 教育社会学（教师教育テキストシリーズ）[M]. 東京：学文社，2008：72—74.

体讨论、事例研究、实地调查、模拟课堂等教学形式。此外，还通过聘请在职中小学教师参与教学的方法，使本科生更加了解中小学的实际情况。在进行课程评价时，则加强对学生的教师使命感、责任感、合作能力、班级管理能力、学科教学指导能力等方面的考查。[1]

（二）改革教育实习及参与中小学教学活动

本科阶段教师教育课程改革的第二个重点是强化培养学生的教育实践经验。主要体现在加强对学生教育实习的管理和要求学生参与中小学教学活动上。

教育实习一直是本科阶段教师教育的必修课程。过去日本大学对教育实习的要求比较宽松，只要完成了规定课程就可以参加教育实习。但日本中央教育审议会认为，"目前获得教师资格证所要求的水平和能力，与现在学校教育和社会实际需要的教师能力水平有很大差距"，所以对教育实习的相关规定进行了修改。新规定要求在教育实习之前，必须先考查学生是否适应教师职业，是否已做好参加教育实习的各方面准备。而大学可以通过对学生各方面实际情况的考查和判断，决定推迟学生参加教育实习的时间，或者中途勒令停止学生的教育实习。

除了加强学生教育实习的管理之外，为了使学生对中小学教学活动的环境等有更加充分、深入的了解，日本文部科学省还要求师范专业的学生更多地参与中小学的教学，以获得更多的教学实践经验。因此，本科阶段的教师教育开始注重让学生定期参与中小学的教学活动，如协助在职教师对儿童进行课堂辅导和课后辅导，或课余时间在中小学图书室辅导儿童进行读书活动等，以丰富本科阶段教师教育的内容，增强本科教师教育的实践性。同时，这一做法也能帮助那些希望成为教师的本科生更多地了解中小学的实际状况，了解儿童，进而对自身是否适合从事教师职业做出判断，有利于他们更好地规划自己的职业生涯。通过参与中小学教学活动的记录和报告可以看出，本科生在这些活动中获得了非常丰富的经验，不仅加深了对儿童的理解、关爱和责任感，还增加了自信心及成就感，变得更加成熟。因此，有学者提出应该更加积极地为本科生提供到中小学参与教学活动的机会，鼓励他们多与儿童接触，多与在职教师接触。基于这样的

---

[1] 東京学芸大学教員養成カリキュラム開発研究センター. 教師教育改革のゆくえ—現状・課題・提言。

观点，近年来，大学越来越积极地创造条件让本科生到中小学参与教学活动。①

从上述政策的内容来看，本科阶段教师教育课程改革的措施主要集中在加强培养实践能力上。从开设"教师职业实践演习"课程，到加强教育实习，再到鼓励本科生参与中小学教学活动，无不强调实践的重要性，重视增加学生对教学实践的认识，以提高本科毕业生的教学实践能力。再结合日本过去几十年本科阶段教师教育的改革历程可以看出，日本越来越重视培养教师的教学实践能力和指导学生能力，也越来越强调本科生在学期间必须获得更多的实践经验。1996年，日本教师教育审议会提出在教师培养过程中要增加有关学生指导、学生发展指导的课程，延长教育实习课时数，以及增加教师职业相关科目等，并为在职教师的进修接受研究生阶段教育提供条件。② 它把本科阶段的教师培养目标规定为：使新任教师上岗即能对儿童进行学习指导。大学的培养目标由"提供知识基础"转变为"培养实际能力"。③

进入21世纪以来，随着日本社会和国际环境的改变，对教师的实践指导能力和专业化水平又提出了更高的要求。因此，不仅本科教师教育课程改革延续了加强课程实践性这一特点，在研究生教育阶段的课程改革中实践性体现得更为明显。

二、研究生阶段教师教育课程的实践性改革

21世纪以来，研究生阶段教师教育课程的实践性改革主要体现在建立全新的制度——教育专业学位研究生院。教育专业学位研究生院的设立是日本教师教育的重大改革，它属于专业学位研究生院④中的一类，在管理制度和课程设置上都非常重视实践能力的培养。

（一）教育专业学位研究生院的特色
在日本，过去研究生院旨在"培养学生深入研究学术理论和应用，或

---

① 東京学芸大学教員養成カリキュラム開発研究センター. 教師教育改革のゆくえ一現状・課題・提言.
② 横須賀薫. 教師養成教育の探究 [M]. 横浜：春風社，2010：107.
③ 東京学芸大学教員養成カリキュラム開発研究センター. 教師教育改革のゆくえ一現状・課題・提言.
④ 日本专业学位研究生院正式设立于2003年，是以培养具有很强专业性的职业人才为目的的研究生院，与旧有的培养学术型人才的研究生院相对应。

培养学生承担具有很强专业性的职业所需的丰富学识和卓越能力，以促进社会文化的发展为目的"（日本《学校教育法》第 99 条第 1 项），培养的是学术研究人才。专业学位研究生院则定位于"在研究生院里培养学生深入研究学术理论和应用。以培养学生从事有很强专业性的职业所需的丰富学识和卓越能力为目的"（日本《学校教育法》第 99 条第 2 项），以培养有很强专业性的职业人才为目的。教育专业学位研究生院则注重于培养教师职业所需的职业能力和生涯发展能力，使教师具有很强的专业性和专业水平。获得教育专业学位研究生院课程规定学分的学生将被授予教师专业硕士学位，学位证书上标注有"专门职"字样，以与传统学术性硕士学位相区别（日本（学位规则）第 5 条第 2 项）。

教育专业学位研究生院的作用，一是把本科阶段培养的教师进一步培养成为更具实践指导能力和自我学习能力，能参与中小学建设的新型人才；二是针对在职教师，将其培养成为能在地方或中小学发挥指导性作用，既具有理论水平又有实践经验的学校领导人才。

在教学方面，教育专业学位研究生院特别强调培养教师的专业性和教学基本技能，注重理论与实践相结合，培养扎实的教学能力和人际交往能力。在管理方面，教育专业学位研究生院重视与中小学的合作。在教学评价方面，则建立了由自我评价和第三方评价共同构成的评价制度。

（二）教育专业学位研究生院课程的实践性

《专业学位研究生院设置基准》第 7 章第 26 条明确规定，教育专业学位研究生院的目的是"专门培养幼儿园、小学、初高中、中等教育学校及特殊学校所需要的、具有专业性的高素质教师"，在招生时也注重选拔具有成为骨干教师潜质的人才。其标准学制为 2 年，要获得至少 45 学分。其课程涵盖中小学课程安排与授课、任教科目所需的实践指导方法、学生指导和教育咨询、班级管理、学校管理，以及学校教育和教师职业发展的理想状态等内容。教学上采用小班授课，为了照顾在职教师的学习要求，还采用了日间授课制与夜间授课制相结合的弹性化的集中授课形式。由于课程采用理论与实践相结合的教学模式，因此要求来自实践岗位的教师最少要占到四成比例。

在获得学位所需的 45 学分中，"为培养很强的专业能力和优秀品质，在中小学等相关教育机构进行的实习要占到 10 学分以上"。因此，课程设置中安排了较长时间的实习课程。为了照顾有教学经验的人员，按照《专业学位研究生院设置基准》第 7 章第 29 条的规定，对于有中小学执教经验的人，可以将其经验折合为学分，最多可以折合 10 学分。这种注重实践性的课程设置，使得教育专业学位研究生院可以经常性地借鉴最新研究成果来改善教师的授课方法、学习理论，并增加中小学教师中拥有研究生学位人才的比例。这种做法能够更好地保障教师的专业性，使其成为具有自我反思能力的实践型人才。

日本早在 20 世纪 70 年代就在研究生院开设了以提高教师专业水平为目的的研究生课程，其后政府又出台了一系列鼓励在职教师到研究生院进修的政策，如 1988 年修订《教师资格证法》时，将普通证书分成三类，最高级别的"专修证书"要求教师的学历是硕士，鼓励教师通过进修来提高自己的证书级别。2000 年又建立了"研究生院停薪留职进修体系"，允许公立中小学的教师申请停薪留职三年到研究生院进修以取得硕士学位，进而获得教师专修许可证，使更多的在职教师有机会接受硕士水平的教育。但是，原有研究生层次的教师教育是与普通的学术型研究生教育混合在一起进行的，缺乏自己的特色。因此，设立专业学位研究生院既是以往政策的延续，又是一种全新的提升教师专业性的现实所需。其教育目的、内容、方法、学业要求等方面都围绕着专业性人才的培养进行，具有与学术型研究生院不同的特色及独立的机构设置。它在课程设置、教师配备、教学模式与方法等方面也体现出对实践的重视，表明日本在教师教育改革中力求贴近中小学教育实际，使学生具备教学实践能力的改革方向。

三、地方教师教育课程实践性改革

随着日本中央教育机构针对本科和研究生阶段教师教育出台的改革措施逐步实施，地方教育行政机构为了更好地培养适应本地区需求的教师人才，也推出了地方特有的教师教育改革措施。在日本，中小学教师的入职选拔考试及选拔后的人事安排和研修等工作，均由地方的教育委员会负责。对各地方教育委员会来说，在教师选拔方面最重要的是要保障本地区对教师人才的需求。但是近年来日本中小学教师人才保障的形势很严峻，尤其是小学教师缺口更是非常巨大。为此，日本部分地方教育委员会自主开设了适应本地区需要的教师教育课程，目的在于培养具有实践指导能力的教师，以满足本地区对中小学教师的需求。2004 年，东京地区首先开始自主推行教师教育课程，此后这一趋向逐渐扩展到了其他地方。以东京地区为例，其教师教育讲座的目的是"与培养教师的大学及地方各级教育委员会合作，在本科生阶段培养具有实践教学能力，上岗即能承担教学任务的教师。在招生方面，东京的做法是由指定大学的校长推荐人选，对于完成课程的学员在教师入职选拔时设置单独的选拔考试。经过几年的实践，完成此课程的学员90％以上都能通过入职选拔考试，而且入职成为教师后还可以返还教师教育讲座的学费。讲座的内容由40天以上的"特别教育实习"（主要包括在公立小学的教育实习和课程观摩和5天以上）的"体验活动"（体验在企业的就业、在地方政府或教育委员会的就业）等内容构成。

除东京都地区之外，进行特别选拔的还有东京市的杉并区和横滨市。但是即使是没有设置单独的选拔考试的地区，也会在教师入职选拔考试中对于接受过地方教师教育课程的学员给予特别的优惠政策。如京都市和三鹰市在课程内容中加入了与选拔考试相关的内容，千叶市则允许接受过地方教师教育课程的学员在报名参加教师选拔考试的简历中记载这一经历，还可以在第二次入职选拔时申报的资料中加入接受此类课程时所实习的中小学校长出具的研修情况报告，报告可以成为评价和录取的参考。

由于教师人才资源的紧缺，地方教育行政机关对这种自行开设的教师教育课程期望很高，所以这种做法正在逐步推广到日本的很多地方，以确保优秀的教师能够留在本地任教。

四、高中阶段的教师教育课程实践性改革

除了上述改革措施之外，为了更好、更早地确保优秀教师人才，近年来日本地方教育行政机关还在高中阶段开设了教师教育相关课程。

高中阶段的教师教育，其目的主要是帮助想成为教师的高中生实现愿望，在高中阶段就培养成为教师所需要的能力。该课程让学生通过各种活动深入小学教学环境，为高中生提供与小学生接触的机会。并且，地方教育行政机关与开设教师教育课程的大学签订合作协议，向合作大学推荐学生；在教育委员会的帮助下，创造机会让大学教师到高中讲授教师教育知识，促进教师教育类专业本科生与高中生的交流；为高中生提供访问大学研究室、到大学听课的机会。通过以上课程，让高中生充分了解小学的环境与儿童的相关知识，了解自己是否适合从事教师这一职业。在此基础上，如有成为教师的明确意愿，高中毕业便可报考与教师教育相关的大学专业。这一改革措施强化了高中和大学及教育委员会的合作，既是高中阶段的职业生涯教育的一部分，又能增加高中毕业生的升学率（主要指升入

与教师教育相关的大学专业），更好地为大学提供优秀的生源。

综上所述，日本近年来的教师教育相关改革，除了由日本中央政府推动的强调本科阶段教师实践能力培养的改革及设立教育专业学位研究生院的改革措施外，地方政府也根据本地区对教师的需求配合性地推动教师教育改革，使教师教育课程出现了多种多样的形式。如东京都地方政府开设了教师教育课程，横滨市地方政府还为修完课程的学生提供特别选拔机会、采取减免学费等措施以资鼓励，都是为了尽早培养出优秀教师，满足地方对教师的需求。而高中阶段开设的教师教育课程，既可以帮助学生较早地确定未来的职业意向，有利于学生的生涯规划，又能够促进中小学与大学开展合作，为本科阶段的教师教育提供优秀生源，还能提高高中的升学率。

从上述分析可以看出，21 世纪以来的日本教师教育改革的特色，首先就是重视"培养实践能力"，致力于改革实践性教育课程。本科阶段在增加实践性教育课程的分量的同时，还调整了原有实践性课程，使其更加行之有效，更具有可操作性。其次，还借设立专业学位研究生院之机，将教师教育拓展到研究生阶段，并为此建立了各种专门配套的制度。最后，日本地方教育机构又将教师教育向下延伸到高中阶段，扩大了教师教育的覆盖面，致力于更早地为教师职业人才培养打好基础。这些改革措施为保障教师人才供给和提高教师教育水平提供了一种全新的思路，对我国的教师教育来说也是值得借鉴的经验。

参考文献

[1] 久冨善之，長谷川裕. 教育社会学（教師教育テキストシリーズ）［M］. 東京：学文社，2008.

[2] 東京学芸大学教員養成カリキュラム開発研究センター. 教師教育改革のゆくえ—現状・課題・提言.［M］. 東京：創風社，2006.

[3] 横須賀薫. 教師養成教育の探究［M］. 横浜：春風社，2010.

［原文刊载于《比较教育研究》2014 年第 8 期（谷峪　崔玉洁）］

日本中小学的健康教育

　　为适应社会的发展，自 20 世纪 90 年代后期以来，日本对中小学教育中的体育进行了一系列改革采取了许多新举措，增加了体育的内容。这种对体育的"延伸"，被称为健康教育（根据"教育要使受教育者学会学习"的观念，又称"健康学习"），用以取代传统意义上的体育。这一变化实质是体育观的转变也是整个教育观转变的题中应有之义。

　　日本已经进入信息化时代伴随高科技及其产业的发展，现代化水平日益提高，使社会结构、社会关系、社会生活发生巨大变化。家庭结构的少子女，人口结构的老龄化，使"现役"的劳动人口相对减少，对于人口健康相关的医疗、养老等社会保障需求增加；在享用现代化的成果和恩惠、人居城市化、生活方便化的同时，精神上的压力越来越大，人们处于紧张的脑力劳动和为生活的奔波中，使身体活动的机会越来越少；由于学校实行双休日制和社会劳动时间的减少，"休闲文化"五光十色、美丑杂陈，需要抵制影响健康事物的诱惑构筑文明、科学的生活方式。

　　面对上述种种社会问题，人们对保持身心健康的呼声越来越高，日本的教育界认识到，健康教育是学校教育的严峻课题，鲜明地提出了要使受教育者"终生过充满活力的健康生活"的观点，并围绕"身心健康的保持及增进"这一主旨进行了系统的策划和改革。

　　转变学校教育的体育观是推行健康教育的前提。观念变革是实践变革的先导。传统的体育的内涵是通过基本的体育知识教育和体能训练，使受教育者掌握必备的运动要领，有一个健康的体质，以保证学习任务的完成和将来为社会服务。这种理解，已经不够了。日本文部省提出，在原来体育的基础上，应充实如下内容：要使受教育者认识健康的价值，学会珍惜自己，过有规律的生活树立保健意识，杜绝影响健康的不良因素的侵袭，增强预防疾病的能力，善于消除紧张状态，结合平时对健康的学习和正确的认识，进一步学习和实践对健康有意义的事物。学校应按照学生的发育阶段实行健康的学习教育，并对学生学会关于运动、健康的基本生活习惯负责。这是"健康教育的现代化任务"。

基于这样的要求，日本全方位地采取了"振兴健康教育的对策"。比如，加强学校的体育运动。运动不仅是人类身体运动的本源性的欲望，而且是一种精神需求。运动在有助于健康的保持和增进、提高体力的同时，还使人在精神上感到充实和愉快，树立成就感，尤其是高水平的运动，能够唤起人们的热情和追求，因此要大力组织学生的体育运动。再比如，充实健康教育课程，加强课程指导。日本文部省根据1997年7月教育课程审议会的报告，进行了"体育、保健体育"课程内容的充实和改善。从小学三年级开始增加保健指导课程，并修订了指导大纲，要求设立保健室，加强学生心理健康教育。据抽样调查，在小学六年级、初中三年级、高中三年级的学生中，大约有20％的人回答时常有急躁情绪和心烦意乱的状态，随年级的增高，回答时感到不安的比例也在增高。据此，在指导大纲的修订中充实了心理健康指导的内容。据1997年统计，去保健室上课的学生，初中生与高中生比1991年分别增加了13.9％和11.3％，同时还开展了心理健康咨询和问答活动。

以学会自己管理自己的身体和精神健康为目标。健康教育的内容是十分广泛的，包括良好饮食习惯的养成、针对不同年级段进行性教育、预防艾滋病教育、遇紧急灾害时的心理健康管理等。日本推行健康教育很注重实效性、具体化、法律化。如，1996年、1997年在遭灾区对少年儿童心理健康进行了调查，以此调查结果为基础，于1998年形成了《遇紧急灾害时孩子的心理护理法》，并发给了各个学校。特别是针对日本的社会实际把防止药物乱用作为健康教育的重要内容。据已发现的情况，1998年"兴奋剂犯"中有43名初中生、219名高中生，表明药物乱用在向低龄化发展。针对这一情况，在修订健康学习指导大纲时充实了防止药物乱用的内容，文部省与警察厅、厚生省合作承担《防止药物乱用五年战略》的贯彻实施，向各学校发放了有关资料和录像带，举办学习班，明确了教师的责任。

在日本的中学生中，超出常规的性行为日渐增多。据警察厅的调查，1998年因越轨的不正当性行为而被警方"辅导"的女生中，初中生有1257名，高中生有2040名。至于未被警方发现的远不止此数。针对这一情况，把性教育纳入了学校的健康教育。为在原有基础上推进性教育，日本统一制定了供教师使用的性教育指导材料，并由1999年7月的教育课程审议会修订了性教育指导大纲，各学校指定由保健老师担任教师，同时组织他们到专业进修会进修。艾滋病已成为威胁人类健康的恶性传染病，为推进预防艾滋病教育，有针对性地分别编写制定了供小学、初中和高中生使用的教材，并组织中小学全体教职员去进修班学习这方面知识，根据不同地区的情况对预防艾滋病教育进行具体研究。另外，还建立和加强了预防艾滋病教育的信息系统。

加强饮食指导也是健康教育的内容。对小学六年级、初中三年级和高中三年级的学生进行的问卷调查中，回答"为了自己的健康注意饮食生活"的学生占 40％至 50％，可见，有相当数量的学生缺乏饮食保健意识。为此，学校充实了饮食指导课程，进行良好饮食习惯教育。采取措施提高学校教职工的素质，指导学生按营养平衡要求选择膳食，并改进学校供餐的食谱。

日本中小学的健康教育所充实的每一项内容都是由有关专家参与论证，而后制定指导大纲加以规范的。这一改革是与社会、家庭紧密配合来实施的，并明确主要责任在家庭，但学校要认真负起各方面指导的责任，教会学生有关知识，为家长提供咨询。从教育系统内部来说是自上而下推行的，各都道府县教育行政部门不仅层层部署，而且作为检查、评价学校教育的重要内容。

为推行健康教育，除对全体教师提出了更高的要求之外，还配备了保健教师，组织他们在职进修，并且规定具有三年以上工作经验的保健教师才允许讲授保健课。同时，日本把健康教育纳入全体国民终身教育的内容，政府有关部门、社会团体、社区、家庭都负有责任，并与学校之间互相配合，共同推进。

[原文刊载于《现代中小学教育》2001 年第 2 期（谷峪　霍霞）]

日本小学现行《道德》教科书述评

　　二战后日本在短时期内迅速成为经济大国，与具有"日本精神"的国民息息相关，这一事实在日本崛起之后悄然间成为各国关注的焦点。拉夫卡迪奥·赫恩在他的《陌生的日本人》中曾经写道："然而日本生活独一无二的魅力，却不是映照在欧化一族身上。它流泻于广大的布衣百姓之中，他们承载着共同的民族美德，这一点无异于任何国度。他们的喜庆习俗、花彩衣装似乎亘古不变，他们供奉佛教偶像、家庭神社，他们对祖先的膜拜之情美好绮丽，感人至深。一个外国人若心怀诚意有幸进入这样的生活，那他应接不暇的双眼将永远不会感到厌倦——身处这种生活的他，间或产生这样的疑问，我们引以为豪的西方历史进程，是否真的就是道德发展的方向？"很多作品在呈现日本文化与人民的核心道义美德和价值观时显示出了惊人的一致：谦逊、坚韧、礼貌、虚心、俭约、骑士精神、公正、勇气、纪律、仁慈、诚恳、荣誉、忠诚和自制。这样高素质国民的形成，当然得益于高效益的教育，特别是道德教育在日本教育中的地位一直都是不可忽视的，在这方面那种扎实有效的做法更加值得我们借鉴。本文拟在"他山之石可以攻玉"和"去其糟粕，取其精华"的前提下，仅就日本目前使用的小学道德课程教材谈一些粗浅的看法。

一、日本文部省颁布的教学大纲与小学现行德育课程教材

（一）文部省颁布的教学大纲

　　日本现行的《道德》教材，是按照文部省颁布的小学教学大纲的第3章"道德"的要求编写的。大纲规定，道德教育的目标是通过学校的整体教育活动培养学生的道德性。所谓"道德性"包括道德知识、道德判断力、道德实践能力等内容。道德课程是以德育目标为基础，与各个学科、特别活动以及综合学习时间所进行的教育内容相结合，通过有计划、有步骤的指导，使学生的道德知识不断得到深化和整合，强化其道德价值的自

觉，培养道德实践能力。对于各个学年的道德教育内容在以下四个方面做了规定：①与自身相关的事情；②与他人相关的事情；③与自然以及崇高的事物相关的事情，如善待动植物、尊重生命和活着的喜悦等；④与集体和社会相关的事情。

（二）对学生的具体要求

围绕上述四方面的中心内容，对每个学年提出了非常具体的要求。

以"与自身相关的事情"为例，对一、二年级的学生提出了具体的四项内容：①要注意健康和安全，要珍视钱和物品，要衣着整洁，不要任性，过有规律的生活；②自己必须做的学习、工作要做好；③要能够区别好事和坏事，要做自己认为是好的事情；④不要撒谎，不要回避困难，要老老实实、天真愉快地生活。对三、四年级的学生提出了如下五项内容：①自己能做的事情自己做，要有节度地生活；②要仔细地思考后再行动，要勇于改正错误；③自己决定做的事情要做到底；④认为是对的就要敢于去做；⑤要率直、开朗、健康地生活。对五、六年级的学生提出了这样五项内容：①要注意反省自己生活是否有节制；②要树立更高的目标，并向着这个目标前进，不怕挫折，不断努力；③尊重自由，有规律地行动；④用诚实的态度、广阔的胸襟愉快地生活；⑤热爱真理，不断创新，想办法让生活变得更好，要有自知之明，扬己所长、避己所短。

（三）各年级道德课内容与实例评析

怎样使上述内容让孩子们接受进而达到教学目标呢？日本在把教学大纲所要求的内容具体化为教材的时候，非常注意形象化和可接受性。比如，一年级德育教材选择了这样的内容：问候——让学生看着图片说出"再见、你好、谢谢"等。学生在看到汽车将要压到足球、放烟花、跑着上楼梯等图片的时候，则出现了"危险"字样的标题。

随着年龄的增长，虽然学生逐渐具备抽象思维能力，但仍然要注重教材的直观性和可接受性，普遍采用身边的故事，寓理于事，使学生感到亲切而实际。二年级课程的第 3 课以"高兴的心情"为题，讲了这样一个故事：一个孩子在一年级的时候，遇到了把他掉落在池塘里的球捡给他的老师，由于害羞，当时他没能说出来谢谢，可是二年级开学的时候，他在走廊里遇到了迎面走过来的这位老师，他就想，我是问候呢，还是怎么办呢？他还能记得我吗？正在他犹豫的时候，这位老师看到他，对他微笑了一下，因此这个孩子用洪亮的声音说出了："山中先生，你好!"老师回答："是坂本啊，你好! 你问候得这么好，我非常高兴啊!"坂本也很高兴地说："老师，一年级的时候谢谢你啦!"他现在能够把一年级的时候应该说的话很好地说出来了。这虽然是一个短短的故事，却鼓励了学生和老师顺畅地进行交流，并且提高了学生正确使用礼貌语言的能力；同时揭示了一个道理，就是感谢他人的心情是一种非常高兴的心情，即使不能及时地表达出来，只要在适当的时候能说出谢谢，那么也是进一步沟通的开始。在孩子很小的时候进行一些必要的礼貌习惯的培养和训练，这就是日本人礼貌习惯得以传承的根源。

在三年级的德育教材中描写了这样一个故事：一个雨天，学校插上了不许去操场活动的标记——小红旗，一个叫大助的孩子和一个叫裕一的孩子商量着雨停了之后到操场上去玩球。中午的时候雨停了，操场还有很多水洼。大助喊裕一去操场上玩，可学校里不许去操场的小红旗还没有拔下来，裕一觉得不可以去，但大助觉得雨已经停了，就不用管学校的规定了。此时，其他班级的孩子也忍不住去操场上活动，但裕一仍然认为："小红旗没有拔下来，大家就应该遵守，这不是规矩吗?"这样的故事很容易让学生们区分什么是好的、坏的，什么是该做的、不该做的。

四年级的德育教材以"一件小事"来教育学生。故事是这样的：一天，我正在家里二楼学习，电话响了，我接起电话："喂，我是中村。"电话那边马上就挂断了，"应该是打错了吧?"我自言自语。话刚说完，电话又响了起来，我又接起电话："喂，我是中村。"电话那边又挂断了。我觉得两次电话应该是同一个人打的，我有些生气了。心里嘀咕着，谁都有犯错误的时候，如果是打错电话了，只要你客气地解释一下，别人都会原谅你的，也不会因此产生厌烦的情绪。第二天，我早上去学校上课，正在换鞋子的时候，一个清脆、甜甜的声音在身后响起："早上好!"我回头一看，是一个一年级的学生正在跟我问好，我也跟她说了声："早上好!"心情顿时觉得好了很多。在我去教室的途中，各个不同年级的学生在互道早安，每个人的脸上都带着微笑，而那些不打招呼的同学则耷拉着头，无精打采的。我想，如果大家都能互相问候，每一天都觉得心情舒畅，那是多么好的事情啊。通过这个生活中的"小故事"，学生们能体会到礼貌、乐观的重要意义，教会学生要保持良好的心情，以积极的生活态度、开朗愉悦的心态去面对每一天。

五年级的"故事"是这样的：今天的数学课上，老师说要进行一次考试。这几天我和妹妹一直在照顾生病的妈妈，耽误了一些学习的时间。我的数学成绩以往一直不错，我想这次考试也应该不会有问题吧。老师让我们把与考试有关的东西都收好，就发下卷子让我们做。我从头至尾大致看了一下，除了最后一道计算面积的应用题不太会之外，其余的我都会做，我就先把会做的题做完了，最后思考那道应用题。我抬头望着天花板，绞尽脑汁仍然理不清思路。坐在我前面的良子已经做完了所有的题，正在拿着卷子检查。我无意间抬头看见了她的卷子，她最后一道应用题做出来了，我也偏巧看到了答案。知道答案的我茅塞顿开，很快便做了出来。第二天，老师发下了昨天考试的卷子，让我们自己看一下昨天做错的地方。我一看自己做对了，但我心里清楚自己的错误，虽然老师和良子并不知道，我在心里默默提醒自己，以后不要再让这样的错误发生了。这个可能发生在每个人身上的故事提示了学生要注意回顾在自己过去的生活中是否能够做到自制，要更加诚实地面对每一天。

六年级的故事叫"我不后悔"。大意是：三郎踩着满地黄色的银杏叶，低着头一步一步地向学校大门走去。他眉头紧锁，心事重重："明天的班会上，正夫肯定会不高兴，但我不后悔，我觉得我的做法是对的。"三郎所在班级的班会的讨论内容是由班委会从意见箱里挑选出来并投票决定的。今天班委会选出的议题集中在两个内容上：班级报纸如何传阅和班级的球怎样使同学们都能玩到。班级的球以往是由专门的几个同学拿着，这样一来，大部分同学玩球的机会就少了很多，怎样才能使更多的同学玩球是大家特别关心的问题。而报纸传阅问题也需要尽早解决。班委会一共有7个人，由这7个人投票决定明天在班会上是讨论报纸的问题还是讨论球的问题。三郎的心里充满矛盾，两个问题都有待解决，而固定拿球的同学中，正夫是三郎的好朋友。正夫身材高大，热爱运动，三郎直率的性格和正夫非常合得来。正夫当然不愿意讨论玩球的问题，而明天的班会碰巧由作为班委成员的三郎来主持。三郎很犹豫，一边是朋友，一边是全班同学，但最后他还是投票选择了讨论玩球的问题。投票的结果出来了，四比三决定了明天班会讨论玩球的问题。三郎的一票具有决定性的意义，而他又不能不考虑正夫的立场，所以才有了开头心事重重的一幕。第二天，三郎主持的班会上，虽然没有提到正夫的名字，同学们纷纷发言提出了对固定同学拿球的不满，拿球的同学中也有不满意的情绪。整个班会上，正夫一直低着头，一言不发，紧紧咬着牙，努力掩饰着自己的情绪。班会结束后，三郎没有等正夫，赶紧往学校大门走，他怕正夫责怪他。但正夫还是追了出来，他很严肃地问："三郎，今天为什么要讨论拿球的问题？"正夫的声音里充满了对三郎的不满。三郎盯了一会正夫的脸，狠狠地吸了一口气，说："我认为球的事情在以前就是大家都很不满意的问题，因此应该尽早地解决，让大家都能够很和睦地游戏。"三郎一口气说完这些话，正夫听愣了。这样一个短短的故事，写出了十几岁的孩子在日常学校生活中经常遇到的难题，三郎能够坚持自己正确的判断，以大多数人的利益为重，并且三郎和正夫之间能够率直地交换意见，都能够勇敢地面对现实，使问题得到较好的解决。六年级的小学生读了这样的故事，不仅能够区分出好的做法和坏的做法，而且能够理解三郎和正夫的心情，因此启迪了孩子们的道德思维，引发了他们的道德情感，在实践中自然会有所收效。

上述分析充分说明了日本德育教科书任何年级所选的道德授课内容都是围绕德育教学大纲而展开进行的。既充分发挥了教学大纲的指导作用，又明确体现了教材在教学过程中不可或缺的重要地位和作用，这些故事在孩子们成长过程中的影响意义是深远的。

二、日本小学现行德育课程教材的特点分析

日本现行的德育教材根据不同阶段学生的年龄特点，在选择内容上具有循序渐进的连续性，取材同样是非常贴近学生的日常生活，其思想内涵的突出特点是在平凡的故事中传承日本文化。例如，小学一年级的第一课题目是《愉快的学校》，由四月初次见面的一年级学生、五月校长办公室、六月郊游真好、十月运动会、十一月间食好吃和十二月战胜感冒等儿童画和照片构成，让新入学的一年级学生对学校生活有大致的了解并且感兴趣。一年级的最后一课以《马上就是二年级》为题，其内容大致是：有一天，田中老师对大家说："同学们，我们就快要成为二年级的学生了，为了迎接新的学期，我们用键盘、口琴和木琴来排练一个乐器合奏吧。"同学们都说："好！"练到快放学的时候，大家觉得还不是很整齐。放学后，智会对次郎说："我觉得我练得不是很好，我想再练习一会儿。"次郎说："对，我们一定要练好这个曲子，把它作为献给明年新入学的一年级学生的一个礼物。""带上我！""算我一个！"……同学们不约而同地陆续加入到他们中间，各自拿起自己演奏的乐器。还有同学说："那我来扮演老师的角色，为大家指挥吧！"同学们有默契地开始了课后的合奏练习。二年级课本的第一课以《二年级学生》为标题，写了这样一个故事："我走啦！"广子背着书包精精神神地走出家门，从今天开始，她要去接住在家

附近的智会。智会是一年级的新生。广子在酒店旁边停了下来，她确认着："手绢、面巾纸，没事，都带了!"她心里想："我是二年级学生了，如果让智会看到我忘记带东西，那多不好意思啊! 今天还要告诉智会上学应该带的东西、上学该走的路以及间食的事。"广子正在努力成为像样的二年级学生。课文的内容图文并茂，让人感受到广子作为二年级学生的兴奋心情以及对一年级学生关心的那种温暖和广子对自己自律的要求。虽然很平常，但二年级学生读了后会引起他们的共鸣。

再比如，三年级教材中的第十二课以《像多米诺那样》为题，故事大致是：我的爸爸是个海员，他经常出海，很少回家。最近一段时间，爸爸的船停在了广岛，妈妈带着我利用暑假的时间去广岛看望爸爸。由于是暑假，从福山到广岛的新干线上人特别多，几乎没有座位了。我从车头找到车尾，好不容易发现了两个座位，我和妈妈一人一个，但我们之间还隔着几个座位，并不挨着。我心想："太不容易了，终于可以坐下了。"刚坐下没多久，一个抱着小孩的阿姨走进了车厢，她也在四处张望，寻找座位。我小声嘀咕："别找啦，我都费了这么大的劲才找到的，你现在找肯定没有了。"阿姨经过我的身边，继续朝前边走边找。妈妈的座位在我的前方，当阿姨经过妈妈的座位的时候，我听见妈妈对阿姨说："你来坐我的位置吧。"阿姨连声道谢，妈妈站到了我的身边。我心里有点儿不高兴，于是问妈妈："妈妈，我好不容易给你找到了座位，你怎么让给别人了啊?"妈妈看着我，微笑地对我说："因为妈妈有同样的经历啊! 在你很小的时候，我也是抱着你，拿着行李去看爸爸，当时车上人很多，妈妈没有座位，有一个人把自己的座位让给了妈妈，妈妈当时特别高兴。我把座位让给那位阿姨，我想她的心情肯定和我当时是一样的吧!"听了妈妈的话，我突然联想到了多米诺骨牌，一个人用同样的方式把好心情带给另一个人，而另一人再继续将好心情传递下去，就像多米诺骨牌一样一个接着一个。如果每个人都能这样，把好心情带给周围的人，带给整个日本社会乃至全世界，那该多好啊!

类似这样的能够适应不同年级学生的特点，容易让学生接受的不同题材的童话和故事比比皆是，并且注意到了对不同成长程度的学生提出适当的要求，使学生在道德体验中完成从道德认识到道德实践的整合。

道德教材的另一特点是，全部教材的每一课都注重和其他学科的相互关联，留有非常大的思考空间，便于学生和教师之间的互动。一、二年级的课文就没有或者很少有汉字，内容大都图文并茂，并且含有与算术、社会等科目相关的内容。从三年级开始，每课的课后都有以"试着想一想"为标题的两个问题，比如，比较有代表性的是以"我们的校医"为题的课文里的这样两个问题：①课文里的"我"怀着什么样的心情要送给大泽校医小礼品的？②每天在你周围都有什么样的人照顾你呢？这样的编排和提问，不仅启迪了学生的思维，教会学生提出问题的方法，而且能够发挥教师和学生的联想能力，从而产生课堂之外的效果。

综上所述，日本道德教材，是按照教学大纲的指导，注重直观性、形象性、可接受性的要求，遵循着循序渐进的原则，连续不断地培养良好的道德习惯，使教材成为日本文化和民族美德的载体。

参考文献

[1] 文部省. 文部省告示·小学学习指导要领 [S]. 东京：行政株式会社，1999.

[2]《道德》编辑委员会. 道德（1—6）[Z]. 东京：东京书籍株式会社，2003.

[原文刊载于《外国教育研究》2005 年第 3 期（谷峪）]

日本海外工作者子女教育之经纬

当今世界各国之间的交往规模越来越大，国家之间相互长期驻在的人员越来越多，随驻家属亦然。因而在国外人员的子女教育问题，就成为教育领域的新课题。日本已经是一个"国际化"的国家，国际关系的发展，使其海外工作者子女教育成了社会问题，得到政府和教育界的日益重视。其投资金额及建校数量每年都在不断增加，并且海外工作者子女教育研究机构以及研究人员的工作，也更加为人所瞩目。这里，笔者根据有关资料略加介绍和分析。

一、历史回顾

（一）海外人数的演变

20世纪50年代后期日本的经济复兴，促进了各企业的海外进出。随着海外工作人员数的不断增加，海外人员子女的教育问题也提到了议事日程。到了60年代，日本基本上在世界各地的大部分地区设置了教育设施。其中日本人学校是以亚洲、中南美地区为中心设置的，补习学校在北美的大城市直到欧洲的各都市都设立起来了。到了70年代，海外人员子女数急剧增加，在外教育设施更是不断增设。

这一时期在外人数的演变，从1968年由53000名到8年后的1976年，人数达150000名，大约增加了3倍，所谓高速增长期当然自不必说，就是在低速增长期的在外人数也还处在稳健增加的状态。

由表3-1还可以看出到1976年5月为止，包括北美大陆在内的美国集中了全体的1/3强，西欧、亚洲居于第二、第三位。而这三个地区又占全体在外人数总和的八成以上。

表 3 - 1

地区名	男	女	计	地区比
亚洲	20822	12468	33290	22.2
大洋洲	2210	1805	4015	2.7
北美	28437	22096	50533	33.6
中美	1919	1258	3177	2.1
南美	5546	3947	9493	6.3
西欧	18904	16205	35109	23.4
东欧	918	723	1641	1.1
中东	5497	1587	7084	4.7
非洲	4159	1567	5726	3.8
计	88412	61656	150068	100.0

从 1971 年到 1977 年，海外人员子女数不断增加，七年之间由 8600 名急增加到 19500 名。

（二）海外人员子女的学校教育的状况

1. 当地的学校

（1）特 色

和日本的公立、私立学校一样，学校是根据所在国的法律设定的。但是教育内容、教育方法和日本不同，当然使用语言也不一样，例如，美国是各州不一样；英国和法国在义务教育之后的上级学校的种类不尽相同，即所谓的复线制。除此之外，由于各国具有各种各样的制度，在学年数、学校形态、学习科目、学费等也不一样。

当地学校的学年水平，各国国别也不一样。例如美国的高中一年仅相当于日本的初中三年。这个问题与归国子女教育问题密切相关，容别稿再论。

（2）当地校入学的时间和学年

美国和欧洲新学年开始于 9 月，结束于来年的 6 月，这样相对于 4 月新学年开始的儿童来说，就未必能编入相当的学年。例如 4 月进入小学三年级的儿童 5 月出国编入当地校的话，只能是二年级学生的位置；也有由于本人生日的关系，编入上一级学年的人。

南美各国以及澳大利亚、巴西、印度的一部分等地区，新学年 2 月开始结束于 12 月，多少有些不同。

主要国家的学年开始月如表 3-2

表 3-2

月份	国　名
2	澳大利亚、新西兰、巴西等 32 个国家
3	韩国、智利等 12 个国家
4	日本、斯里兰卡、巴拿马等 5 个国家
8	德国、瑞典、比利时等国家
9	美国、英国、加拿大、中国等国家

（3）当地校的入学手续

一般公立学校的入学手续和私立学校的入学手续大致一样，需要以下证明：日本学校的在学证明（英文）和成绩证明（英）；护照等有效证明书，能够证明国籍以及出生年月；在所在学区居住的证明书（住宅的契约等）；预防接种的证明书（母子手册等）。

（4）当地校的公立校和私立校

公立学校一般由居住学区指定入学的，学费也是公费负担的比较多，不需太多的费用，入学时有时会问学生的语言能力，但一般的学生都可以入学。

私立学校则各个国家差不多，都与公立学校不一样，各校有各种各样的宗教信仰以及本校独特的教育方针，进行有特色的教育，学校设施相对完善，教育内容也相应灵活，学校数量少，入学条件严，入学时要考虑学生的语言能力和监护人的经济负担能力，也有不能入学的可能性。其中的教会学校有时还要问申请者的教派等问题。

2. 当地的外国人学校或者国际学校

（1）特　色

这种学校是由外国人经营的，相当于外国人教育的学校。大部分是多国籍的儿童所受教育的学校。学校的名称各种各样，其经营管理基础和教育课程大部分是美国的课程、英国的课程，用英语进行教学。这种学校的地域性、学校的特点，以及学校的教学水平都各不相同，并且归国子女编入时的学力问题都有所争议。

（2）国际学校的入学手续、资格、学费

具备从幼儿园到高三学年的国际学校比较多，根据地方不同也有从幼儿园到 8 年级（初三）、从 7 年级（初一）12 年级（高三）的学校。一般学校没有入学考试，但有的学校会进行孩子们的语言能力测定以及面试等。学校随时受理入学，入学手续办理完毕即可入学，国际学校的开始和终了都以其母国的学校形态为准。

3. 全日制日本人学校

这是为了对在海外工作者子女进行教育而设立的教育设施。是使用日本的教科书以及日本的教学大纲为基准，由日本派遣教师进行指导学校，也就是说大致具有与日本小、中学校相同的教育内容。从 1980 年开始到现在，日本人学校共有 87 所，今后根据日本人在外活动的情况，每年会新开设若干所学校，或者将所在地的补习学校改编成日本人学校，其数量也处于逐渐增加的状况。

（1）日本人学校的规模

日本人学校的规模也是各种各样。新加坡约有学生 1900 名，香港约有学生 1300 名，曼谷约有学生 50 名，加尔各答约有学生 880 名，圣保罗约有 60 名（1983 年的数据），也有像这种比日本国内学校的规模更大的学校，上学、放学时有十二三辆的学校班车。也有学生数在 30 名以下的学校。大、中、小型的学校内因学生数量不同而异。

学年编成大规模学校是一学年分为不同班，学年活动以班为单位进行，小规模学校大部分是单学年或者低、中、高学年。

值得注意的是，小规模学校由于 1 个班的儿童学生数在 10 名左右，反而能够更好地受到老师的照顾，也很容易得到非常细致的个人指导，校方也说不用担心学生的学力低下问题。并且学校的气氛与大规模学校极其不同，十分具有家族性，高年级的学生常常照顾低年级的学生，低年级的学生对高年级的学生就像对自己的哥哥、姐姐那样信赖。小规模学校的老师也许更操心，也许存在着学习活动的不方便之处，但小规模学校那种温暖的教育状况是可见的事实。

如果比较它与日本国内学校异同的话，它没有私塾以及各种模拟考试，在那里学生可以一边舒舒服服地过着快乐的家庭生活，一边安心地学习。

（2）日本人学校的性质

日本人学校是为了确保那个地区的日本人及日本儿童的教育，自主、自发地设立的，是由文部大臣指定，经文部省、外务省的预算认可而设定的学校。

上述学校是以小学、中学的儿童和学生为对象而设立的。高中只有伦敦的英国学院高等部是唯一的日本人学校，其他地方都没有设立。

其经营管理费用的来源主要是学生的学费和入学费，也有各企业和团体的捐赠款项。日本政府也对一些日本人学校的土地、校舍使用费给予补助，派遣教师的工资、教材费等也都给予相当的财政援助。学校的经费管理主要是由当地的日本人会和企业有关人员以及驻外馆有关人员共同进行的。也就是所谓由日本政府大力支持的私立学校。

由于是在外国设置的学校，受到各种形式上的法律的制约，有的地方也把在教育课程中设立关于所在国的语言、文化内容的课程作为条件和义务。

（3）日本人学校在所在地教育制度上的地位

①被所在国的法律认可的学校。

新加坡、中国香港、芝加哥等地 17 所学校。

②由所在国家作为在住外国人的教育设施，被特殊的法律条项认可的。

加尔各答、斯拉巴亚、曼谷等学校。

③作为各种学校而被承认的学校。

首尔、釜山 2 所。

④作为所在国政府的大使馆附属设施而被公认。

华沙、德黑兰等 5 所学校。

⑤被所在国政府默许，成为大使馆附属设施的学校。

新德里、加尔各答、北京、莫斯科等 27 所学校。

⑥被所在国政府认可作为文化团体的一环而经营的学校。

布宜诺斯艾利斯、圣保罗、巴黎、阿姆斯特丹等 10 所学校。

（4）日本人学校的教育状况

在日本人学校所进行的教学科目，小学有 8 个科目，初中有 9 个科目。学生使用和日本国内同样的教科书，根据文部省制定的教育课程而学习。学年从 4 月开始到第二年 3 月止为一个学年，学期分为 3 学期制。这些都和日本的学校一样。其他的课外活动分为儿童会、学生会、俱乐部活动、运动会、郊游、参观等，也会根据当地的情况，进行与当地校的学生的交流、体育联欢等。

日本人学校的老师是在日本各地的公、私立小学教师中选拔，由文部省委托派遣大致以 3 年任期为准的工作人员。教员数根据各校儿童学生数以及地区的情况由文部省规定的基准而分配，当然也与学校规模的大小有关。除了派遣的老师之外，也采用若干名本地的老师，这些老师是住在当地的日本人和当地人。住在当地的日本人老师都是持有日本国内的教员许可，并且有教职经验的人；当地的老师主要进行外语指导以及音乐等技术性教学科目的指导。

（5）日本人学校的入学手续

入学手续首先要在日本国内的学校开出以下证明信，再加上"入学志愿书"一起交给学校即可。

这些手续是：在学证明书；指导摘要复印件；身体检查表；齿牙检查表。

4. 双亲滞在国之外的第三国寄宿制学校

5. 日本人补习学校

它是一种使用日本的教科书、由日本人老师按照一定的指导计划进行教学的学校。

授课时间大致是利用当地学校的休息日星期六、星期日等时间，没有充分的教学时间，并且借用当地的校舍进行教学也有诸多的不方便，由于指导教师不好找等，产生了学习科目的制约性，现在大部分的补习学校都以国语为中心，算术、数学的学习为主体进行教学。由于学校的不同，有的学校会进行社会科和理科的教学形式。

这种学校的教师，大致上都是在本地居住的日本人以及在大学研究所工作的人等，并具有教职经验。补习学校以其规模和形态来看几乎都不具备独自的校舍和教室，大部分学校都是借当地校的教室、教会和大学以及公共设施的一部分进行教学，因而其学年活动受到很大限制。可是儿童们学习得非常认真，也很有成效。

二、海外工作者子女教育存在的问题

对于在外工作的父母来说，把孩子培养成日本人还是培养成国际人是一个十分头疼的问题。这当然是讨论海外工作者子女教育问题的一个出发点。还有一个不可忽视的现象就是，孩子们进入一个新的学习环境的时候，存在一种"文化冲击"现象，同时产生一个如何适应的问题，并且这些孩子在不同程度上又受到归国时新袭来的第二次考验。

从这两方面来考虑的话，大致可归纳出以下几个问题：

第一，言语问题。与其说设置日本人学校的地区与没设置日本人学校的地区有着条件根本不同的话，不如说这些海外工作者子女都不例外地居住在把日语以外的语言作为母语的环境中这一事实更具有意义。并且，在有全日制日本人学校的地方生活的人们，刚开始为了理解一点都不懂的当地语言，为了学习仅在生活中使用的语言，为了跟上学校的学习，可以说受到了"痛苦的折磨"。可是，随着滞在时间的增加，逐渐地日语就会丧失，使用日语进行的各教科学习，变得相当困难。当然回国后适应学校生活自然也很难。

第二，孩子们进入不同的社会体制中，在具有不同价值观的民族、国家中生活，虽然不像在言语方面的影响那么明显地被人们意识到，实际上在这些孩子们的人格形成过程中势必留下不可磨灭的复杂的痕迹。即使在海外生活，这种生活也是与孩子们日常接触的生活环境有着密不可分的联系的，绝对封闭的家庭生活是不存在的。如果这样说的话，无原则地适应当地生活。也就必将造成归国后日本社会再适应的困难。

第三，与父母、儿童的想法不同的是具有推进海外子女教育任务的政府以及财政部门，也存在着根本性的问题。

首先是财政上的问题。对于为数量不断急骤增加的海外子女提供日本式教育机构，当然需要一笔庞大的费用，并且存在着一种从来就有的"异常事态"，即所谓：只在发展中国家及区全力以赴地设立日本人学校就可以。也就是说在先进国家地区，委托给当地的教育机构，仅设立补习学校就足够了，没有设立全日制日本人学校的必要。这种惯有的常识，因1971年在德塞尔、1973年在巴黎、1975年在纽约分别开设了日本人学校而被打破。这种习惯的打破导致日本产生非常大的财政问题。

其次，对于在海外工作人员要求设置日本人学校的愿望，存在着不能直接接受的法律上的问题。对象国的政府不仅要依照法律，而且要斟酌国民间的对日感情，考察各种条件来决定可否设立学校。虽然是日本人子女的教育问题，却是在日本的主权涉及不到的国家进行的。海外工作者子女的教育问题还要依靠外交当局的力量进行，这是不得不承认的一个事实。

尽管这样，现在依旧存在这种意见："大概在先进国家里，没有像日本这样依赖当地国家进行教育的国家。"

同时，在这里顺便概述一下一些主要国家的海外工作者子女教育状况，以便同日本的进行比较。德国有145所学校。英国有161所学校，并且大部分都设立了中学以上水平的寄宿学校，海外工作者大都可安心地把子女寄放到那里，学校体制是很完备的。美国是国防省所管的在海外的327所学校加上民间设立的学校，分布在世界74个国家130所，共计457所，仅是日本国内就有10所以上。至于法国的海外子女校，实际上有1230所学校，日本在海外的全日制学校仅仅不过是49所。

当然这些国家根据两国间或者多国间的条约，从国际的角度上说派遣海外的人数比较多，还有在旧殖民地以及自治领土这种密切关系上来说，在海外的工作者也比日本多，所以以数量直接比较恐怕有些不妥。可是日本的海外子女教育政策也确实相对落后，这也可以作为一个事实来认识。

三、文部省及外务省的具体实施政策

（一）文部省

1. 向外国的日本人教育机构派遣教师

实际上派遣工作是由外务省实施，文部省只负责教师的选拔考试以及推荐等。关于派遣教师的工资，公立学校教员由文部省和都道府县各负担二分之一，从1978年开始实行国库金额负担。并且在出发之前对于在外教育设施的教育问题、工作单位的实施情况以及必要的精神准备等，文部省和外务省协力进行事前研修。

2. 编辑发放教育参考资料

从1965年开始进行海外子女教育资料的编辑工作，并通过民间企业和在外公馆进行发放，例如，《在海外的家庭学习指导手册·初中编》《海外子女教育要览》《小学1—3年级用海外家庭学习指导手册》《小学4—6年级用海外家庭学习指导手册》等。除此之外，由于各种学校教育机构的不断扩大，这种家庭用的参考资料没再发行。

3. 主办海外工作者子女教育研究协议会

从1965年开始，特别是考虑到与归国子女教育有关的各学校的联系问题，以为推进归国工作者子女教育的发展为目的，召开了第一次会议。

4. 发放义务教育国的教科书

1967年以后，不仅对全日制日本语学校以及补习学校的在籍者，而且对在海外的义务教育年龄段的日本全体儿童，由文部省购买教科书，通过在外公馆发放。其中，对全日制日本人学校的全体儿童发放全部科目的教科书，其余的小学生只发放国语、社会、算术、理科的教科书。对中学生只发国语、数学，补习学校在籍者增发社会科的教科书。

5. 配备在外教育设施的教材

为了帮助在外教育设施的教育方法、教育内容等的改善、充实，对全日制日本人学校发放与国内校基准相应的图书、教师用指导书、一般教材及理科教材以及电化教学设施，委托海外工作者子女教育振兴财团进行。

6. 补助函授教育事业

对由海外工作者子女教育振兴财团进行的函授教育事业，以提高补助金的形式进行资助。

7. 向补习学校派遣巡回指导班

为了使当地学校的老师切实地把握教育内容及教育方法，日本每年都派遣由专家组成的巡回指导班到各地的补习学校进行指导。

8. 研究、调查补习学校的指导计划等

1976 年以前，关于"委托当地"的补习校，由"推进协"提出了"国家作为自己的责任"的提案，并且计划立案，提出了具体的指导计划。

9. 教育相谈事业

主要是对于归国工作者子女，委托海外工作者子女教育振兴财团进行的。在东京及阪神地区开设了两所相谈室。

10. 指定归国工作者子女教育研究协作学校等

为了使归国工作者子女更好地接受教育，更快地适应国内学校生活，指定并委托了公立、私立小学、初中、高中数所学校接收归国工作者子女，并在教育内容、教育方法方面进行研究。

11. 设置、 经营归国子女班等

在大学附属小学、初中、高中 6 所学校，设置了归国子女专门班，除了进行实验研究和特别指导，并且在初中、高中各设立一所学校外，还通过和一般学生混合教育的各一所学校，通过和一般学生混合教育的教育方式，接纳归国工作者子女。

12. 制定在外日本人学校等机构的教员志愿者登记制度的实施要项

为了更好地选派全日制日本人学校以及补习学校的教员，1974 年 8 月 9 日作为学术国际局长的裁定而公布了包括：提出志愿人的资格，提出志愿的手续、在志愿者名簿上登记、选拔考试的办法、推荐方法等。

13. 明确全日制日本人学校初中的合法地位

由于全日制日本人学校在法律上的地位很暧昧，导致日本国内学校里的某些混乱。文部省经过与外务省的协议，从 1972 年开始，在法律上明确了在海外日本人学校中学部修习者具有高中入学的资格。

（二）外务省

1. 对全日制日本人学校派遣教员

教员派遣的经费中，往返的旅费以及滞在费（海外补贴）从外务省的预算中支付。

2. 改善派遣教员的待遇

首先，作为派遣教员待遇改善的一环，于 1971 年，新设了住宅补贴。1972 年配偶的伴随率由二分之一改善到四分之三。就是说在派遣教员中有四分之三的人给家属的旅费和滞留费。同年又设立了同行子女补贴。1973 年、1974 年、1975 年又分别增设了物价上涨补贴以及居住补贴。在此之后每年又都有不同的条件改善。

3. 对当地采用的教员进行补助

从 1972 年开始，对在当地采用的教师进行了补助。开始时是每人每月 258 美元，支出了 34 人的金额。1973 年为 30 人的金额，每人 277 美元，之后每年都在人数和金额数上有所增加。

4. 支付派遣教员的巡回指导旅费

这个制度也是在 1972 年新设的。为了对虽然住在设置了全日制日本人学校的国家，却住在不可能上学的地区的子女进行教育，让派遣教员利用长期休假进行巡回指导的事业。刚开始只支付四个地区的旅费，之后范围逐渐扩大。

5. 补助教职员等医疗费

这是 1972 年新设的补助，实际上由海外工作者子女教育振兴财团来实行。

6. 补助校舍借用资金以及扩建费用

全日制日本人学校的校舍大部分都是借用的，其租金大部分都由外务省负担。

7. 对补习学校教师的酬金给予补贴

补习学校和日本人学校不同，它是由当地日本人自发产生的日语讲习会而发展起来的，原则上经费是由受益者负担，可是随着补习校数量的增加和在籍儿童数的增加，国家也伸出了援助之手。

8. 对大规模补习校派遣专任教师

这一政策作为 1974 年外务省施政方针转换的一环，亦是同年度新设的。大规模校是指学生数在 100 名以上的补习校。

9. 其他的事业

派遣教员派遣前研修的经营管理费支付。实施与文部省不同的海外子女教育实际状态调查，作为外务省实施政策的基本资料。

[原文刊载于《外国教育研究》1995 年第 1 期（谷峪）]

日本高等教育市场化述评

进入 20 世纪 70 年代以来，教育市场化特别是高等教育市场化成为世界上许多国家教育发展的主流。这种趋势以三方面的发展为契机。第一，从政府的角度来看，进入 70 年代后不久，西方发达各国在经济均不景气的同时，普遍出现了高等教育大众化的趋势。财政负担日趋沉重使得各国政府不约而同纷纷削减教育经费并开始寻求对策。为了在不增加公共开支的情况下维持和发展本国的高等教育事业，高等教育市场化成为很多国家政府的一种选择。第二，从高校自身来讲，具有更多市场要素的私立学校在办学效率、办学质量、校园风气等很多方面都比公立学校显示出了更大的优势。例如，私立学校更为强调自身内部的管理效率，推崇公平有序竞争，更为关注市场需求。由于成效卓著，这些做法被公立高等教育机构效仿。第三，80 年代以来，西方政治经济发展的一个显著特点是在公共领域引入市场机制，即公共部门的市场化改革。这种改革一方面主张发展市场生产用以代替或补充现有的公共项目。另一方面倡导公共部门内部模拟市场进行"营运"。这场变革在很大程度上也影响着各国高等教育发展的方向和趋势。高等教育在传统上一直被视为公共领域的重要组成部分，接受政府的资助和管理，但在公共领域引入市场机制的改革潮流中，也开始进行市场化改革。这种改革使得经济领域的很多概念开始在高等教育领域中具有了更加重要的意义。

从经济学的角度来看，高等教育传递知识给社会，是为社会提供的一种服务。与此相应，社会需要这种服务，所以供给高等教育资源。高等教育上的需求和供给互相联系，二者之间确实存在市场，而交换的是高等教育服务。在高等教育精英化阶段，由于高等教育提供的服务很少，因此很少体现出市场性。随着高等教育进入大众化阶段，对高等教育服务需求不断增加，对服务的种类和形式的要求也开始多样化，形成了一个庞大的高等教育市场。为了给这个市场提供更高效的高等教育服务，在高等教育领域引进市场机制就成了一种趋势，即以市场化的形态扩大高等教育规模。①
这种在高等教育中引进市场机制的改革，被称为高等教育的"市场化"。②
现实中，政府在高等教育市场化改革中所处的地位非常重要。高等教育市
场化包括完全市场化和虚拟市场化两种形式，其实质都是高等教育由政府
控制逐渐转向由市场控制。完全市场化是指完全按照市场竞争机制来对大
学进行改革；而虚拟市场化则指以政府对供给方（即大学）的介入为前
提，然后把市场功能的一部分以某种形态导入政府的介入体制中。在虚拟
市场化中，政府虽然把部分控制高等教育的权力交给了市场，但仅仅是控
制方式的变化。③

　　进入 20 世纪 90 年代以后，伴随着日本高等教育大众化进程，日本也
开展了高等教育市场化改革。这次教育改革是日本高等教育大众化的必然
结果。

一、日本高等教育市场化改革过程

　　日本高等教育市场化改革之前，日本高等教育，特别是大学的教学和
科研主要由政府管理，从教学科研计划到课程设置等都有严格的规定与限
制。这种管理体制后来屡遭诟病，认为其僵化死板，束缚了大学的发展，
使大学无法发挥自身的特色和自主性。因此 20 世纪 90 年代高等教育市场
化改革开始之后，主要目标就是政府对大学放宽限制、扩大大学的自主性
及在此基础上构建市场竞争环境。进入 21 世纪，日本高等教育市场化改
革更加频繁和深入，推行了大学在法人化、事后监督制度和认证评价制度
等改革措施。

（一）改革的展开

　　1991 年，日本以临时教育审议会的"放宽对大学的限制"和"让大
学具有像民间机构一样的活力"等提议为契机开始了高等教育市场化改
革。同年，实施了大学设置基准大纲化改革，大学在教学课程方面有了很

---

① 金子元久，徐国兴.评价主义的陷阱：模拟市场化和大学评价［J］.教育与经济，2003
　（4）：1—8.
② 天野郁夫.大学改革：秩序の崩壊と再編［M］.東京：東京大学出版会，2004：3，17—
　18，23—24.
③ 金子元久，徐国兴.评价主义的陷阱：模拟市场化和大学评价［J］.教育与经济，2003
　（4）：1—8.

大的自主性，这成为日本高等教育市场化开始的契机。其后，由于日本政府和企业界掌握了高等教育改革的主导权，改革过程开始加速。

1998 年，大学审议会在《21 世纪的大学和今后的改革方案——在竞争性环境中发挥自身特色的大学》的报告中，进一步明确了市场化作为大学改革的方向。[①] 此后，政府推行的对高等教育"放宽限制"的政策得到了更快的发展。2001 年，日本政府把改革的重点放在了社会性领域（其中包括教育）上，高等教育改革成为政府最重要的工作之一。因此，文部科学省于 2001 年 6 月发布了《大学构造改革方针》的报告，提出大学法人化及第三方评价等提案。[②] 日本内阁也提出了国内行政事业的新经营方针，对大学的管理由事前监督转向事后监督。2001 年 12 月，日本政府又提出了教育管理改革的具体方针。在高等教育领域，提倡加强"教育机构、教师之间互相竞争，以提供更高水平的教育"，认为这一措施"是提高日本教育整体质量的必不可少的措施"。这一方针使得大学法人化等措施被正式提上了日程。

按照这些方针，日本于 2002—2004 年之间实施了大学法人化等政策。2002 年，日本制定了《结构改革特别区域法》，提出教育、邮政、通信、交通等公共事业要更多地向民间开放，导入市场机制。教育市场由此开始向民间开放，并于 2003 年开始有条件地允许由企业设置学校。

上述改革措施表明，20 世纪 90 年代以来，日本高等教育市场化改革进程迅速，日本政府对大学的管理和限制在形式上有了一定程度的缓和。这些改革是日本国家行政体制全面改革背景下，对二战后日本高等教育制度整体的重建。[③]

（二）质量保障制度建设

政府对高等教育"放宽限制"之后产生的一个重要的课题是如何确保高等教育的质量，为此，日本开始实施大学评价制度。在日本，大学评价

---

① 日本大学审议会. 21 世纪の大学像と今後の改革方策について—競争的の環境の中で個性が輝く大学— ［EB/OL］. http：//www. mext. go. jp/b _ menu/shingi/12/daigaku/toushin/981001. htm，1998—10—26.

② 日本文部科学省. 大学（国立大学）の構造改革の方針 ［EB/OL］. http：//www8. cao. go. jp/kisei/giji/004/4. pdf，2001—06—01.

③ 羽田貴史. 高等教育の質保証の構造と課題—質保証の諸概念とアクレディテーション— ［R］.《高等教育の質的保証に関する国際比較研究》COE 研究シリーズ，2005：1，1—13，13.

这一概念出现于 20 世纪 70 年代，被明确作为高等教育改革的课题，并于 80 年代开始普及。① 1991 年，随着大学设置基准的大纲化，自我检查和自我评价逐渐成为大学的义务，大学评价开始制度化。

但是，虽然众多日本大学开展了自我评价，却没有达到预期的效果。1998 年，大学审议会在《21 世纪的大学和今后的改革方案——在竞争性环境中发挥自身特色的大学》的报告中指出，大学的自我评价"陷入了形式主义的困境，没有和教育研究活动及学校管理充分挂钩"②。随着这一结论的发表，日本开始着手建立"第三方评价机制"和"多元评价机制"。1999 年，大学的自我评价义务化。进行自我评价和公布自我评价结果成为大学的义务。2000 年开始，由日本学位授予机构改组而成的大学评价和学位授予机构正式成立，使得大学评价的重点逐渐开始向第三方评价倾斜。2002 年，大学审议会首次提出了《大学质量保障新体系的建立》报告。这一报告延续并探讨了 2001 年日本政府提出的教育管理改革具体方针中的精神，认为原有的大学自我评价不具有"完全的透明性和客观性"。

此外，"现有的第三方评价体系也不成熟，大学的质量保障体系整体上来看处于非常不完整的状态"，因此提出应该建立第三方评价机制。③ 根据这次报告，日本于 2004 年开始导入认证评价制度。这一改革与同年开始的国立大学法人化都是日本高等教育市场化改革中的重要政策方针。④

二、高等教育市场化改革对日本高等教育的影响

日本高等教育市场化改革的影响主要体现在多样化教育课程的开展、营利性大学的设置、竞争性资金的增加、产学合作的扩大等方面。这些现象一方面体现了高等教育市场化改革所追求的构建"能接受和自己能力、特长相符的多样化教育系统"的目标，另一方面体现了建设"教育研究达到国际水平并能培养有创造力人才的竞争性环境"的目标。但是，高等教

① 羽田贵史. 高等教育の質保証の構造と課題—質保証の諸概念とアクレディテーション—[R].《高等教育の質的保証に関する国際比較研究》COE 研究シリーズ，2005：1—13，13.
② 日本大学審議会. 21 世紀の大学像と今後の改革方策について—競争的環境の中で個性が輝く大学—［EB/OL］. http：//www. mext. go. jp/b _ menu/shingi/12/daigaku/toushin/981001. htm，1998—10—26.
③ 中央教育審議会. 大学の質の保証に係る新たなシステムの構築について［EB/OL］. http：//www. mext. go. jp/b _ menu/shingi/chukyo/chukyo0/toushin/020801. htm，2002—08—05.
④ 羽田貴史. 大学評価、神話と現実［J］. 大学評価研究，2006：6—13.

育市场化改革实施过程中的很多实际影响并不符合改革的初衷，改革的很多副作用在改革实施之后渐渐显现出来。

（一）大学设置基准大纲化的影响

1991 年的大学设置基准大纲化的目的在于使各大学能够"在适应学术、社会等方面需求的同时，制定和实施有特色的课程大纲，充实高等教育，培养出社会需要的优秀人才"。大纲化后实施的教育课程多样化、开设夜间讲座与网络课程等措施在一定程度上适应了这一目标。中央教育审议会在 2008 年的报告《关于学士课程教育的构筑》中指出，大纲化后"就现代性的课题进行跨学科科研合作的现象非常引人注目"，同时"开设了多种多样的科目，总的来说学生的选择范围扩大了"。

但是，与改革最初的预想相背离的现象也开始出现，如重视专业教育的倾向开始显现，通识教育则逐渐被冷落。另外，学位相关的几百个专业领域名称艰涩难懂和名称通用性低等问题也浮出水面。2002 年，中央教育审议会在《新时代通识教育的理想状态》的报告中指出，设置基准大纲化之后通识教育存在的问题包括：随意削减通识教育课程、偏重专业教育、课程实施责任体制的不明确等。① 另外，2008 年的报告《关于学士课程教育的构筑》也指出，各大学的努力"无法说还原了学士课程教育的应有状态，也没有能维持或提高教育水准"，应该确立学位授予方针，并制定教育课程体系。② 日本的学位相关的专业领域名称仅在学士阶段就超过600 种，其中 60% 以上的名称仅在一个大学里使用，相同专业却具有不同名称，导致专业名称众多，社会通用性却极低。部分专业如果仅仅看到专业名称，往往根本无法了解学生所学的到底是什么。因此，《关于学士课程教育的构筑》指出，应该避免采用过于独特而没有固定用法的专业领域名称，根据学术动向和国际通用性等因素来综合考虑决定适当的名称。③

大学设置基准大纲化为日本高等教育放宽了限制，提高了大学的自主性，有助于大学实施有特色的教育，促进了高等教育形式的多样化。但是

---

① 日本中央教育審議会. 学士課程教育の構築に向けて［EB/OL］. http：//www. mext. go. jp/b＿menu/shingi/chukyo/chukyo0/toushin/1217067. htm，2008－12－24.
② 中央教育審議会. 新しい時代における教養教育の在り方について［EB/OL］. http://www. mext. go. jp/b＿menu/shingi/chukyo/chukyo0/toushin/020203. htm，2002－02－21.
③ 日本中央教育審議会. 学士課程教育の構築に向けて［EB/OL］. http：//www. mext. go. jp/b＿menu/shingi/chukyo/chukyo0/toushin/1217067. htm，2008－12－24.

较少关注各大学之间的协作，各大学各自为政，缺乏对高等教育整体的定位，对高等教育的国际化发展不利，并且出现了重专业教育、轻通识教育的现象，长远来看对日本高等教育水平的提高不利。

（二）大学法人化和大学评价的影响

大学法人制度是在考虑大学特性的基础上实施的制度，和日本的独立行政法人制度改革按照同一个框架进行设计，因此独立行政法人的很多规则也都适用于大学法人。独立行政法人一方面在制定运营计划、经营管理和预算的使用方面具有自主权，另一方面又对业务运营状况进行评价和信息公开的义务。大学法人也和独立行政法人相同，在经费和资源的使用上具有更多的自主权，但其业绩和教学科研质量要接受评价。因此在法人化后，大学的人事权由文部科学省移交到大学校长手中，预算和产学合作方面的限制也减少了。但是，独立法人是政府严格监管的对象，并且独立行政法人制度牵涉日本的行政组织改革，因此政府整体行政组织改革也影响到了国立大学法人。[1] 2006年，日本内阁会议决定"政策实施过程中要明确其成果目标和政策手段等，切实推行PDCA循环模式"[2]。2007年，日本内阁会议决定，对"大学法人的运营经费拨款将按照大学自我评价和第三方评价得出的综合评价结果进行适当分配"[3]。

因为与大学财政密切联系，大学法人评价开始左右着法人制度的发展方向，在没有明确评价制度设计的情况下开始的大学法人制度也受到行政改革的冲击，在实施中遇到了很多困难。为了让大学评价制度发挥积极作用，必须切实推行PDCA循环模式。对于大学法人来说，按照中期目标和计划的制定、文部科学省的认可、各年度和计划完成后提交的成果报告、基于成果报告的评价、基于评价结果制定下一期的目标计划和预算措施这一过程进行，可以使PDCA循环模式定型为一种制度。但在实践中由于种种问题，几乎完全没有实施起来。[4] 有学者认为，大学法人评价制度存在很多问题，如中期目标和计划形式与PDCA循环模式不对应，计划和评价

① 日本中央教育审议会. 学士課程教育の構築に向けて [EB/OL]. http：//www. mext. go. jp/b＿menu/shingi/chukyo/chukyo0/toushin/1217067. htm，2008－12－24.
② 金子元久. 国立大学法人の評価—何が課題か— [J]. IDE，2007（5）：4－12.
③ 天野郁夫，鲍威. 日本国立大学的法人化：现状与课题 [J]. 北京大学教育评论，2006（2）：93－109.
④ 天野郁夫. 法人化の現実と課題 [J]. 大学財務経営研究，2007（4）：169－205

方面过于看重对教学科研业绩的评价，对业绩评价的角度和方法不明确，业绩评价方法和运营费用拨款分配之间的规则不明确，过度倾斜对于成果的评价而轻视大学的公共责任，政策评价和独立行政法人评价委员会的元评价过度倾向于削减财政支出，大学和作为政策推行者的政府都缺乏改善法人制度的积极态度等。① 总体来看，日本大学法人化过程中没有明确各方的责任和利益，过于注重对大学成果的评价而忽视了大学的公共属性。

（三）大学评价制度的影响

高等教育市场化改革后，为了保障高等教育质量，日本开始实施大学评价制度。随着政府对高等教育的管理由事前监督转向事后监督，评价制度改革开始左右大学的发展方向。所有的大学原则上都要接受七年一度的综合评价，此外大学还要接受大学法人评价委员会主持的第三方评价。这两项评价制度的实施情况左右着日本高等教育的走向。

日本政府对第三方评价寄予厚望。但是，第三方评价也遭到了不少批评，认为第三方评价严重制约了大学的教育活动，随着评价制度的实施反而加强了对大学的束缚。这与"放宽限制"的改革初衷相违背。而且随着运营费用拨款方式的改变和对公共资金使用监督的强化，有学者认为这一制度很有可能成为政府加强对大学控制的手段。②

另外，日本的大学自我评价制度在实施后只注重形式而忽略了实质，因此无法有效提高教育质量。此后政策开始逐渐向第三方评价倾斜，从中央教育审议会和大学审议会的报告来看，从最初 1991 年的"大学评价应该以大学自身的检查和评价为基础"，到 1998 年的"在各大学经常性实施自我检查和评价的基础上不断改善教育研究水平，此外还要实施透明度更高的第三方评价"，再演变到 2002 年的"自我检查评价和教育研究者自己的判断，在一般社会大众看来，很难说其具有足够的透明性和客观性"。在这一演变过程中，认证评价制度实施以后的质量保障开始以第三方评价为中心展开。但是有学者提出，第三方评价和自我评价并没有本质上的差

---

① 羽田貴史. 高等教育の質保証の構造と課題—質保証の諸概念とアクレディテーション—［R］.《高等教育の質的保証に関する国際比較研究》COE 研究シリーズ，2005：1−13，13.

② 天野郁夫. 大学改革—秩序の崩壊と再編—［M］. 東京：東京大学出版会，2004：3，17−18，23−24.

别，第三方评价只有在彻底进行了自我评价之后才能有效进行。[①] 因为日本在没有充分彻底地进行大学自我评价的情况下推行第三方评价，所以降低了评价的有效性和可信度。总体看来，大学评价制度的建立对日本大学的质量保障起到了一定的作用，但由于评价制度还存在诸多问题，因此其作用比较有限。

（四）企业设置大学的影响

根据日本原有的法令，原则上只允许《学校教育法》第 1 条中规定的国家、地方公共团体和学校法人设置学校。后根据 2002 年出台的《结构改革特别区域法》，企业在进行地方有特殊需求的教育和研究时，在达到一定必要标准的情况下，可以特别允许其申请设置学校。

最初，文部科学省对这一政策表示反对，认为"学校是具有'公共性质'的机构，和追求利益的企业无法相适应"，指出这种企业设置的学校在"确保教育的安定性和连续性方面存在问题，并可能因此引起社会性的大问题"。虽然文部科学省此后也多次对此表示反对，但是最终企业设置学校的特例制度还是在争议中开始实施。根据这一特例制度，到 2008 年底日本已经批准了 7 所由企业设立的大学。这些企业设立的大学普遍采用与普通大学不同的教育内容和授课形态。教育界对此的指责与文部科学省相似，主要包括学校教育公共性的缺失、企业对教育的过度干涉、学校经营的不稳定性和教育质量。企业设置大学出现以来，出现了各种问题和违规现象。在这种情况下，对于企业设置大学的期待急速降温。日本政府和各团体开始持观望和怀疑的态度来看待企业设置大学这一新生事物，因此从 2008 年开始再没有新的企业申请设置大学。

三、分析和思考

日本高等教育市场化改革以 1991 年的大学设置基准大纲化为契机，以国立大学法人化改革为中心，以大学评价制度改革为质量保障，以企业设置大学等为辅助形式展开，在日本内阁、文部科学省、中央教育审议会等机构的摩擦中不断被推进，但是由于日本政府各部门意见的不统一而最终没有贯彻到底。文部科学省对企业设置大学等改革构想提出了异议，并

---

① 天野郁夫. 大学改革：秩序の崩壊と再編—[M]. 東京：東京大学出版会，2004：3，17—18，23—24.

实施了第三方评价等事后评价制度，以保障高等教育的质量。在这些改革中，第三方评价等政策虽然是以扩大大学的自主权为目的，但实际上成了政府间接控制大学的政策手段。市场化改革的高潮是 2003—2004 年间的企业设置大学、认证评价制度和大学法人化等政策的实施。此后，文部科学省和中央教育审议会主要的议题在于如何保障和提高高等教育的质量。2005 年的日本中央教育审议会报告《我国高等教育的未来展望》指出，"完善高等教育质量保障机制，并妥善运用这一机制是国家的基本责任"，开始强调国家的责任，体现了对此前改革路线的反思。此外，对于大学管理体制改革，认为"仅依靠事后监督评价是不够的，应该对事前监督和事后监督评价的作用进行适当的调整"，"对于设置认证制度要进一步明确其地位并恰当地实施"，并且提出"对于质量的保障和提高，自我检查和评价是非常重要的"，重新认识了自我评价的重要性。有学者认为，这些观点是教育界对"企业界和经济界想通过放松管理和市场自由竞争来改造高等教育市场以适应自己需要的政策进行的抵制"[①]。此后，2008 年的《关于学士课程教育的构筑》的报告中更明确指出，"仅采取市场化的改革方法，不足以使教育质量有很大的提高。这会使大学的多样化陷入无序的困境，使日本大学的整体国际信用降低"[②]，对此前推行的高等教育市场化改革路线进行了批判，并指责其产生了诸多危害。[③]

　　日本高等教育市场化以"放宽对大学的限制"和"让大学具有像民间机构一样的活力"为初衷，通过国立大学的法人化，以及大学管理由事前监督型向事后监督型的转化，大学的自主权在表面上得到了扩大。但是由于政府通过第三方评价等成果评价制度体现自己的政策导向，加上基于成果评价的预算分配机制也在客观上对大学发展方向进行了政策诱导，实际上增强了政府对大学发展方向的控制，与重视大学自主性的改革宗旨相左。而且由于各种评价工作要耗费大量精力，国立大学的教育研究水平在进行评价的期间反而可能会下滑，这也是与保障高等教育质量的初衷相违背的。另外，大学评价只能依据大学过去的业绩，而很难对发展潜力进行

---

①　天野郁夫. 国立大学. 法人化の行方：自律と格差のはざまで［M］. 東京：東信堂，2008：237，241.

②　日本中央教育審議会. 学士課程教育の構築に向けて［EB/OL］. http：//www. mext. go. jp/b _ menu/shingi/chukyo/chukyo0/toushin/1217067. htm，2008－12－24.

③　天野郁夫. 国立大学. 法人化の行方：自律と格差のはざまで［M］. 東京：東信堂，2008：237，241.

评价。由于最初教学研究水平的差距，在市场化竞争中各大学处于不同的起跑线上，因此难免存在偏差。

可以看出，大学评价在高等教育市场化过程中具有举足轻重的地位。由于大学评价制度的设计和实施可以左右高等教育的发展方向，因此其合理性就显得极为重要。在评价制度中，大学的发展和教学研究水平的提高应该由哪些评价指标来体现，如何把大学的教学研究成果量化，这种量化是否合理，由什么机构进行大学评价等，都是关系到大学发展方向的重要问题，需要审慎考虑。如果评价指标和评价标准设置不当，其对日本大学的负面影响可能是长期性的。如很多短期内难以获得成果但在未来可能产生较高科学价值的领域，还有一些研究风险较高但对科技的长远发展必不可少的基础科学研究领域，其发展都可能会因为无法立刻提高对大学的综合评价结果而遭到研究者的冷落，因此受到影响。

高等教育市场化是当前世界高等教育发展的趋势，但是在顺应这一趋势时，应该结合本国高等教育实际情况来制定市场化改革方针。日本政府根据本国情况采取了完全市场化与虚拟市场化相结合的方针。完全市场化的主要表现如有条件地允许企业设置大学，这一政策可以说从一个侧面反映出日本高等教育市场化改革的激进。但同时，日本仍然将企业设置大学限制在 2002 年出台的《结构改革特别区域法》规定的框架内，并且把企业设置大学与学校法人设立的私立大学作为同一类型来处理，又体现出日本政府对高等教育完全市场化改革的谨慎。另外，日本高等教育中所实行的虚拟市场化措施力度强于完全市场化。国立大学法人化政策体现了虚拟市场化中日本政府作用的变化。虚拟市场化改革并不意味着政府在高等教育发展中的作用减弱，而仅仅是政府的角色和功能开始转变，在大学管理中的角色原来的直接运营者转变成了监督者。虚拟市场化之后，日本政府对高等教育的控制主要体现在通过对大学运营目标的管理和教学科研效率的评价和监督来调控高等教育的运行路线，并通过政策手段确定高等教育市场化的框架和特征，使得高等教育市场化改革都在政府规划好的框架下开展，任何不符合政府意图的高等教育市场行为都很难获得经费支持。从上述分析来看，在日本高等教育市场化过程中，虽然政府对高等教育的控制在形式上有所转变，但实际控制不但没有削弱，反而有所增强。

参考文献

［1］金子元久，徐国兴. 评价主义的陷阱：模拟市场化和大学评价［J］. 教育与经济，2003（4）.

［2］天野郁夫. 大学改革—秩序の崩壊と再編—［M］. 東京：東京大学出版会，2004.

［3］日本大学審議会. 21 世紀の大学像と今後の改革方策について—競争的環境の中で個性が輝く大学—［EB/OL］.（1998－10－26）. http：//www. mext. go. jp/b_menu/shingi/12/daigaku/toushin/981001. htm.

［4］日本文部科学省. 大学（国立大学）の構造改革の方針［EB/OL］. http：//www8. cao. go. jp/kisei/giji/004/4. pdf，2001－06－01.

［5］羽田貴史. 高等教育の質保証の構造と課題—質保証の諸概念とアクレディテーション—［R］.《高等教育の質的保証に関する国際比較研究》COE 研究シリーズ，2005.

［6］中央教育審議会. 大学の質の保証に係る新たなシステムの構築について［EB/OL］.（2002－08－05）. http：//www. mext. go. jp/b_menu/shingi/chukyo/chukyo0/toushin/020801. htm.

［7］羽田貴史. 大学評価、神話と現実［J］. 大学評価研究，2006.

［8］日本中央教育審議会. 学士課程教育の構築に向けて［EB/OL］.（2008－12－24）. http：//www. mext. go. jp/b_menu/shingi/chukyo/chukyo0/toushin/1217067. htm.

［9］中央教育審議会. 新しい時代における教養教育の在り方について［EB/OL］.（2002－02－21）. http：//www. mext. go. jp/b_menu/shingi/chukyo/chukyo0/toushin/020203. htm.

［10］金子元久. 国立大学法人の評価—何が課題か—［J］. IDE，2007.

［11］天野郁夫，鮑威. 日本国立大学的法人化：现状与课题［J］. 北京大学教育评论，2006（2）.

［12］天野郁夫. 法人化の現実と課題［J］. 大学財務経営研究，2007（4）.

［13］天野郁夫. 国立大学. 法人化の行方：自律と格差のはざまで［M］. 東京：東信堂，2008.

［原文刊载于《外国教育研究》2012 年第 2 期（崔玉洁　谷峪）］

终身教育视野下日本老年人福祉政策评析

21 世纪既是人口老龄化的世纪，也是终身教育的世纪。随着老龄人口比例的不断上升，如何使辛劳一生的老年人拥有一个充实而愉快的晚年，如何有效保障老年人在医疗、教育、护理、娱乐等方面的福祉，越来越成为人们关注的话题。

一、日本的终身教育与人口老龄化状况

最早将"终身教育"理念介绍到日本的是波多野完治，他于 1967 年发表了被认为是日本第一篇有关终身教育理论的文章《社会教育的新方向》。[①] 1971 年，日本社会教育审议会提出了关于《社会教育如何适应社会结构急剧变化》的咨询报告，该咨询报告第一次以政府文件的形式在日本提出了"终身教育"概念。1981 年，日本中央教育审议会经过四年的调查，提出了关于终身教育的咨询报告。该报告首次采用了"终身学习"的表述，并对终身学习和终身教育的关系做了如下区分："当今，在变化的社会中，人们为充实、启迪自我，丰富生活，正谋求适当而又丰富的学习机会。这些学习，以尊重个人的自发的意志为根本，根据需要，自己选择适合自己的手段、方法且贯穿终身。在这个意义上来说，称其为终身学习是贴切的。"与此同时，1970 年日本 65 岁以上老年人比例达到了7.07%，表明其正式步入老年型国家行列，社会教育也在这一时期得到了长足发展。到目前为止，日本越来越多的老年人不断以各种各样的身份在这一领域发挥着重要作用。

1988 年 7 月日本文部省把"社会教育局"改为"终身教育局"，并增设"终身学习振兴课"和"专修学校振兴室"。同年，文部省发表教育白皮书《我国的文教政策——终身学习的新发展》，明确指出教育改革的基本任务是建立终身学习社会。1990 年 6 月，日本颁布《关于振兴终身学

---

① 持田荣一. 终身教育大全 [M]. 龚同，等译. 北京：中国妇女出版社，1987：81.

习，完善实施推进体制的法律》（即"终身学习振兴法"），规定了都道府县的终身学习体制，提出了振兴社区终身学习的基本构想，建议设置终身学习审议会等，为终身学习的施行提供了坚实的法律保证。1990 年 8 月，文部省设置终身学习审议会，先后向文部大臣提出关于振兴终身学习的方针政策。1992 年 7 月，审议会做了《关于适应今后社会变化，振兴终身学习的措施》的咨询报告，阐述了振兴终身学习的基本思路以及当前待解决的课题。1996 年 6 月，日本教育白皮书《我国的文教政策——终身学习社会的课题与展望——多样化和高度化的发展》再次将终身学习作为文部省政策的中心内容。

终身教育的基本理念是促进人的全面发展，福祉政策的终极目标是保障老年人的生活"老有所依，老有所学，老有所养，老有所乐"，两者相辅相成，互为依存。

日本总务省发布的 2009 年最新统计数据显示，日本 65 岁以上老年人口为 2898 万人，比上年增加 80 万人，所占比例也增加了 0.6%，达到 22.7%。这是自二战以来老年人口比例的最高值。日本老年人口还将不断增加，预计到 2012 年将达到 3000 万人，2018 年达到 3500 万人，2042 年达 3863 万人。老年人口占总人口的比例也将继续攀升，2013 年将达到 25.2%，即每 4 人中就有 1 位老人；2035 年将达到 33.7%，每 3 人中就有 1 位老人；2055 年将达到 40.5%，每 2.5 人中就有 1 位 65 岁以上的老人。由此可见，从 20 世纪 70 年代开始，日本人口老龄化趋势不断加剧，而且发展速度举世罕有。

二、日本老年福祉政策发展概述

日本对"福祉"概念的理解有其特点与合理性。据权威辞典《宏辞苑》及《大辞泉》的定义，"福祉"的意义，一是幸福，依靠公共援助、服务达到生活上的安定和富足；二是由于公共关怀，社会成员平等相处于安定的生活环境。由此我们可以看出，与我们经常使用的"福利"一词相比福祉更强调精神上"幸福"的含义，其服务对象也比作为"福利"的服务对象——弱势群体更具广泛性，包括全部的社会成员。从这个意义上可以说福利是社会经济发展初级阶段的产物，而福祉是社会经济发展高级阶段的产物。[1] 日本的老年人福祉是社会福祉的一个子系统，他旨在确保老

---

① 许福子. 关于开设福祉专业的思考 [J]. 中国职业技术教育，2009 (6)：179.

人生活安定及身心健康，使其感到有生存意义的一种由政府或私人主办的社会福祉性服务，广义上包括养老金制度、老年人医疗教育制度等。日本老年福祉政策发展可分为三个时期。

（一）"散财福祉"期

现代日本老年人福祉政策起源于 1961 年实施的《国民年金法》，从这部法律开始养老金政策得以实行，老年人退休后的基本生活有了制度性保障，老人生活环境开始得以改善。1963 年制定并实施《老人福祉法》，把老人福祉从社会福祉中独立出来，开启了日本老人福祉的法制化道路。该法明文规定每年的 9 月 15 日为日本的"敬老日"，从法律的意义上鼓励民众关心老人问题。同时，对老人的医疗、保健、教育等问题进行了相关规定，建立了一个以国家为主导的，倡导地方、个人努力的保障老年人身心健康发展的法律体系。这部《老人福祉法》制定于日本人口老龄化到来之前，显示了日本政府的高瞻远瞩，同时极大促进了日本的老年人福祉事业的发展。在日本被称为"老人宪章"，足见其在老人福祉论发展史上的重要地位。1970 年日本步入人口老龄化社会，由国家经营的养老院之类的设施及老人医疗费支付制度开始启动，1973 年实施老年人医疗免费化。[①]

（二）"福祉改正"讨论期

随着 1974 年石油危机、经济负增长，"散财福祉"论受到极大的批判，"福祉改正论"开始登场，国家绝对权威的福祉制度受到极大的挑战，政府开始通过各种政策与手段鼓励福祉的地域化。为了促进老人能力的活用，1979 年老年人能力活用推进协议会开始为老人就业设置免费职业培训和介绍机构。1980 年厚生省白皮书高福祉高负担论登场，各种各样的社区养老、家庭养老、集体自由组合养老服务的设施和机构开始施行多样化的税费制。从追逐欧美的理想型"福祉国家"构想开始向建设日本特有的"福祉社会"方向转变。

（三）日本型"福祉社会"形成期

1982 年，日本《老人保健法》正式颁布，这是继《老人福祉法》之

---

① 長谷川彰. 1980 年代の福祉政策（その1）— 地域時代における福祉政策の動向［C］. 鹿島大学，1989：34.

后的又一部关于老人福祉的法律。该法强调"40岁保健，70岁医疗"的原则。提出40岁到70岁的老年人重点在于保健，而70岁以上的老年人重在医疗，并强调用传统的家庭养老代替设施养老，试图建立一个医疗与保健相协调的老人福祉体系。1985年7月，日本政府在内阁设置了由内阁官房长官主持，法务省、劳动省、大藏省等各省大臣及经济计划厅、科技技术厅等长官参加的"长寿社会对策关系阁僚会议"机构，将长寿社会发展作为一项重大国策予以实施。1988年10月，厚生省和劳动省又联名向国会提出了具体化的《实现长寿福利社会的基本政策和目标》（又被称为"福利的梦幻"）。1989年制定了《高龄者保健福祉推进十年战略》，并且从1993年开始全国市盯村制定了地域保健福祉计划，其中要求在21世纪到来之前全国地方政府应积极建设与完善老年人使用的各种设施。为了克服过去老人公共护理制度的缺陷，1997年底日本政府首次正式颁布了《护理保险法》，并从2000年4月起正式实施。2001年日本政府又颁布了《高龄者居住法》，以此促进老年人与残疾人的房屋住宿问题的解决。之后在2003和2007年分别颁布了《健康增进法》和《社会福祉士及介护福祉士法修正》，这两项法规对老年人的健康保障及相关福祉人才的培养做出了相应的法律规定。

三、关于日本老年福祉政策的思考

终身教育兴起的初衷，是为了满足人类对自身发展能力全面化、终身化的需求。老年福祉政策在保障老年人基本生活的同时，寻求保障其人生最后阶段的全面发展。下面笔者拟从老年福祉政策中的两个部分——福祉教育政策和老年教育政策分别对其进行讨论和分析。

（一）福祉教育政策

福祉教育总体可分为一般福祉教育与专业福祉教育两大类。一般福祉教育旨在培养人们的福祉素养，认为福祉素养和爱心应作为一种基本修养，其做法包括教导年轻人爱护老年人，到老年之家进行志愿服务等。日本《高中学校学习指导要领》（具有法律效应）的福祉篇就规定其内容包括老年人福祉制度、老年人福祉援助技术、基础介护（包括介护的意义和任务、高龄者的生活和身心特征等）、社会福祉实习（包括老年人介护和社会福祉现场实习等）、社会福祉演习、福祉信息处理等。

为了应对人口老龄化问题，日本政府分别在1987年和2007年颁布了

《社会福祉士及介护福祉士法》和《社会福祉士及介护福祉士法改正》，对专业福祉人才的培养进行了规范，旨在促进社会福祉服务多样化、专业化。至此，日本的专业福祉人才培养走上了法制化道路，各福祉人才的专门培养机构中也开设了诸多针对老年人的专业，如东北福祉大学设置了老年看护学，关西福祉大学设置了老年福祉论等，福祉专门人才的培养得到了快速而充分的规范化发展。

福祉教育政策的实施一方面有利于提高社会关爱和帮助老年人的意识，另一方面为老年福祉事业培养了一大批专业人才。

（二）老年教育政策

老年教育是一种以老年人为主要对象的教育活动，也是使老年人继续社会化的过程。老年教育最早兴起于 20 世纪 70 年代的法国，旨在满足老年人求知、进取、康乐、有为的需求，使老年人更好地学习和生活。它既是终身教育的一部分，也是老年福祉的重要组成部分。按照日本的解释，其中的老年福祉大致可以划分为精神福祉、物质福祉、健康福祉三方面。与之对应的老年教育作用有三个：一是可以丰富老年人的生活，愉悦身心，促进其精神福祉的实现；二是有利于老年人在退休后接触新的事物，能促使一部分老年人重新走上工作岗位创造财富，促进其物质福祉的实现；三是通过健康教育提高老年人的健康水平、生活质量，从而促进老年福祉的发展。从教育公平的角度分析，老年人的受教育权既是公民权的一部分，也是与其他年龄层公民平等的一个标志。人们以前总是强调年少学习、年青工作、年老娱乐的理念，也就是从某种意义来说学习是青少年独享的福祉。但是由于终身教育理念不断被人们深入理解、应用，使得越来越多的老年人也能享受这一福祉，并可以把学习作为快乐生活和老年娱乐的主要内容。

日本老年教育大约经历了半个世纪的发展历程。老年俱乐部是最早的老年教育形式之一，而老年大学前身是小林文成于 1954 年在长野县伊那市创办的乐生学院①，之后，鹿岛县社会福利协会于 1959 年创办了日本第一所真正意义上的老年大学，所开设课程涉及文学、宗教、绘画、保健等领域。1965 年以来，日本文教部要求各都道府县选择具有代表性的城市

---

① 山本孝司，久保田治助. 高者の学习活動 における「生きがい」の意味－教育学における"ライフスケ・ル" 再 讨のための试论－ [J]. 九州看護福祉大学纪要，2007 (9)：37.

和乡村陆续开办"老人学校"。1971 年召开的日本社会教育审议会认为：日本在今后应该根据人生各个时期的不同需要进行切实的教育，同时强调老年期的教育作为终身教育的重要一环，今后在不断扩大的社会教育领域中必须强化。1971—1972 年，文部省对一些地区的老年社会教育事业进行了调查研究，提出了对老年教育工作的改进意见。1991 年颁布了《高龄者能力开发情报中心运营事业》。1993 年各都道府县开始对"长寿学园事业"给予补助，市镇村开始对"高龄者生活意识综合促进事业"给予补助，把老年教育正式纳入政府事物管辖范围。1999 年颁布的《为了促进高龄者的生存意义的就业支援事业等》①，强调了开发老年人就业潜力、促进再就业的重要性。

　　日本政府这些具体政策的颁布与实施，对尊重和保护老年人的受教育权利起到很大的作用。在日本，老年人不再是教育的"边缘人"，他们与其他年龄层的人一样拥有了受教育权。教育也不再局限于年轻人，而成为贯串个人一生的持续、统一、系统的过程。正是基于"教育机会均等"这一终身教育的核心理念，日本老年教育取得了长足发展，为达到终身教育的终极目标——人的全面发展做出了贡献，同时极大地丰富和拓展了终身教育的办学形式和实施范围。

参考文献

　　[1] 持田荣一. 终身教育大全 [M]. 龚同，等译. 北京：中国妇女出版社，1987.

　　[2] 许福子. 关于开设福祉专业的思考 [J]. 中国职业技术教育，2009 (6).

　　[3] 長谷川彰. 1980 年代の福祉政策（その1）－ 地域時代における福祉政策の動向 [C]. 鹿島大学，1989.

　　[4] 山本孝司，久保田治助. 高者の学習活動 における「生きがい」の意味－教育学における"ライフスケ＋ル"再 讨のための試論－ [J]. 九州看護福祉大学紀要，2007 (9).

　　[5] 社会福祉門職問題研究会. 介護福祉士の基礎知識（第 8 版）[M]. 東京：誠信書房，2005.

　　　　　[原文刊载于《现代教育管理》2010 年第 11 期（谷峪　张晓霏）]

---

　　①　社会福祉門職問題研究会. 介護福祉士の基礎知識（第 8 版）[M]. 東京：誠信書房，2005：28.

森有礼的教育思想及其业绩

明治维新以后，日本在"富国强兵""振兴产业""文明开化"三大政策指导下，竭力发展资本主义，谋求早日挤进世界列强的行列。为此，日本开始全面向西方学习，在学习军事、政治、经济的同时，学习教育。1872 年（明治五年）颁布的、由岩仓具视模仿法国教育制度起草的法国式"新学制"，以及 1879 年（明治十二年）田中不二磨借鉴美国教育立法而制定的美国式《教育令》，都是力图适应国情变化而进行的教育体制改革。然而，最后看清时代发展趋势，并引导日本进行第一次教育改革并取得胜利的，应该是明治时期著名的文部大臣森有礼。

（一）

1847 年（弘化四年），森有礼出生于鹿儿岛萨摩藩的一个下级武士家庭。少年时代他曾就学于藩校造士馆和开成所（藩的洋学校）。1865 年（庆应元年）奉藩之密令，去英国留学，留学中在欧洲旅行，后又渡美，历时 3 年。1868 年（明治元年）6 月回国，7 月开始出仕。先后在新政府中担任征士、公议所议长、学校判事等职务。1870—1884 年，主要从事外交工作，先后出使美国、中国和英国。1885 年 12 月，任明治时代的第一任文部大臣。

他在幕府末年到明治初年间接受了西洋文明，并深深感到日本应该向西洋学习，以增强国家实力。"舶来的"自由主义思想，使他对封建主义传统深恶痛绝，以至以自己的实际行动来打击日本的旧习惯势力。他不顾武士阶层的强烈反对和威胁，毅然提出著名的"废刀论"，显示了他超人的勇气和胆识。他还反对续妾制度，并率先垂范地反对传统结婚方式。他在从事外交活动时，也非常关心日本的教育问题。如在任驻美使节期间曾写信给美国各界人士，向他们请教日本教育问题。他把回信集中起来编纂一本《日本的教育》，用英文在纽约出版。据记载，与田中不二磨一起制定"教育令"的美国人马利，也是经森有礼推荐来日本的。明治初期，他站在基督教自由主义、个人主义立场上，为争取人权而进行自由主义的启蒙活动。1873 年，他回国后曾和福泽渝吉、西村茂树、加藤弘之等人商议，创立"明六社"和出版"明六杂志"。1875 年，他创立了商法讲习所。可见，明治初期，他是一个非常活跃的资产阶级自由主义战士、自由民权的维护者。

但是，他在任驻英大使期间，思想发生了急剧变化。在 1880 年到 1884 年的 5 年间，他接受了德国首相俾斯麦的国家主义思想，和伊藤博文等人都认为俾斯麦奉行的国家主义政策是德国国运蒸蒸日上的重要原因，落后而又处于上升时期的日本，应该以德国为榜样，奉行国家主义。

纵观森有礼的一生，他的思想的成熟和政绩的卓著主要表现在 5 年的文部大臣任内。研究他在明治时期的历史地位，对日本民族振兴、国运昌盛的贡献，就不能不研究他的教育思想和教育成绩，从而充分认识教育对明治维新以后历史发展的奠基作用。

（二）

1885 年（明治十八年）末，明治政府改革官制，第一届伊藤内阁成立。伊藤任命森有礼为第一代文部大臣。他一就任，立刻着手整顿教育体制。明治初年，日本在确立了立宪政体以后，又进一步实行了废藩置县、地税改革等措施，收回了旧藩主的政治权力，消除了割据危机，使明治政权得以巩固，国家真正实现了统一。但是，当时日本与同时期西方资本主义国家相比，教育水平就太低了，其规模、内容、体制都远远不能适应改革的需要。明治初年，关于教育改革的方针曾经有过相当激烈的争议。最初，国学（"皇学"）、汉学，仍顽固维护其传统地位并互争主导权。1868 到 1870 年，"国学"和"神道妙"一度成为"教化"国民的指导思想。这种复古主义显然与日本近代化的要求背道而驰，遭到了革新势力的反对。1871 年 8 月，日本成立文部省。1872 年发布的《学制令》，是日本近代教育改革的开端。此文件提出，"学问乃立身之资本"，是"立身""治产""兴业"的唯一手段。这种提法把个性和个人事业的成就放在首要地位，带有资产阶级个人主义、自由主义色彩。自由民权运动兴起以后，教育方针中的个人主义倾向和自由主义倾向受到明治统治者的非议，保守势力抓住当时学习西方过程中的某些"全盘西化"倾向，大肆攻击，企图恢复儒学的指导地位，并挑起一场"德育论争"。1884 年，森有礼接任文部卿（1885 年后称文部大臣）。他和伊藤博文等政府首脑分析了日本的国际地位及国情，没有接受倾向于复古的儒学者的主张，而是决定学习德国，以德国的国家主义来排除英美的个人主义、自由主义，建立适合日本近代天皇制教育体系。

在森有礼的思想中，国家主义未必与自由主义、宗教信仰相矛盾。把森有礼看成国家主义与自由主义统一论者，才能正确剖析他的教育思想。正如内田礼先生所说："森有礼既有自由主义者、宗教信徒的一面，又有国家主义者、国家教育主义者的一面。"（见《明治期学制改革の研究》，第16页）森有礼在对福岛县官郡区长和教员的训词中说："必须提倡国风教育。所谓国风教育，就是要彰明国体，阐明国民应具有的品德，使人能自然地产生忠爱慎重的想法。……国家这个概念虽然是无形的东西，但要把官如同神和佛一样地予以尊重。人们不论在工作时，还是在学习科学时，都要以国家的事情支配和鼓励自己的思想，除此之外，别无良策，实际上也只有如此。世界上仍有人主张以宗教为基础，但非易事。最好还是专心一意地以国家为重。"还说："宗教之心虽有深浅之差，但人人皆有。论其表现形式，或崇敬木石，或崇敬日星，或崇敬人，或崇敬神，或崇敬道德，其归向并不一致。对其选择是个人之自由。因此，做教员的不论归向何方，只要其无害于国家，均可任意选定。"这表明，森有礼主张信仰自由，但必须国家至上。他认为，维持国家独立，促进国家发展，是与保障个人政治的、社会的、宗教的自由相连的。他禁止了"教学大旨"以来的修身儒教主义教科书，取而代之为"国家主义"教育方针。这是明治初期作为日本整个文明开化政策的一项重要措施。森有礼的这种教育观，与日本当时明治政府统治阶层提倡国家主义的思想倾向是一致的。

森有礼早在1872年11月出版的英文版小册子《日本宗教的自由》一书中就表达出了他的国家主义教育思想。他说："社会种族、男女在教育上都没有区别，都要以学问的普及为目的。"他认为没有教育，不可能有社会的文明开化，并在此书中对"教育是个人的私事，政府不得干涉"的言论进行了抨击，主张为普及知识、引导社会走向文明、维持和平而办的教育是国家的责任。他否定了把知识普及仅限于"特殊人民"的做法，明确提出了"不论男女，只要是一般人，都应受到教育"的国民教育观。这种国民教育观也是国家主义教育思想的精华。

日本当时正处在"松方财政"的经济改革过程中，通过纸币整理和增税政策进行资本积累和培养工人，企业蓬勃兴起，工业生产不断发展，贸易不断扩大，并且国际地位不断提高，以大陆作战为目的的扩充军备也提到日程上来了。政府在行政、经济、军事等各方面迅速确立了体制。为了培养各种人才来管理这些机构，要求教育必须适应这样的政治、经济形势，普及国民普通教育，完善现有的教育体制。从这个意义上看，森有礼的国民教育观也是适应国家发展需要、顺应时代潮流的。

由国家进行国民教育的思想，可以说是森有礼就任文部大臣之后制定教育政策的思想基础。他认为，实施立宪政治的前提是培养立宪国民，必须确立国家主义的教育体制。他在 1889 年（明治 22 年）1 月 28 日对文部省直辖学校校长的讲演中，阐明了他的国体教育观点。他说："政府内设立文部省使其负责学政，加之凭借国库之财力，以维持各种学校。归根到底学校进行教育是为了国家。在学政上应始终记住，并非只为学生的个人利益，而要为国家利益着想。此乃最重要之点，要认真体会。"森有礼这种为了国家强盛而进行教育的学政目的，对后世是有深远影响的。日本前首相福田赳夫曾说过："资源少的我国，得以在短时期内建成今日之日本，其原因在于国民教育的水平和教育普及的高度。"若干年来日本奉行的"教育立国"政策，正是明治维新时期的"传世之宝"。

森有礼国体教育观另一方面的重要内容，就是为了维护国家政体而培养"体力强壮，志气雄伟的独立人民"，因而必须对国民实施军事训练。他认为，日本的传统是"万世一系，未曾受过外国的屈辱，而人民护国之精神和忠诚、勇敢、顺从的性格，也是有传统的，逐渐磨炼养成的，此乃一国富强之基础。"而要维护这种国体，就要培养人民富有维护国体的"气质"和"体力"。而培养这种气质和体力的最好办法就是在学校中实施军事训练和在各学科中灌输忠君爱国思想。他说："全国男子从 17 岁到 27 岁都要让他们入学，以学习文部省的教科书和接受陆军省的体操练兵。"在他看来，最重要的还是国家的存在，争取学术自由、振兴实业等。为了实现这一目的，他入阁后不到 3 个月，就公布了一系列的学校令，即帝国大学令、师范学校令、中学校令和小学校令。之后，至第二次世界大战失败止，确定包括知识分子在内的全体日本人所应学到的知识和所应具有的品格的教育体制，其基础就是由森有礼奠定的。

（三）

帝国大学令规定，帝国大学要以适应国家需要为目的。正如帝国大学令第一条所写的，为了国家推动学术发展和培养国家所需要的有知识的领导者，此乃东京帝国大学的使命。森有礼认为，在振兴经济上起重要作用的技术性科系，理所当然地应包括综合性大学。这样，东京大学和以神学为中心而发展起来的欧洲的一些大学相比，就成为世界上较早地设有技术性科系的综合大学了。

森有礼主张，学术的自由和国家的发展二者之间，毫无疑问应该是一致的。他的这一主张和当时学生的理想也决非相距很远。明治前期，学生的未来理想，不论是专攻法学的，还是专攻理学的，在某种意义上说都是想成为治人者。学生勤奋学习的目的，也集中表现在这里。森有礼给帝国大学以极大的自由，表明他希望满足学生们对自由的渴望，并力图最大限度地吸收学生们的意见。他没有看到，也不承认学术自由与富国强兵之间存在矛盾。森有礼的理想和他所创建的制度，采纳了学生们争取实现"天下""国家"的愿望。他还把这种愿望作为一种动力，为实现他的理想和他建立的制度服务。他这种尊重青年学生，并导引学生关心天下与国家的形势，使学术为国家服务的做法，实质就是国家主义教育的具体化，是有其历史意义的。

（四）

森有礼在推行他的教育改革的过程中，是以英才教育和师范教育两方面改革为重点进行的。"以后历届文部大臣中没有像森有礼这样重视师范教育，对师范教育这样尽心尽力的"。他在师范学校令中规定了师范学校的目的："培养教员应有的品德和学识，以及培养顺良、信爱、威重三气质。"他在 1885 年视察琦玉县师范学校时，对该校教职员讲道："普通教育能否成功，关键在于教师。"他认为，为了学术的进步和实学的发展，就必须在大学，特别是在大学的各个部门，尽可能地重视研究的自由。但必须着眼于培养出忠良、稳健、劳动效率高的国民，而要达到这一目的，首要的是培养出符合这种要求的教师。正是基于这种思想，森有礼才对加强和充实师范教育的问题表现出强烈的热情，并努力提高教师的社会地位。他不只是提出了"三气质"，尤为值得注意的并不在于他把这些口号作为教育的目标，更重要的是森有礼为实现这一目标，强制地采取了一系列果断而又严密的措施。

森有礼重视教师培养的思想，直到今天，对日本仍有影响。20 世纪70 年代以来的日本第三次教育改革，专门成立了为教师学习的大学——教育大学，政府还通过公布《人才确保法》来保证教师的地位和待遇，这些都与明治维新以来尊师重教的历史传统有联系。但森氏改革师范教育的做法也存在一定的历史局限性。正如曾经对日本师范教育自由主义改革做出很大贡献的野口援太郎所说："他把国民教育看作管理国家的根本，并怀着这样的抱负，力图改革各种文政；而且他又把师范教育的改革看作其中最重要的事。从某种意义上说，森氏改革师范教育，实际上是在尊重教育，特别是重视国民教育；也可以说实际上使教育发生了僵化。"这段精辟的论述可以说是对森有礼改革师范教育总体做法的公正评价。

（五）

小学校令中规定小学教育的目的在于注意儿童的身体发育，进行道德教育和传授国民应具备的基础知识及生活中必须具备的普通技能。小学分为寻常小学和高等小学两种，在高等小学可设专修科和补习科。寻常小学校的修业年限定为 3 年或者 4 年，高等小学校的修业年限为 2 年、3 年，也可为 4 年，采取了灵活多样的办学方式。四年制的寻常小学是义务教育，并可设小学预备科。

规定中学教育的目的在于从事实业教育及升入高等中学校的教育。中学分为高等中学校和寻常中学校。寻常中学校主要进行普通教育，而高等中学校是教授专门学科的学校，可以在高等中学校设置为升入大学服务的大学预科。

森有礼为了提高国民的教育水平，非常注意小学简易科在全体国民就学方面所起的作用，重视小学简易科的意义。他说："现在全国儿童多数（大概 2/3）不得不在简易科就学，今后如果把日本帝国称为由受简易科教育的人所组成的国家也未尝不可。所以简易科是关系到国家兴衰的关键，绝不可轻视。"可见，小学简易科减少了学龄儿童不就学的现象，像小学简易科那样无偿地进行初等教育，也是将来实施义务教育的重要条件，森氏对此寄予了极大的希望。事实上，小学简易科也在普及国民教育中起了重要作用，并且为日本能够在明治时期迅速普及初等义务教育奠定了良好基础。

（六）

明治政府的领导人从振兴日本经济的需要出发，一贯重视发展实业教育。如果把它同在大学内设立技术性科系联系起来加以考虑的话，可以看出二者是出于同一观点。森有礼的进步立场，也表现在他主张充实和加强实业教育方面。他的目的就是使日本与各资本主义列强在竞争中并驾齐驱。而发展资本主义首先是工业的发展，教育要适应这种需要就一定要加强实业教育。他在就任文部大臣的讲演中明确地道出了这种想法。他说："可以断言，目前我国国际地位尚低，国力尚弱，外交经济也尚缺乏。……那么应该如何打开局面呢？为此，只有切实改革教育，培养人才。除此之外，别无他途。我所说的人才当然不能只空谈事物之道理或只重视品德，而不充实社会知识，也不能只会读书写文章而毫无实际能力。因为当今与外国竞争，这样的愚蠢之辈已不能满足国家之急需。"森有礼带着这种振兴实业教育的强烈愿望离开了人世，但他的遗愿是顺应历史发展需要的。森有礼开办的商法讲习所不久就纳入东京府直辖范围内，到1884年又转归农商务省管辖，1885年进而又转归文部省管辖。从此，这所学校名副其实地成了官立学校。然而，它并没有改变商法讲习所时代尊重实际学问的传统。它在向日本产业界，特别是向金融界和贸易界输送卓越人才方面，是最有实力的。

当时的专门学务局局长滨尾新曾说："在我国不是先有工厂，后办工业学校，而是先办起工业学校，培养出毕业生，才计划办工厂。"开办工科职业学校，是日本政府根据教育立国的政策，预测未来而采取的果断行动，也是森有礼生前愿望的实现。

（七）

森有礼在《学政要领》中讲道："学制以国家办教育为基础。"这是他学校财政的基本方针。关于教育经费，他做了如下构想："国家必要的学校经费，由教育税支付，如有不足的情况，时常应辅之以国家税收。"这种为了保证教育的经费而征收教育税，以确保教育费免受地方财政直接影响的做法，也可以看作森氏教育财政的特点。在《学校令》中关于学校经费也做了规定。

中学校令首先规定了全国5所高等中学校的经费由国库及设置区域内府县地方税支付；寻常中学校各府县可以权宜设置的由地方税支付，还有接受补助的各府县设1校，但丝毫不得动用区叮村费。

师范学校令规定全国设1所高等师范学校，经费由国库支付，各府县设置的1所寻常师范学校由地方税支付，其金额必须经文部大臣认可。

以上这些学校令中，学校经费都是本着由其设置者负担的原则实行的。

小学校令则有所不同，小学校的设置区域及其位置由府知事和县令决定。在经费方面规定，"如有学费和捐款不能支付的情况，通过区町村会讨论，可以由区叮村费补其不足"。又规定"为了充实小学经费，父母及其保护人必须支付其子女的经费"。

森有礼就征收教育税的问题，在1886年曾说过："一父兄或（监护人）不仅对其子弟受教育要尽义务，让子弟受教育也是对国家尽义务，因此，子弟的教育费应由父兄承担。"也就是说，父母负担其子女的学费既是对孩子尽义务，也是对国家尽义务，即父母负担学费是在国民纳税义务之上的具有双重性质的教育义务。对于没有经济能力的父母，可以免其学费，设小学简易科，其经费由町村负担。

上述种种教育经费的有关规定是森氏教育财政的重要特色。这一系列财政措施，对当时新教育体制的确立都起了重要的作用。

后世谈及森有礼最大业绩的时候，总是提及他确立了近代教育制度一事。但回顾森氏的一生，他作为近代教育制度的奠基人，真正从事教育的时间，只是从1884年到1889年被暗杀止，不过5年的岁月。确如伊藤博文所说："非有时有志者不能也。"

［原文刊载于《外国教育研究》1988年第1期（谷峪）］

日本中小学的"劳动体验学习"

20 世纪 70 年代以来，随着现代科学技术的迅猛发展，社会生产方式和生活方式发生了很大变化，因而对人才的需求也发生了很大变化。这就对教育提出了新要求，使世界性的教育改革出现了一个新趋势——教育的综合化。日本的"劳动体验学力"便是这种改革的新尝试。

教育课程审议会 1976 年 12 月关于修订教育课程基准的报告，在强调培养具有独立思考，正确判断能力的儿童的同时，提出了三个主要目标，即：

（1）培养具有丰富个性的儿童；

（2）创造既充实又富有余地的学校生活；

（3）注重作为国民所必需的基础的基本知识内容，同时使教育适应儿童的能力。

作为实现这些目标的具体措施之一，咨询报告要求必须重视"劳动体验学习"。

1978 年的新教学计划对于"劳动体验学习"又做了规定。如第一款第四项规定，"学校应该根据地区和学校的实际情况，适当开展对劳动体验学习的指导，使学生获得劳动和创造的喜悦，同时促进理想的劳动观和职业观的养成"；第六款第二项规定，"普通学科应根据需要考虑与适当职业有关的学科、科目的学习，同时应该注意扩充劳动体验学习的机会"。在特别活动方面还规定"尽可能抓住机会开展劳动体验学习"。

"劳动体验学习"在教学计划中的地位如此之高，是与日本生产力发展密切相关的。战后三十年的日本，一跃成为世界经济大国，现代科学的发展，技术革新的普及，使生产由大型化、高速化转变为连续化、自动化，产业社会也逐渐向"情报化社会"过渡。这样，劳动者在物质生产过程中脑力劳动占的比例日益增大，企业需要高质量的劳动力，知识的相对重要性也增加了。学校也往往偏重以知识为中心的教育，忽视学生实际生活的锻炼。另外，随着生活环境日益优裕，需要儿童自己动手去做或帮家里干活的机会越来越少，学生在家里几乎不做家务。这样，学生在思想上对劳动没有什么正确认识，实际动手能力非常差。特别是高中生近70%的人读普通高中，而这些人又不能都升入大学，因此，学习、劳动与就业之间就产生了矛盾。

　　种种现象，都使日本有关部门感到进行劳动教育势在必行，因而把它列为学校教育的重要内容。在新教学计划公布之前，即1976年5月，理科教育及产业教育审议会在题为《关于改善高中的职业教育》的报告中，论述与劳动有关的体验学习的重要性时指出："学生一旦结束了学校生活，就将在工作岗位和家庭里劳动和生活，劳动不仅是为了获得生存所必需的物质而进行的活动，也是分担社会职责，以及通过它来实现自我。学校也可以称为培养学生未来生活能力的场所。因此，关心学生的劳动，培养他们在这方面的积极态度，这是学校教育的重要目标之一。该报告进一步提出："在小学、初中、高中的各个阶段，学校的全部教育活动都必须顾及劳动体验学习。"教育课程审议会的劳动体验学习委员会，在一份总结报告中明确指出，"……让学生获得劳动体验的教育在人的均衡发展上就具有极其重要的地位。在改善高中教育的时候必须充分顾及这一点"。

　　日本中小学的"劳动体验学习"，虽说总目标是一致的，但具体做法各有侧重。小学主要是培养学生的劳动观和劳动愿望，所以大都以结合第一产业为主；中学则侧重实际的、体验性的探索活动，以培养学生的创造力和社会涵养，为步入社会做准备，所以在这一阶段逐步过渡到"现场参观、一日劳动体验、职业情报收集"等以结合第二、第三产业为主。1976年教育课程审议会关于修订教育课程基准的报告中明确提出了各级学校的具体方针，即：小学重点在通过直接动手的制作活动以及体验性的活动，努力让学生获得制作东西和劳动的喜悦感；初中阶段要重视劳动方面的体验性学习，培养学生正确的劳动观念；高中阶段则着重于通过有关劳动的体验性学习，使学生体会到工作愉快和完成任务喜悦的同时，养成对于劳动的正确态度和职业观念。此外在职业教育方面，既重视实验、实习等实际的、体验性学习，又把重点放在更基础的、基本的知识内容上。从其内容上可看出以下特点。

　　（1）学习某一特定科目。通过实验、实习使普通中学生学习和掌握某种职业知识和技能。

　　（2）以生产劳动为主。参加管理水田、旱田、茶园、校林的劳动。如：根据学校所在地的特点参加蔬菜和水稻的栽培，采茶，收摘苹果和柑橘，在校林除草、剪枝、树木育苗等劳动。

（3）清扫和美化校舍内外环境。清扫校舍内外庭园、绿化校园、保养树木、修花坛等。

（4）志愿服务性劳动。包括到市内养老院福利设施去慰问和照顾老人或残疾儿童，清扫和美化公共设施，为公共福利事业开展募捐活动等。

（5）根据学生的兴趣和爱好进行劳动体验学习。这种活动的目的是发展学生的个性和能力，学生可以选择自己喜欢的项目参加。

日本的"劳动体验学习"对我们是很有启示的，主要在于，教育要迎接世界科技革命的新挑战，适应生产和社会发展的新形式，并且要在促进人的全面发展中实现这一目的。个性的全面发展，理想人格的培养，个人发挥自由创造的活动，是社会主义精神文明的表现，也是共产主义要实现的目标。教育必须和生产劳动相结合，这"相结合"仍然指的是"教育"。劳动教育，不仅在于培养热爱劳动的思想品质，锻炼生产劳动技能，还在于实现人的全面发展。这里，教育与四化建设的需要，个人与社会的和谐关系，是辩证地联结在一起的。现在，当我们贯彻中央教育体制改革决定的时候，我们的教育要面向四化，面向世界，面向未来，就必须尊重教育规律来探索教育与生产劳动相结合的新路子。

［原文刊载于《外国中小学教育》1986 年第 6 期（谷峪）］

后　记

　　在新中国成立七十周年之际，东北师范大学教育学部组织了具有历史意义的系列纪念活动，本书的编纂即为这个大海中微不足道的一滴水珠。此时此刻，作为在这里学习和工作了几十年的教师，首先，感谢主办者组织的这次活动让我重新感受到母校这片厚土的温度；其次，感谢所有同人几十年如一日的支持和关心；最后，感谢本书所收录论文中的共同作者们，这些成果的取得与各位的孜孜不倦息息相关。虽然当初你们都是我的学生，但今天你们大都已经成为祖国建设的中坚力量。希望我们不忘初心，今后仍然能够不断地互相鞭策，共同努力，取得更加丰硕的成果。

编　者

2019 年

图书在版编目（CIP）数据

教育关怀：生涯与职业发展/谷峪著. —长春：东北师范大学出版社，2019.12
（元晖学者教育研究丛书）
ISBN 978 - 7 - 5681 - 6639 - 3

Ⅰ.①教⋯ Ⅱ.①谷⋯ Ⅲ.①职业选择—职业教育—研究 Ⅳ.①G717.38

中国版本图书馆 CIP 数据核字（2019）第 282729 号

JIAOYU GUANHUAI：SHENGYA YU ZHIYE FAZHAN

□策划编辑：张晓方
□责任编辑：王 蕾　□封面设计：上尚印象
□责任校对：曲 颖　□责任印制：许 冰

东北师范大学出版社出版发行
长春净月经济开发区金宝街 118 号（邮政编码：130117）
电话：0431—84568046
传真：0431—85691969
网址：http：//www.nenup.com
东北师范大学音像出版社制版
辽宁新华印务有限公司印装
沈阳市张士经济技术开发区
中央大街六号路 14 甲－3 号（邮政编码：110021）
2019 年 12 月第 1 版　2019 年 12 月第 1 次印刷
幅面尺寸：169 mm×239 mm　印张：19.75　字数：330 千

定价：60.00 元